あるもの探しの
イノベーション戦略

効率的な経営資源の組み合わせで成長する

土屋勉男・井上隆一郎・赤羽　淳
Tsuchiya Yasuo ／ Inoue Ryuichiro ／ Akabane Jun

Strategy for
Successful Innovation

東京 **白桃書房** 神田

はじめに

1. 本書の目的と狙い

　日本のものづくり企業にとって1990年代のバブル崩壊後の失われた10年，15年の時期は環境激動の時期であった。2000年代のリーマンショック後世界経済は同時不況に見舞われ，多くの企業は売上が激減し経営危機に見舞われたが，その後の収益動向をみると，低成長下で業績の低迷を続ける企業と短期間のうちに危機を乗り越え，新たな成長に成功する企業がみられ，二極分化しているのである。長期の持続的成長を実現している企業をみると，環境脅威や危機に直面した際に，経営のリストラやガバナンスに注力するだけでなく，新製品技術の開発やビジネス・モデルの変革に向けて危機突破の成長戦略を断行した企業が多くみられる。また開発した製品やビジネス・モデルの収益化に向けて先行投資や内外資源の連携戦略を断行した企業が存在する。

　本書は大企業の成功・失敗分析や「研究開発型GNT（グローバルニッチトップ）」の事例研究をもとに，危機突破の新成長戦略や内外資源の連携戦略に注目し「効率の良いイノベーション」のコンセプトを探索することを主たる目的にしている。特に研究開発型GNTは大企業の社内中心かつ組織的な製品，事業開発と異なり，創業期の経営者主導のイノベーション戦略がみて取れる。その特徴は環境激動期に周期的に訪れる経営危機，リストラと並行して新成長戦略が遂行されることである。危機突破の構造改革とリスクを睨した先行開発や資源の総動員が一体となり進められ新たな成長が探索される。それは従来のイノベーションで重視されてきた中央研究所や技術開発部門主導の開発，顧客との関係を軽視した技術青天井型の目標設定，社内志向の強い閉鎖的な研究開発体制とは大いに異なっているのである。

　本書では，最初に自動車，エレクトロニクスの大企業における製品，事業開発の成功，失敗の分析を行い，日本のものづくり企業が陥りやすいイノベーションの問題，課題を明らかにする。一方で「効率の良いイノベーション」のコンセプトは，主として中小企業の枠を越えて成長してきた，やや規

模の大きな「研究開発型 GNT」のイノベーション特性にヒントが隠されており，ベンチマークとして GNT の事例研究に注目している。

研究開発型 GNT としては 9 社の企業を選定し，イノベーションの 4 つの段階（関係的技能の構築・知財の開発・知財の収益化・持続的成長）に注目し，戦略の特性や成功要因の分析を行った。また GNT は規模の拡大と共にイノベーション特性や成功要因に差異が生じることから，中小・中堅・大規模の 3 つの類型に分けて比較分析を行っている。特に新製品技術の開発や収益化の過程で遂行されるイノベーションやそれを収益化，持続低成長に結びつける内外資源の連携戦略の分析も行い，成長戦略，資源連携の双方向から「効率の良いイノベーション」のコンセプトを探索している。

2. 本書の内容と構成

本書は，序章・終章を加え 4 部・10 章の構成で出来上がっている。第 1 部では本書の問題提起と狙いを説明する。序章は問題提起である。1990 年代は IT 化，材料革新，グローバル化等が進み環境の激変期であった。また 2000 年代の IT 不況，リーマンショック等を経て日本のものづくり企業は収益の二極分化が進んだが，優良企業では日本の現場のものづくり能力の強みを活かすだけでなく，環境変動に適応した資源能力の再編成を伴う DC（ダイナミック・ケイパビリティ）戦略が遂行されてきたことを指摘している。第 1 章はイノベーションの定義を明らかにし，「効率の良いイノベーション」を分析するための仮説や事例研究の着眼点を明らかにしている。

第 2 部は，大企業のイノベーションの成功・失敗の分析であり，日本を代表するものづくり産業の自動車，エレクトロニクスにおける新製品，新事業開発における成功，失敗の教訓を引き出している。第 2 章はシャープの液晶事業の失敗の事例から学ぶこと，また鴻海・シャープ連合から生まれる成果などに焦点をあてて分析する。第 3 章はトヨタ自動車の新興国の製品戦略の中から IMV とエティオスの成功，失敗事例を分析し，「効率の良いイノベーション」の教訓を問題提起している。

第 3 部は研究開発型 GNT9 社の事例研究から「効率の良いイノベーション」の特性と成功要因を分析し，事例研究から導かれた含意を明らかにして

いる。第4章は，自動車サプライヤー（日本パーカライジング，内山工業）を対象に，自動車メーカー・1次サプライヤーとの取引関係から生まれる関係的技能や飛躍の特性を分析する。顧客志向の開発と共に，社外資源の導入，連携により独自の製品開発，ブランド化の実態を紹介する。第5章は，小規模GNT（諸岡，安田工業）を対象に，知財の開発に焦点をあて，顧客リード・ユーザーの開発や社外連携の開発の有効性を紹介している。第6章では大規模GNT（日本電子，セーレン）を対象に，新製品開発，新用途開発，ビジネス・モデル開発の事例を分析する。顧客志向の開発，部材における共同開発の活用事例を紹介する。コア技術を活かした新用途開発への挑戦，企業の部門間横串連携の有効性が検証される。第7章は，研究開発型GNT（昭和真空，竹内製作所，前川製作所）が規模の拡大に伴いイノベーション特性や成功要因にどのような変化が起こるかを分析し，持続的成長の動因を探索している。大規模GNTでは開発・コア部材製造・組立・販売サービスの垂直統合型のもとで社内外の資源，能力を連携・結合した戦略の有効性が検証される。

　第4部は大企業の成功・失敗分析，研究開発型GNTのイノベーション特性，成功要因の分析のまとめと総括であり，「効率の良いイノベーション」の概念を説明し，成功に向けての8つの要因を解説している。第8章は，大企業の成功・失敗の教訓から，大企業が陥りやすい問題や教訓を引き出している。また第3部で事例研究した研究開発型GNT9社の経営特性，イノベーション特性，連携戦略を総括し，ビジネス・モデルの特性（垂直連携型を含む）や成功要因をまとめている。GNTは，環境脅威や危機に直面する頻度が高く，DC戦略の発動の機会が多く存在する。GNTでは主として，プラザ合意以降の円高急進，バブル崩壊後の失われた10年，リーマンショック後の世界不況などの局面で新たな成長戦略とリスクを賭した資源の動員が図られてきた。知財の開発だけでなく収益化に向けての対策が全社一丸となって推進され，新たな競争優位の構築が図られて，持続的な成長に成功している実態が明らかになる。

　終章では，まず「効率の良いイノベーション」の概念が総括説明される。「効率の良いイノベーション」は，研究開発型GNTの危機突破の成長戦略，

イノベーション特性などの中にヒントがあり，企業内外の資源・能力を連携，結合した経済性原理（連結の経済性，範囲の経済性）が有効活用されており，それゆえに「効率の良いイノベーション」が遂行されることを解説する。また研究開発型 GNT のイノベーション特性や資源連携の戦略にみられる 8 つの成功の要因を抽出し，説明している。

なお補論としてイノベーション関連の先行研究を終章の後に配置した。そこではイノベーションと資源結合の関連や持続的成長を実現するための両利きの経営を解説している。また状況変動に応じ資源・能力を動的適応させる DC 戦略理論（ペンローズ／ティース（PT）モデル）のフレームワークを紹介している。さらに研究開発型中小企業の能力構築や飛躍の特性，顧客志向のイノベーション理論の先行研究をレビューしている。

3. 全体像を素早く理解するために

本書の全体像を素早く理解するには，目次および第 1 部の序章 5 ③「本書の全体構成と各部・章の位置付け」を読み全体構成を理解し，第 4 部終章「効率の良いイノベーション戦略—新事業開発に向けての提言」で「効率の良いイノベーション」の概念と成功の 8 つの要因を読むことをお勧めする。さらに結論の背景としての大企業の成功・失敗分析，研究開発型 GNT のイノベーション特性の概略を知りたい場合には，第 8 章「効率の良いイノベーション特性—本研究のまとめと含意」を読めば，8 つの要因が生まれた背景，GNT のイノベーション特性を理解することができるものと思われる。

4. 本書の特徴

本書の筆者 3 名は，シンクタンク三菱総合研究所で調査コンサルティングを担当してきた元同僚であり，その後はそれぞれ大学の教員に転身したが，日本学術振興会の科研費の共同研究や証券奨学財団の研究調査助成金を活用し共同研究を行ってきた。筆者たちはものづくり企業の経営戦略，イノベーション研究，グローバル経営などで多くの研究成果や知財を蓄積してきた。本書はものづくり企業の経営戦略，イノベーション研究の領域に足場を置いているが，調査コンサルティングのノウハウを活かし，単なる理論，実証研

究にとどまらず経営の実践の場でも役立つ戦略コンセプトが提示できたと考えている。シンクタンク時代においては新製品，新技術開発の調査コンサルティングの経験も多く，また大学の研究では中堅企業，中小企業の実態調査を数多く手がけてきた。各章末の参考文献に掲載したように多くの関連図書を執筆しており，イノベーションに関する戦略策定や実践にも役立つビジネス書としても使えることを目標にした。

　本書は，大学や大学院の経営学の教科書，専門図書としての利用を念頭に置いているが，企業の経営者や経営企画，新事業開発，技術開発部門のスタッフの方々にも是非一読していただきたいと考えている。事例研究はトヨタ，シャープなどと共に，研究開発型 GNT を主たる対象に紹介しているが，GNT 企業は日本経済の今後の成長を支え，貿易収支の担い手となる企業でもある。そこでは大企業が創業期に行ってきた「効率の良いイノベーション」が展開されており，大企業にとっても今後のイノベーションやサプライチェーンの構築の面でベンチマークとなる企業群である。

　本書を上梓するにあたり多くの方々にお世話になった。2019 年度の組織学会での報告において東京大学藤本隆宏教授からトヨタ IMV の成功要因に関連し，適切なアドバイスをいただいた。また 2019 年度の産業学会では元武蔵大学板垣博教授から本研究に関連し有益な質問や課題の指摘をいただいたが，本書を構成するうえで大いに役立っている。

　事例研究に出ている各企業のトップマネジメントの方々はお忙しい中，直接インタビューにお答えいただき，各社の経営の特徴や内外の工場，研究所の活動などを懇切丁寧に解説していただいた。また関連資料や社史のご提供をいただいたケースもあり，本書を書く際に問題意識や内容などの面で多くのヒントとなっている。ここに記して改めて感謝の意を表明したいと思う。但し本書の内容は，あくまで筆者たちが自分たちで理解し，また各種の資料をもとに独自に検証，分析した結果をまとめたものである。したがって仮に間違いがあるとしても，それらはすべて筆者たちの責任に帰するものであることも明記しておきたい。

本書の出版にあたり株式会社白桃書房社長大矢栄一郎社長，平千枝子執行役員編集部長には，出版企画の内容，各章の構成，販売企画などに関し多くのアドバイスをいただいた。また佐藤円氏からは読者にとって読みやすくなるよう原稿の構成，配置，内容等の面できめ細かなご配慮，ご指導をいただいたことを深く感謝している。

　本書は，4部立ての構成をもち，序章，終章を加え10章から成り立っている。また先行研究は，第4部の後に補論として構成した。各章の担当は，以下の3名が分担して執筆した。

第1部序章，第1章	：土屋勉男
第2部第2章，第3部第4章	：赤羽淳
第2部第3章，第3部第5章，補論1	：井上隆一郎
第3部第6章，第7章	：土屋勉男
第4部第8章，終章，補論2	：土屋勉男

2019年9月9日

執筆者一同

目　次

はじめに　　　　　　　　　　　　　　　　　　　　　　　　　　　　　i

第1部　問題提起と本書の狙い

序章　日本のものづくり企業の課題　―――――――――――――――3

1. なぜ日本企業の競争力低下が起ったのか ………………………… 3
   - ① 環境激動期の対応　3
   - ② 危機の原因は何か―状況変化への適応の失敗　6
   - ③ 選択と集中による俊敏な PPM 経営とその限界　7

2. 日本の強みは何なのか ………………………………………………… 8
   - ① ものづくり組織能力の改善と進化―日本企業の強み　8
   - ② 環境変動時のトップダウン経営　10

3. 日本の弱みを突破しろ ………………………………………………… 10
   - ① 日本企業の弱みは何なのか　10
   - ② トップマネジメントは経営構想の提案を　11

4. 経営構造改革が進まない理由
   ―コーポレート・ガバナンス重視の限界 ……………………… 12
   - ① ガバナンス改革は業績を向上させるのか　12
   - ② DC（ダイナミック・ケイパビリティ）戦略の必要性　13
   - ③ DC 戦略と日本型経営との親近性　14

5. 本書の目的と狙い ……………………………………………………… 15
   - ① 現代経営に求められている課題　15
   - ② 本書の特徴と狙い　16
   - ③ 本書の全体構成と各部・章の位置付け　17

第1章　効率の良いイノベーション―分析のフレームワーク ―― 19

1. イノベーションの定義と課題 ………………………………………… 19
   - ① イノベーションとは何か　19
   - ② 非効率なイノベーションの特徴　21

2. イノベーション分析のフレームワーク ………………………… 24
   1　「効率の良いイノベーション」の概念　24
   2　イノベーション分析のフレームワーク　25
   3　「効率の良いイノベーション」戦略の仮説　28
3. 事例研究の対象と方法 ………………………………………… 32
   1　事例研究と対象企業　32
   2　研究開発型GNTの規模別類型と経営特性　34
   3　研究開発型GNTの事例研究―問題意識と分析の項目　36

第2部　大企業にみるイノベーションの成功・失敗分析

第2章　新旧シャープの経営戦略
―「開発特性×連携戦略」の視点からみた比較分析―── 45

1. はじめに ………………………………………………………… 45
2. これまでの議論の振り返りと本章の分析枠組み ……………… 47
   1　これまでの議論の振り返り　47
   2　本章の分析枠組み　49
3. 旧シャープが経営危機に陥った背景分析 …………………… 52
   1　液晶関連製品の世界市場成長率　52
   2　旧シャープの競争ポジション　54
   3　旧シャープの経営戦略　57
   4　経営危機の要因　59
4. 新生シャープ（鴻海・シャープ連合）の経営戦略 …………… 61
   1　鴻海によるシャープ買収の経緯　61
   2　鴻海のシャープ買収の目的　62
   3　中期経営計画にみる新生シャープの経営　64
   4　シャープ・鴻海連合の補完性と効率性　66
   5　産業革新機構の再建策の評価　67
5. むすび …………………………………………………………… 69

第3章　トヨタの新興国製品戦略における新結合
　　　　　── IMV とエティオスにみる新結合の成功と失敗の分析 ── 73

1. はじめに ……………………………………………………… 73
2. 両製品の成果比較……………………………………………… 75
   1　IMV の生産推移　75
   2　エティオスの生産台数　75
   3　両車の成果比較　77
3. 2つの製品開発の特徴………………………………………… 77
   1　IMV の開発　78
   2　エティオスの開発　84
4. 2つの製品におけるイノベーション特性比較と
   成功・失敗要因分析………………………………………… 89
   1　IMV とエティオス開発の評価　89
   2　両製品開発の前提となる競争優位条件の確認　90
   3　開発特性・資源結合特性の考え方　94
   4　IMV の成功要因とエティオスの失敗要因　95

第3部　研究開発型 GNT のイノベーションと資源結合の戦略──研究開発型 GNT の事例研究を中心に

第4章　内々連携・内外連携を通じた事業基盤の強化
　　　　　──自動車サプライヤーの能力構築とイノベーション特性── 101

1. はじめに ……………………………………………………… 101
2. 関係的技能の蓄積・横展開と事業基盤強化の過程…………… 103
   1　関係的技能の蓄積　103
   2　関係的技能の横展開　104
   3　ドライバーとしての内々連携と内外連携　106
   4　バリュー・チェーンでみた事業基盤強化　107
3. 事例研究1──内山工業株式会社
   ──内外連携による材料・製品開発が強み── ……………… 109
   1　企業の概要　109
   2　事業内容　110

3　経営特性　111
　　　4　顧客ニーズにもとづく製品開発　112
　　　5　材料開発の強み　114

4. 事例研究2―日本パーカライジング株式会社
　　―内々連携により薬品・装置・システムをパッケージ化―‥115
　　　1　企業概要　115
　　　2　事業内容　117
　　　3　経営特性　118
　　　4　技術の導入・革新・横展開　119
　　　5　事業環境変化への対応　121

5. 事例研究から得られた示唆……………………………………123
　　　1　関係的技能の蓄積と横展開　123
　　　2　事業基盤の強化　124

6. むすび………………………………………………………………125

第5章　知財開発と内外連携の戦略
　　―中小GNTの知財開発と飛躍の特性―　129

1. 本事例の位置付け………………………………………………129

2. 事例研究3― 株式会社　諸岡
　　―ゴムクローラ・全油圧駆動キャリアダンプ主軸のオンリーワン経営。
　　バブル崩壊後の低迷期に環境関連・林業関連機械へ展開―　130
　　　1　会社の概要　130
　　　2　主力事業の特徴と新製品・新用途開発　132
　　　3　主力事業の開発経緯　134
　　　4　新製品・新用途開発にみるイノベーション特性　136

3. 事例研究4― 安田工業株式会社
　　―国産初の横型マシニングセンタを開発，金型向け立て型
　　マシニングセンタで飛躍。最大でなく最高を目指す―‥‥139
　　　1　会社概要　139
　　　2　主力事業の特徴と新製品・新用途開発　140
　　　3　新製品・新用途開発にみるイノベーション特性　142
　　　4　今後の方向　145
　　　5　まとめ　145

4. 事例研究のまとめ ………………………………………………… 146
   ① イノベーションの特性　146
   ② 資源連携戦略の特性（まとめ）　147

第6章　知財の収益化と内外資源の連携戦略
―大規模 GNT にみる知財収益化の形態と特性 ――――― 149

1. 事例研究の位置付け
   ―大規模 GNT の知財収益化の特性分析 ………………… 149

2. 事例研究 5 ―日本電子株式会社
   ―コア技術の深耕と知財収益化の
   YOKOGUSHI 戦略で成長の持続― ……………………… 151
   ① 会社の概要　151
   ② 日本電子のビジネス特性　153
   ③ コア事業の深耕と新たな用途開発の挑戦　155
   ④ 知財の収益化の重視とその戦略― YOKOGUSHI 戦略　157

3. 事例研究 6 ―セーレン株式会社
   ―原糸から最終製品までの世界初の一貫生産体制，Viscotecs
   による企画・製造・販売のビジネス・モデルを構築― … 160
   ① 会社の概要　160
   ② 環境脅威と経営改革　162
   ③ 環境脅威をバネにした資源集中　164
   ④ 持続的成長に向けての新用途開発の挑戦　166

4. 大規模 GNT の事例研究のまとめ
   ―知財の収益化と資源連携戦略 ………………………… 168
   ① 日本電子　168
   ② セーレン　169

5. 知財の収益化と内外連携の特性 ……………………………… 170
   ① 顧客志向型の製品技術開発　171
   ② 新用途開発戦略　173

第7章　企業の成長戦略と資源連携の戦略
―中小・中堅・大規模GNTの比較と持続的成長の条件―――――177

1. 事例研究の位置付け―中小・中堅・大規模GNTの比較分析　177
2. 事例研究7―株式会社昭和真空
　　―顧客志向の開発で世界初の製品を連発，水晶デバイス
　　製造装置で世界シェア80%のオンリーワン経営―………… 179
　　1　会社の概要　179
　　2　製品開発の動向と特徴　181
　　3　イノベーションの特徴　183
　　4　今後の発展に向けての課題　185
3. 事例研究8―株式会社竹内製作所
　　―世界初のミニショベルを開発，国内市場を捨て
　　グローバル市場を開拓，海外販売比率97%の
　　超グローバル経営で成長―…………………………………… 187
　　1　会社の概要　187
　　2　主力事業の開発動向　189
　　3　同社のイノベーションの進め方　191
　　4　経営の特徴と強み―まとめ　194
4. 事例研究9―株式会社前川製作所
　　―産業用冷凍装置の研究開発型，
　　顧客共創と社員一体化で持続的成長―…………………… 195
　　1　会社の概要　195
　　2　主力事業の特徴と新製品・新用途の開発動向　197
　　3　共創の精神を活かす組織の変革　200
　　4　研究開発型経営の成功要因　203
5. 類型別の事例研究のまとめ―知財開発・収益化と資源連携戦略 204
　　1　昭和真空　204
　　2　竹内製作所　205
　　3　前川製作所　206
6. 類型別の知財開発・収益化と資源連携戦略 ……………………… 207
　　1　類型1（中小GNT）　207
　　2　類型2（中堅GNT）　208
　　3　類型3（大規模GNT）　209

第4部 効率の良いイノベーションと資源連携の戦略——総括と提言

第8章 効率の良いイノベーション特性——本研究のまとめと含意　213
1. 日本のものづくり企業の課題　213
2. 大企業の成功・失敗分析の教訓　214
   - 1 シャープの対応と問題　214
   - 2 大企業の成功・失敗分析——トヨタの新興国の製品開発　216
   - 3 大企業の成功・失敗分析の教訓——まとめ　217
3. 研究開発型GNTのイノベーション戦略——DC戦略の発動　218
   - 1 状況の変動とイノベーションのきっかけ　218
   - 2 環境脅威と危機の突破——知財の開発・収益化は危機の局面で生まれていた　219
4. 研究開発型GNTのイノベーション特性　221
   - 1 持続的成長に向けての基本要因　221
   - 2 持続的成長と資源連携の戦略　230
5. 研究開発型GNTのイノベーション戦略
   ——各段階における戦略と組織のまとめ　235
   - 1 能力構築の段階　236
   - 2 知財開発の段階　238
   - 3 知財収益化の段階　238
   - 4 新たな競争優位の段階——資源連携戦略との関係　239

終章 効率の良いイノベーション戦略
——新事業開発に向けての提言　241
1. 「効率の良いイノベーション」の概念　241
2. 「効率の良いイノベーション」特性と成功の要因　244
3. イノベーションの遂行と資源連携の戦略　247
4. 残された研究課題　253

補論　イノベーションと資源結合
——イノベーション関連の先行研究

1. **イノベーションと能力構築・進化の特性** ———————— 257
   1. 企業のイノベーション—新結合と顧客価値の創造　257
   2. イノベーションとアンゾフの成長マトリックス　260
   3. 経営組織の革新が持続的成長を生む—チャンドラー命題　261
   4. 両利き経営　263

2. **状況の変動に応じた資源・能力の連携とその狙い** ——— 264
   1. 企業の変革と経営者の役割　264
   2. 取引関係とDC（ダイナミック・ケイパビリティ）戦略　266
   3. 中小・中堅企業のものづくり能力構築と飛躍　269
   4. 革新的中小企業（中小GNT）のイノベーション
      —従来研究の紹介　271
   5. 顧客志向のイノベーション理論　274

索引 ———————————————————————— 277

第1部

問題提起と本書の狙い

　1990年のバブル崩壊後の失われた10年，15年は環境変化が急速に進んだ時期であるが，多くの企業がガバナンス重視の守りの経営を志向し，潜在成長力を低下させていった。一方で環境変動や危機突破の成長戦略に挑戦し，持続的成長を勝ち取った大企業もあり，それらの企業の成功・失敗の事例や研究開発型GNT（グローバルニッチトップ）のイノベーション特性から「効率の良いイノベーション」を学ぶことは重要である。

　第1部は，日本のものづくり企業が直面している潜在成長力の低下という問題，課題の背景，要因を吟味し，現状突破の「効率の良いイノベーション」のベンチマークとして研究開発型GNTを選定し，分析のフレームワークや仮説を提案する。

序章

日本のものづくり企業の課題

バブル崩壊後の環境激変期において，日本のものづくり企業は成長力の低下や業績面での悪化が進み優劣の二極分化が進行した。二大産業の自動車，エレクトロニクス産業に焦点をあて，ガバナンス経営の限界や日本の強みを活かしたDC（ダイナミック・ケイパビリティ）戦略の必要性や資源・能力の再編・変革を伴うイノベーションの重要性が問題提起される。

1. なぜ日本企業の競争力低下が起ったのか

1 環境激動期の対応

(i) 構造改革で先行した自動車産業

1990年代から2000年代初めにかけての10年，15年間は日本経済の潜在成長力が一気に低下し，「失われた10年，15年」の時期を迎えたといわれてきた。確かに1990年代はバブル経済が崩壊し，過度な金融引き締めが内外金利差を誘発し，1ドル80円台の過剰な円高を招き「構造改革」が必要な時期であった。日本の2大産業の自動車，エレクトロニクスは，バブル崩壊後の過度な円高を背景に輸出競争力が低下するとともに，生産拠点の海外移転に伴い過剰能力の削減と構造調整が必要な局面を迎えていた。それらの

産業ではこの間国内の消費需要が低迷し，また海外直接投資が急増したことから国内総生産（GNP）の潜在的成長力の低下の要因となってしまったのである。また企業は本格的なグローバル化時代の到来に向けて，抜本的な経営の構造改革が不可避な状況を迎えていた。

自動車産業は，この間国内需要が減少し輸出も低迷する中で国内生産がピーク時（1990年）の1348万台から300万台以上減少し，1000万台前後で長期間横這い状況を続けている。一方で海外生産は急増を続け，2007年には海外生産が国内生産を上回る本格的な「グローバル化」の時代に突入し，経営の構造改革を推進する時期を迎えていたのである（図表序-1）。

中でも日産自動車は，1997年度から1999年度まで赤字経営を続け倒産寸前の危機を迎えていたが，ルノーのゴーン氏を経営者に迎えルノー・日産のアライアンスのもとで日産リバイバル・プラン（NRP）を断行し成功した。

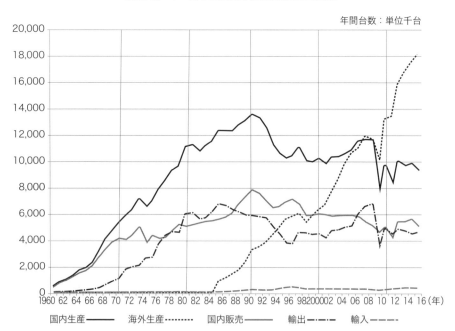

図表 序-1 日本の自動車産業の成長と転換

出所：日本自動車工業会，日本自動車販売連合会，日本自動車輸入組合の統計データをもとに筆者作成

その結果2008年のリーマンショック後の世界同時不況の局面ではV字回復に成功し，現在ではドイツ，米国企業と競争しトヨタ，本田技研工業などと共に世界競争をリードしているのである。

1990年代に断行した経営の構造改革により新たな競争優位が生まれ，リーマンショック後の大不況も乗り越え，またその後の超円高環境下でも持続的な成長を続けることができたことを意味している。

（ⅱ）急速なキャッチアップに見舞われたエレクトロニクス産業

他方でエレクトロニクス産業は，1980年〜1990年代では世界一の比較優位をもつ産業であり，世界シェアNo.1の製品を多数抱えていた。しかし1990年代中半以降に入り世界トップの半導体（DRAM）の世界シェアが徐々に低下をはじめ，また2000年代に入ると半導体だけでなくノート型パソコン，液晶テレビ，DVDなどの世界シェアNo.1製品が台湾や韓国企業との競争に敗退し，一気に比較優位を失っていくことになる。

とりわけリーマンショック以降，先進国不況，成長ベクトルの変動（新興国の成長）などにより「顧客ニーズ」が変化したこともシェアの低下を加速させた要因である。エレクトロニクスは，モジュラー（組み合わせ）型のアーキテクチャーをもち，技術の標準化（コモディティ化）が進みやすく，急速なキャッチアップが起きやすい。特にコア部品や製造設備のヴェンダーを介して技術の流出が起こり，コモディティ化が一気に進んでしまった。その結果労賃の安い台湾，韓国企業の比較優位は高まっていく（赤羽（2014））。さらに台湾や韓国の企業は資金力が豊富であり，トップダウンの機動的意思決定のもとで大規模な先行投資を行い，日本との格差を一気に縮め，逆転してしまったのである。

上場企業の過去10年間の累積赤字のランキングをみると東日本大震災で大きなダメージを受けた電力会社を除くと，累積赤字上位の中にはシャープ，パナソニック，ソニー，東芝，パイオニア，NECなど日本を代表するエレクトロニクス・メーカーが並んでいる[1]。エレクトロニクス・メーカー

1　田中久貴「過去10年間で結局赤字だった440社ランキング」東洋経済オンライン https://toyokeizai.net/articles/-/180045（2017年7月13日閲覧）。

の成長転換はこの間なぜ起こったのか，気になるところである。

(ⅲ) 優良経営シャープの機能障害

2000年代に入り経営の好調とは裏腹に，グローバル競争環境が激変している。2008年のリーマンショックは，グローバル競争環境の変化を一気に加速させたのである。その影響を最も大きく受けたのは，液晶テレビ，半導体，携帯電話などに代表されるエレクトロニクス産業である。中でもシャープは，優良経営を誇っており，高度な液晶技術をもとにオンリーワン経営を標榜し，エレクトロニクスの中では高いシェアと利益率をもち，ベンチマークとなる企業であった。

液晶テレビのオンリーワン経営でシェアトップに躍り出たシャープは，2000年代に入り大規模な先行投資を敢行し，ナンバーワンの戦略を追求する。しかしリーマンショック後，世界同時不況，円高急進，新興国の台頭などが重なり経営環境が激変する。リスクを賭した先端工場は十分稼働できず赤字が拡大し，2012年初めには経営危機が表面化し，2015年5月の決算期では2000億円を超える赤字を計上し「債務超過」寸前の状態であった。結局2016年4月には台湾の鴻海精密工業（ホンハイ）が資本出資し，外資傘下のもとで経営再建を行うことが確定したのである。優良経営を誇るシャープが短期間のうちに黒字から赤字に転換した要因は景気の悪化，グローバル競争環境の激変だけでなく，環境変動への適応戦略の失敗が原因であるのは間違いなかろう。

2 危機の原因は何か──状況変化への適応の失敗

シャープの主力事業の液晶事業は，半導体と同じで典型的な資本集約型ビジネスである。大規模な先行投資は規模の経済性，習熟効果を生み，他社に対する競争優位を生み出す。一方でそれに見合う需要が有効に創出されなければ赤字に陥ってしまう。シャープは2000年代に入り先端技術を取り込んだ亀山工場，堺工場を次々に建設し，大規模な先行投資で圧倒的優位を構築する計画であったが，顧客の開拓に苦労し，キャッシュフロー構造は脆弱な

状況におかれていたのである。特にリーマンショック後の先進国不況，円高急伸，新興国の台頭などの要因が加わり，顧客の開拓が進まず，この10年にわたり1兆2865億円の赤字を計上することになってしまった[2]。

シャープの不振は，同社が先導開発した液晶技術が製造装置メーカーを介して流出し，特に2000年代初期の短期間のうちに「技術の標準化（コモディティ化）」が起こったことが要因であった。技術が標準化しどこでも作れるようになれば，製造拠点は日本から賃金の安いアジア新興国に移転することは明らかである。韓国，台湾，そして中国などは，資金力が豊富で，設備投資にも積極的であり，短期間のうちに日本の強力なライバルに躍り出てきたのである[3]。シャープは品質上の優位性があるものの，低品質，低コストの市場も拡大している。また新興国の積極的な投資は，需要の変動の如何によっては供給過剰を生み，過当競争が常態化し，赤字を拡大させる要因となった。

シャープは総合電機メーカーと異なり，研究開発型の風土のもとで「規模の拡大よりは独自の技術にもとづき誠意と創意で社会に貢献する」という創業者（早川徳次氏）の理念を実行してきた。量の拡大を追う大企業より中堅GNTの差別化戦略に近い企業であった。液晶や太陽電池に特化し技術差別化の戦略は総合電機メーカーを凌駕し，液晶テレビのトップシェアを獲得するまで成長したのである。

ところが2000年代に入り，液晶技術の優位性を過信し，亀山工場や堺工場に大規模な設備投資を敢行し，規模の拡大のため身の丈を超える成長戦略に打って出たことが問題であった。その結果液晶技術の開発や設備の先行投資が，売上，収益化に結びつかず機能障害が起ってしまったのである。

3 選択と集中による俊敏なPPM経営とその限界

エレクトロニクス産業は，リーマンショック以降の経営構造改革の局面で，ただ単に赤字経営を座視してきたわけではない。GEに代表される米国

---

[2] 田中久貴「過去10年間で結局赤字だった440社ランキング」東洋経済オンライン https://toyokeizai.net/articles/-/180045（2017年7月13日閲覧）。
[3] 液晶パネルの製造技術が，製造装置や材料メーカーを介して，アジア新興国に流れ，製造技術のコモディティ化が起こったことも要因であった。詳細は赤羽（2014）参照。これについては第2章で詳しく解説する。

型経営をベンチマークに,事業の売却と買収による高収益な事業構造を構築し,「選択と集中」の経営を実践してきた。多角化の過程で創成した多くの低収益事業を売却すると共に,そこで得た資金で将来性の高い事業を買収し,持続的な成長と株主価値の最大化を追求してきた。また経営監督体制は株主志向型の委員会設置会社であり,外部の目からの監視を強化してきた。後述するように,米国型の委員会設置会社を導入したのは,エレクトロニクスの会社が断然多く,ソニー,日立,東芝,三菱電機など有力企業は米国型の統治方式を先行導入したガバナンスの優良企業なのである。

特に東芝は戦略面でも統治面でも優等生であり,選択と集中による GE 型の経営を率先して取り込み,長期の持続可能な成長を探索してきた。東芝の事業のポートフォリオ戦略をみれば,半導体と原子力事業への集中が追求されてきた。音楽(東芝 EMI),光ディスク HD,DVD などは選択事業として売却し,ウエスティングハウス社を買収し,半導体と原子力事業への集中戦略は徹底したものであった。

我々もエレクトロニクス産業の復活は,東芝の「選択と集中の経営」にありと大いに注目したこともある。しかし半導体事業はスターであるが金食い虫であり,キャッシュフローが上下動しやすい。また原子力事業も 2011 年の東日本大震災で世界の建設需要がストップし,事業リスクが急増したのは不幸でもあった。東芝はスター事業,金食い虫事業に集中したことから,キャッシュカウのいない,糸の切れた大凧のような事業構造になってしまったのである。

2. 日本の強みは何なのか

1 ものづくり組織能力の改善と進化—日本企業の強み

日本のものづくり企業の強みを,自動車産業のトヨタでみてみよう。同社の強みは,製造現場で常時展開される「統合型ものづくり組織能力(ルーチン)」の構築力であり,生産現場における QCD(品質,コスト,デリバリー)を中心とした改善,改良,提案活動が継続的に展開されていることである

(藤本（2004））。トヨタの統合型ものづくりシステムは，毎日生産現場でムダの削減，手待ち時間や正味作業時間の削減を通じた「生産リードタイム」の削減が追求されており，継続・体系化された組織ルーチン活動に特徴をもつ。また生産現場では，問題発見・問題解決のPDCAサイクルが常時実行され，問題発見と標準作業化の繰り返しにより連続的な改善活動が展開されている（図表序-2）。

トヨタの究極的な強さは，ものづくり組織能力のルーチン活動や工場で組織的に展開される改善活動が徹底されていることである。ひとたび優れた方法をみつけると部門内にとどまることなく組織を越えて横展開され，全社ベースで共有される強みである。この横展開の動きは，現場主導の強さが部門最適に陥る危険を回避し，「全体最適」経営に向けて全社ベースで知的財産を共有するための工夫なのである。

トヨタのトップと話すと，現場主義の重要性に加えて，トヨタの戦略機能（品質・原価・技術など）を各部門に横串を通す「機能会議」の重要性を強調する。毎日の現場の改善，改良を出発点に常に全社の基本方針と現場が乖離することがないフィードバックが行われているのである。日本のものづくり優良経営にみられる開発・製造・販売の現場重視，部門横串連携のもとで「全体最適経営」を実現する仕組みが強みなのである（土屋（2006））。

トヨタの経営をみると，統合能力，改善能力が，時間とともに連続的に進

図表 序-2　トヨタの統合型ものづくりシステムの能力構造

統合能力
（繰り返し生産（設計情報の転写）
の組織ルーチン〜ムダの削除）

改善能力
（問題発見・問題解決サイクル
〜標準作業の繰り返し改善）

進化能力
（標準化・文書化，
横展開，フォローアップ）

出所：藤本（2004）p.78をもとに筆者が加筆修正

化するだけでなく，時には不連続な飛躍が起こる。現場で起こったルーチンの変化や改善活動の中には，時として飛躍的進化をもたらす方案が含まれる。その内容が全社の中に横展開され，全社ベースで共有され，現場重視，実行重視，横串展開の経営が，トヨタの進化能力の神髄であろう。

2 環境変動時のトップダウン経営

トヨタの経営は日本型のものづくり経営の強みの1つの方向を示している。環境の変化に応じて常に未利用資源や不適応能力が発生するが，それを察知し，持続的改善活動を実施する。また未利用資源の存在が危機を生みだすほど大きくなれば，資源・能力の再編成を図り，全社を挙げて危機を突破する。試行錯誤の成功事例の中で画期的な方案があれば，国境や部門を越えて共有し，連続的な改善，進化，飛躍を図るボトムアップの経営方式である。

一方でトヨタ経営の中にはトップダウンの決定が時々出てくる。ハイブリッドカー「プリウス」の開発は，1990年代の日本経済の激変期に豊田英二氏の発案からスタートしたといわれている[4]。1990年代前半は円高が急伸し環境脅威が進んでいた局面であったが，トップダウンで「21世紀にも通用するクルマを開発してはどうか」の一言からスタートした。環境脅威が高まる局面ではトップダウンで提案がなされ，全社を挙げて部門横断型事業開発が行われてきたのである。このような開発・製造・販売の現場の強みを基本に，時にはトップダウンの決断を加えて持続的な改善，進化，飛躍を図る経営は，日本型の強みでもある。

3. 日本の弱みを突破しろ

1 日本企業の弱みは何なのか

日本のものづくり企業の強みは，開発，製造の各現場で常時展開される

---

[4] 「プリウス誕生秘話」『GAZOO』https://gazoo.com/article/car_history/151211.html （2018年11月13日閲覧）。

「ものづくり組織能力」のルーチンに依拠した活動が基本であり，その改善，進化，飛躍に支えられている。トヨタのトヨタ生産システムやキヤノンのセル生産システムなどはその代表であろう。

　日本のものづくり企業の特徴を，「強い工場・弱い本社」として問題提起したのは，藤本（2004）である。藤本は，日本のものづくり企業の強みが，工場の現場で行われる「ものづくり組織能力」にあり，開発のスピード，生産のリードタイム，生産性など深層のパフォーマンスが優れていることが日本の強みの源泉である。その点で，現場主導の漸進的な改善・改良が行われるが，一方でそれが「リーン生産システム」のような欧米に比較優位をもつ革新的生産システムを生みだすことがある，と述べている。

　自動車の開発や生産の現場を比較すれば，日本のものづくり組織能力は欧米を圧倒してきた。一方で，収益力に代表される「表（オモテ）の競争力」は，総じて欧米のものづくり企業から後れを取っており，日本が強いとする考えは修正される。ものづくりの現場は強いが，ブランド力は欧州と比較すると強いとはいえず，品質に見合う価格が設定できていない。また他社と同じような製品を投入し差別化できていないことが，過当競争を生み，低収益に甘んじる原因でもある。

2　トップマネジメントは経営構想の提案を

　このことは，本社のトップマネジメントのもつ「戦略構想能力」が，強い現場の成果を活かし切れていないことを意味しており，日本のものづくり企業の弱点でもある。強い現場と強い本社を両立させることが，日本ものづくり企業が今後目指すべき方向であろう。

　日本のものづくり企業の弱点を，トップマネジメントによる戦略構想能力とみたのは，藤本の達観であり，その傾向は日本のものづくり「大企業」全般に成り立つ現象であろう。最近では自動車メーカーのように収益力が世界一流の企業も現れてはいる。しかし，ものづくりの現場，工場の能力は優れているが，その割には収益力が欧米企業に比して低い企業も多い。

　一方で「革新的中小企業」や中堅GNTの事例研究を積み上げてみると，

「強い現場，弱い本社」の構造は成り立たない（土屋他（2011），土屋他（2015），土屋他（2017）など）。それらの企業は，本社と現場は一体化している。それらの企業の戦略構想能力は，大企業以上に優れており，経営者が独自の構想のもとで新事業の開発や競争優位の構築を先導している。そこには大企業の設立時代にみられた創業者経営の強みが息づいているのである。大企業の方が，中小，中堅 GNT の優れた事業開発の方法を学ぶべきであり，独自の開発力，差別化した製品技術をもつ GNT との連携を深めるべきであろう。

4. 経営構造改革が進まない理由
　　　―コーポレート・ガバナンス重視の限界

1 ガバナンス改革は業績を向上させるのか

　日本経済の「失われた10年」問題は，米国や日本のアクティビストからの要望も強く，2000年頃から日本政府も対策を検討してきた。そのころ日米の大企業で相次いで企業不祥事が発生したことが，コーポレート・ガバナンス改革を後押しした。2002年には，会社法や金融商品取引法の抜本的な改正案が検討され施行されたのである（土屋（2006））。日本政府は，失われた10年の原因を日本企業のコーポレート・ガバナンス問題と捉え，監査役による日本型統治の強化という方針を転換し，米国型統治（委員会設置方式）と競わせる制度改革に乗り出したのである。

　日本経済の長期低迷は，成長を牽引してきた大企業の「コーポレート・ガバナンス」の問題であるという見解は，米国・欧州などの一般的見方であり説得力もある。とりわけ日本型ガバナンスは，社内出身の「取締役」が中心である。経営戦略を企画，執行，監督する取締役会が内部の取締役で構成されている限り説得力に欠く。監督と執行が分離されていないことが問題なのである。米国型経営では，取締役会に外部取締役を参加させ，外部の目による監視・監督が一般的であり，日本経営はガバナンスが効いていないとみられている。

しかし一方で，日本経済の低迷はコーポレート・ガバナンスの問題であり，米国型に転換すれば，経営構造改革が進むという見方には異論も多い。事実米国型を導入した会社をみると，業種別では日立製作所，ソニー，東芝，三菱電機などのエレクトロニクス系，および野村證券，大和証券，ゆうちょ銀行，オリックス，明治安田生命保険などの金融系が中心で，日本が比較優位をもつ自動車や機械系の企業は，日本型を採用しているのである。

コーポレート・ガバナンスと業績の関係を分析した最新の研究[5]によれば，委員会設置との比較で監査役設置の会社の方が，収益性や成長性が相対的に優れているとの結論も得られている。とりわけ研究開発型の企業においては，取締役会における重要事項の経営判断の際に，技術，市場，ビジネスのわかる取締役が必要である。したがって長期志向の経営判断には，日本型の方が有効であり，米国型の短期業績追求型との相性が良いとはいえない。このことは，ガバナンスを変えれば日本経済の構造改革が進むとする日本政府，海外アクティビストなどの見解とは対立しており，ガバナンス改革が正しい処方箋とはいえないことになる。

2 DC（ダイナミック・ケイパビリティ）戦略の必要性

最新の経営経済学の研究の中でティース（2013）は，1990年代以降の日本経済の弱体化は，「日本企業のコーポレート・ガバナンス問題ではなく，DC（ダイナミック・ケイパビリティ）の弱さに起因する」との新たな見解を示した。

確かに日本企業は，生産，販売など付加価値の創造活動の中核を担う現場を重視し，持続的改善を続ける中で，漸進的な能力構築や進化を目指す企業が多い。また単に現場の漸進的な改善にとどまらず，多くのプロセス，機能に横串を入れて，全体最適の経営を志向する「ものづくり優良」経営もみられる（土屋（2006））。一方で多くの日本企業は，1990年代，2000年代初め

---

5 日隈信夫・牧野勝都「イノベーションとコーポレート・ガバナンス」『経営行動研究学会第26回全国大会』2016年8月21日

の環境変動（円高の急伸，グローバル化，地球環境問題，IT 不況など）の中で思い切った経営の構造改革が必要であった。未利用資源の再利用や社内外の資源，能力を再結合し，新たな競争優位の構築に取り組む自己変革能力が求められていた。ティースがいう資源・能力の再編成や新結合による DC 戦略の遂行であるが，それが実行されず低収益の経営に甘んじてきたことが問題であった。

　また大企業病の問題もある。戦後の日本経済の復興や成長を牽引してきた大企業は，創業者の時代を終え，2 代目，3 代目の時代を迎えている。創業時代の果敢な挑戦，危機をバネにした新事業開発にチャレンジする志向が薄れてきたことも事実であろう。サラリーマン社長の時代に移行する中で，創業以来の経営理念や社是・社訓から離れ，4 年間の中で守りの経営や逆に身の丈を超えた経営を追求したことが問題であった。

　ティースのいうように，日本経済の「失われた 10 年」は，ガバナンスの問題ではなく「DC 戦略」の不足が原因であるとの指摘は，十分吟味する必要があると思われる。

③ DC 戦略と日本型経営との親近性

　このティースの理論は，米国型経営が得意とする「選択と集中，売却と買収」を機軸とするトップダウン型の経営とは異なっている。むしろ活動現場の開発，製造，販売などの問題・課題をみつけ，改善改良を積み上げる能力構築型の企業と相性が良い。改善改良，社内資源・能力の構築を重視する企業でも，優良企業では状況の変化に応じて大胆な経営改革を行っている。そのような日本型の経営との相性は決して悪いとはいえない。日本のものづくり優良企業にみられるように，現場重視，持続的能力構築志向のもとで，部門を越えて全体最適を追求する。また現場のベスト解がみつかれば，全社に広げ進化を目指す経営である。

　DC 戦略は，主として環境脅威や危機のような状況の変化を背景に，資源や能力の有効利用を求めて資源・能力の再編成が行われる。また新たな資源・能力の構想のもとで外部資源との連携や結合により，競争優位の獲得を

目指す。またそれらの改革は，実行重視のPDCAサイクルのもとで，改善，改良を持続させればよい。このような経営革新と持続的な競争優位の磨き上げは，内部資源を重視し，持続的な能力構築を追求する日本の強み，日本型経営と類似の構造をもつことにも注目すべきである。

5. 本書の目的と狙い

1 現代経営に求められている課題

　バブル崩壊後の「失われた10年，15年」の問題は，高度成長期を牽引してきた多くの企業が，状況変化に適応した経営構造改革や新たな競争優位の獲得に挑戦してこなかったことが要因であった。近年株主志向のもとで各社が重視してきた「コーポレート・ガバナンス」経営は，守りの経営として問題を先送りしてきた危険がある。むしろ現代経営に求められるのは，激動する環境変動の脅威を先取りし経営の構造改革を断行するとともに，新たな成長に向けての「イノベーション」活動を強化することが重要と思われる。

　先行の研究では，研究開発型中小企業（革新的中小企業と呼ぶ）を中心に知財の開発・収益化の動向と持続可能な開発（経営）を分析し，イノベーションの実態と成功要因を分析してきた（土屋他（2011），土屋他（2012））。また革新的中小企業は中小企業の枠を越えて経営規模を拡大するためには，「成長の壁」[6]があるが，それを突破し持続的成長を実現するための戦略を中堅GNTの事例研究をもとにDC戦略の視点で分析してきた。そこでは知財の開発以上に収益化の飛躍（イノベーション）が重要であること，そのためには開発・製造・販売の部門を越えた横串連携の必要性など多くの知見が得られている（土屋他（2015），土屋他（2017））。

　最近注目されている研究開発型の革新的中小企業や中堅の研究開発型GNTの中には，この間「状況の変化」の危機を先行的に察知し，新たな事

---

[6] 「成長の壁」は事例研究の実証分析の中から生まれた概念である。革新的中小企業はグローバルニッチトップ狙いの経営であるが，差別化した独自の領域を開発したことが特に重要である。また成長より（開発の）持続を重視しており，規模の拡大を追求していない。その特異な戦略と成功体験がさらなる成長戦略では壁となることが多い（土屋他（2017）pp.18-23）。

業構想のもとで新製品開発，ビジネス・モデル革新，グローバル化，コア技術投資などの戦略を断行し，2000年代の新たな成長を呼び込んだ企業が数多く見受けられる。それらの研究開発型GNTの「効率の良いイノベーション」に注目すべきであり，危機突破の経営構造改革や新成長戦略，資源新結合のイノベーションを通じて，持続的な成長を呼び込んできた企業を，ベンチマークとして研究すべきではなかろうか。

2 本書の特徴と狙い

　本書は，3人の大学教員（シンクタンク出身）の自主的研究や科研費の共同研究を通じて蓄積してきた知財（実践的な成長戦略の遂行のノウハウ）を中心にまとめたものである。日本の大企業の場合，環境激動期に株主価値の優先のもとで結果としてコーポレート・ガバナンス重視の守りの経営に陥っている企業もみられる。また新製品・新事業開発にあたり画期的な「新技術開発」を目指し，「ないものねだり」の袋小路に陥っている事例も数多く見受けられる。

　一方で日本のユニークな革新的中小企業や中堅の研究開発型GNTのイノベーションを分析すると，状況の変化，危機突破，成長の壁の飛躍などに熱心に挑戦してきたことがわかる。企業内に蓄積した資源・能力を有効活用するだけでなく，顧客との共同開発，部材調達における擦り合わせ開発など社外資源を活用した製品技術開発が行われている。またそれらの企業では知財の開発もさることながら，開発した知財の「収益化」を重視し，開発・製造・販売の部門を越えた横串連携により新たな競争優位の構築に挑戦するなどの特徴もみられる。

　それらの中小・中堅の研究開発型GNTの経営においては，資源や能力の「圧倒的強さ」も大事であるが，環境変動にダイナミックに適応し，変革し，現状を突破していく「変革経営」が行われている。本書は，製造業の経営構造改革やイノベーションに焦点をあて事例研究をもとに実証研究したものである。

序章　日本のものづくり企業の課題　17

③ 本書の全体構成と各部・章の位置付け

　図表序-3には，本書の全体構成が示されている。第1部は，日本のものづくり企業が環境変動に適合できず，ガバナンス志向の「守りの経営」に陥っている問題を提起するとともに，研究の狙いや研究仮説を提示している。

　第2部では大企業における新事業開発の成功，失敗の事例として，新旧シャープの比較やトヨタ新興国の分析を通じて，イノベーションにおける問題，課題，非効率の要因，危機突破の条件等を検討している。

　第3部では「効率の良いイノベーション」のベンチマークとして研究開発型GNT9社をとり上げ，事例研究をもとに危機突破の成長戦略，知財開発・収益化の構想，ビジネス・モデルの開発などの実態を分析する。事例研究で

図表 序-3　本書の全体構成

```
┌─────────────────────────────────────────────┐
│ 第1部　問題提起と本書の狙い                  │
│ ・日本のものづくり企業の課題（序章）         │
│ （競争力低下の要因，ガバナンス偏重の問題，    │
│   DC戦略の必要性）                           │
│ ・分析のフレームワーク（第1章）              │
└─────────────────────────────────────────────┘
          │                    │
          ▼                    ▼
┌──────────────────┐  ┌──────────────────────────────────┐
│ 第2部　大企業にみる│  │ 第3部　研究開発型GNTのイノベー   │
│ イノベーションの成 │  │ ションと資源結合の戦略           │
│ 功・失敗分析       │  │ （研究開発型GNT9社の事例研究）   │
│ ・新旧シャープの経 │  │                                  │
│ 営戦略（第2章）    │  │ ・内々連携・内外連携を通じた事業 │
│ ・トヨタの新興国製 │  │ 基盤の強化（4章）                │
│ 品戦略（第3章）    │  │ （事例1 内山工業，事例2 日本パー  │
│                    │  │ カライジング～自動車サプライヤー │
│                    │  │ の能力構築・進化のメカニズム）   │
│                    │  │                                  │
│                    │  │ ・知財開発と内外連携の戦略（5章）│
│                    │  │ （事例3 諸岡，事例4 安田工業～   │
│                    │  │ 中小GNTのイノベーション特性）    │
│                    │  │                                  │
│                    │  │ ・知財収益化と内外資源の連携戦略 │
│                    │  │ （6章）                          │
│                    │  │ （事例5 日本電子，事例6 セーレン │
│                    │  │ ～大規模GNTの収益化の教訓）      │
│                    │  │                                  │
│                    │  │ ・企業の成長戦略と資源連携の戦略 │
│                    │  │ （7章）                          │
│                    │  │ （事例7 昭和真空，事例8 竹内製作 │
│                    │  │ 所，事例9 前川製作所～中小・中堅 │
│                    │  │ ・大規模GNTの類型間の比較分析，  │
│                    │  │ 持続的成長の成功要因）           │
└──────────────────┘  └──────────────────────────────────┘
          │                    │
          ▼                    ▼
┌─────────────────────────────────────┐  ┌──────────────────┐
│ 第4部　効率の良いイノベーションと   │  │ 補論　イノベー   │
│ 資源連携の戦略                      │  │ ションと資源結合 │
│ ・大企業の成功・失敗分析およびGNTの │  │ （先行研究）     │
│ 事例研究のまとめと総括（第8章）     │  │                  │
│ ・効率の良いイノベーション戦略（新  │  │                  │
│ 事業開発に向けての提言）（終章）    │  │                  │
└─────────────────────────────────────┘  └──────────────────┘
```

出所：筆者作成

はイノベーションの局面（①能力構築と進化（4章），②知財の開発（5章），③知財の収益化（6章），④持続的成長（7章））の各局面に分けて，GNTのイノベーション特性を分析するとともに，成長戦略と資源の連携戦略の関連づけを行う。特に7章では，中小・中堅・大規模GNTの比較分析を通じて，持続的な成長や類型間の飛躍の成功要因を抽出する。

第4部では1～3部の研究を要約，総括することにより，実証分析から浮かび上がってきた「効率の良いイノベーション」特性の含意を明らかにする。またイノベーションを遂行する過程で行われる企業の境界領域における資源の内外結合，内々結合の連携戦略を分析し，効率の良い新事業開発とは何かを総括し，その方法を提案することが狙いとなる。

なおイノベーションと資源結合の「先行研究」は，補論として最後にまとめておいた。関心のある読者はご参照いただきたい。

◇参考文献

Teece, D. J. (2009) *Dynamic Capabilities and Strategic Management*, New York, Oxford University Press.（ティース，D. J.（谷口和弘他訳）(2013)『ダイナミック・ケイパビリティ戦略』ダイヤモンド社.）

赤羽淳 (2014)『東アジア液晶パネル産業の発展―韓国・台湾企業の急速キャッチアップと日本企業の対応』勁草書房.

赤羽淳・土屋勉男・井上隆一郎 (2018)『アジアローカル企業のイノベーション能力―2次サプライヤーの能力構築と進化経路』同友館.

土屋勉男・三菱総合研究所アジア市場研究部編著 (1999)『日本企業はアジアで成功できる―グローバル経営を実現する指針』東洋経済新報社.

土屋勉男 (2006)『日本ものづくり優良企業の実力―新しいコーポレート・ガバナンスの論理』東洋経済新報社.

土屋勉男・原頼利・竹村正明 (2011)『現代日本のものづくり戦略―革新的企業のイノベーション』白桃書房.

土屋勉男・井上隆一郎・竹村正明 (2012)『知財収益化のビジネス・システム―中小の革新的企業に学ぶものづくり』中央経済社.

土屋勉男・金山権・原田節雄・高橋義郎 (2015)『革新的中小企業のグローバル経営―差別化と標準化の成長戦略』同文舘出版.

土屋勉男・金山権・原田節雄・高橋義郎 (2017)『事例でみる中堅企業の成長戦略―ダイナミック・ケイパビリティで突破する成長の壁』同文舘出版.

藤本隆宏 (2004)『日本のものづくり哲学』日本経済新聞社.

（土屋勉男）

第1章

効率の良いイノベーション
―分析のフレームワーク

第1章は,「効率の良いイノベーション(あるもの探し)」を探索するための出発点として,「イノベーションとは何か(定義),「効率の良いイノベーション」の特徴,ベンチマークとなる対象企業(研究開発型 GNT)の選定と紹介,「イノベーション特性の分析フレームワーク」等を解説し,イノベーション探索の方法論や研究仮説を提案する。

1. イノベーションの定義と課題

1 イノベーションとは何か

(i) 技術革新 対新結合

　イノベーション(innovation)は「技術革新」と訳し,技術におけるブレークスルー(飛躍)を伴った経済成長や,今までにない先進的技術の開発に裏打ちされた新製品技術,新事業の創造をイメージする場合が一般的である。1956年度版の経済白書は,イノベーションを「技術革新」と訳し,経済の成長発展におけるイノベーションの役割に言及した最初の報告である。当時の日本経済は,戦後の復興経済から立ち直り,欧米の先進的技術を導入して飛躍的な経済成長を始めた時期であり,「技術革新」による成長は時代

にマッチしたテーマであった。一方で企業経営では「技術革新」による成長は，成長戦略の1つの方法に過ぎない。

シュンペーター（1977）はイノベーションを生産要素の「新結合」ととらえ，生産物や生産方法などの新結合が経済発展の主要な要因と考えた。イノベーションとして，「新しい財貨の生産」，「新しい生産方法の導入」，「新しい販路の開拓」，「原料・部品の供給源の獲得」，「新しい組織の実現」などに着目する。イノベーションの実行者は，企業家（アントレプレナー：Entrepreneur）であり，生産要素を新しい方法で組み合わせ新結合し，新たな生産的価値を創造することが，経済発展の動因であるとした。

企業経営の世界では，狭義の「技術革新」に限定することなく，シュンペーター流の広義の解釈が現実のビジネス活動を表している。つまり企業がイノベーションを起こすという場合，新しい製品技術の開発は基本であるが，それ以外にも新しい生産方法，新しい販路開拓，新しい部材調達など多様な方法がある。また新しい組織化の実現も企業が新たな成長，発展を起こす要因となることも知られている。

(ⅱ) 顧客価値の新創造の重要性

企業経営の目的を明確に定義したのは，ドラッカー（2001）である。企業の目的は世上いわれるように，営利組織として「利益を上げる」こととは考えていない。「顧客を満足させる」ことが企業の使命であり目的である。また事業とは，「顧客が財やサービスを購入することにより満足させようとする欲求」により定義すべきであるとする。そして企業は事業を通じて顧客の求める欲求や，新たな満足を創造することが目的であるとした。

イノベーションにあたっては，ステークホルダーとの連携は重要であり，中でも顧客や部材の調達先，大学・研究所との連携関係が注目される。「顧客」志向の開発は，研究開発型企業の場合は一般的であるし，コア技術にかかわる部材の調達先との連携は製品差別化の原動力となる場合も出てくる。つまり企業内外の資源の連携，結合は，新たな顧客価値を創造するための原動力であり，新たな視点で資源や能力を結合すれば独自の競争優位が構築され，持続的な収益化に貢献することになる。

我々の見方は、「企業の内部、外部の資源・能力を連携、結合し、顧客の求める新たな価値を創造し持続的な成長を実現する」ことをイノベーションと考えており、環境脅威、経営危機、壁の突破など状況の変化への適応過程で飛躍が起こりやすい先行事例をみてきた。そこで本研究でも、製品やサービス、ビジネス・システムの創造過程を時代背景と共に分析する。またその過程ではステークホルダーを中心とした内外資源の連携や社内の部門間、組織間の連携を評価し、イノベーションと資源連携の関係を明らかにする。

2 非効率なイノベーションの特徴

（ⅰ）イノベーションの方法—クローズド・イノベーション志向

　歴史的には IBM、AT&T、ゼロックスなどの米国の大企業は、世界の先端的技術の開発を先導してきたが、それらの研究開発力の源泉は、多数の優秀な技術者を抱えた中央研究所や開発部門にあるとの認識が一般的であった。高度成長期に入ると、日本の製造業も、先進技術の開発を目標に中央研究所を設立する動きが起こり、中央研究所や開発部門をもつことが一流企業の条件となっていた。

　現在に至るまで日本の企業のイノベーションは、研究、開発、設計から事業化を社内組織で一貫して展開する「クローズド・イノベーション」志向が強く、外部の資源や能力を借りず社内中心で知財の開発活動が展開されている。

　企業内で完結する「クローズド・イノベーション」は、多くの利点もある。社内中心の閉鎖的な研究開発組織のもとで優秀な技術者を集め、長期的な視点で独創的な知財を時間をかけて開発することができる。また特許の取得やコア技術のブラックボックス化により、知財の占有可能性（榊原(2005)）を高めることも可能である。新材料や医薬品の開発のようなシーズ主導型の分野では、中央研究所を中心にした先行開発体制は今でも有効であろう。日本が得意とする自動車、産業機械などの業界は、系列、グループ企業と連携して垂直統合型のものづくり体制を構築し、世界競争をリードしているが、そこでは「クローズド・イノベーション」が基本である[1]。

(ⅱ) オープン・イノベーション時代の到来

一方米国では，1980年から90年代にかけてME技術，IT技術の発展が進み，半導体，パソコン，ネットワークなどの新技術の開発や融合により新たな時代を迎える。そこで台頭したのは，インテル，マイクロソフト，アップル，デルなどの新興ベンチャー企業群であるが，IBM，AT&T，ゼロックスなどの巨大企業の技術開発力の強みを切り崩す新たな時代が出現したのである。新興のベンチャー企業群は，内外の資源を巧みに連携融合して新たなイノベーションを起こしているが，そこで用いられた方法は中小ベンチャー，大学，研究所の資源を新結合した「オープン・イノベーション」（チェスブロー（2004））の方法がとられている。

米国で普及してきた「オープン・イノベーション」は，エレクトロニクス，情報産業を中心に広く浸透し，スピードや効率性で劣る大企業の経営革

図表1-1 オープン・イノベーションへの構造

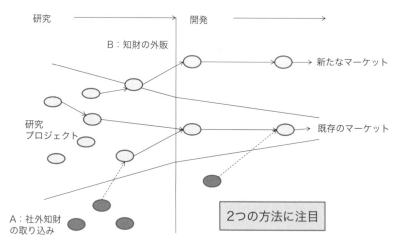

注：○は社内の知財，●は社外の知財
出所：チェスブロー（2004）

---

1 トヨタの開発・製造システムにおいては，系列企業と連携した効率の良い「コラボレート・オープン・イノベーション」がとられているとの見解もあり，リーン生産システムの構成要因となっている（ブラキシル＆エッカート（2010））。

新や非効率を突破する方法として世界の産業界での利用も始まっている。

　日本の製造業は，大企業を中心にクローズド・イノベーションが主流であったが，最近ではIT，エレクトロニクス，医薬品など研究開発型の業界では，大学や研究所，ベンチャーなどの開発力を取り込んだ「オープン・イノベーション」の活用が進みつつある。また自動車のトヨタは，自動運転，AIなどの従来の領域と異なる分野では，技術のオープン利用によるイノベーションに挑戦している。

(ⅲ) 非効率な新事業開発からの脱皮

　日本の大企業は，新事業開発面で効率性が低く，また「選択と集中」の経営のもとで進められてきたM&Aも東芝の事例で紹介したように成果があがっていない企業が多い。

　日本の事業開発上の問題をみれば，いくつかの点が指摘できる。第1は，上記の文脈でみられるように日本の大企業はクローズド志向が強く，研究，開発，事業化のあらゆる工程を自分たちでやる傾向がみられる。日本の戦後の発展プロセスは，海外の先進技術を習得し，時間をかけてサプライチェーンを構築し，磨き上げてきた歴史があり，何でも内製化できる自信をもつ。その自信が裏目に出ているのである。

　一方で会社の規模は大きくなっており，経営者は事業の開発まで目が行き届かず，経営計画やコーポレート・ガバナンスに頼る傾向をもつ。経営者は，開発の現場から遊離し，事業開発の担当部門に専任のスタッフを配置し，「事たれり」とする傾向すらみられる。

　第2に新規事業というと「世の中にないものを作れ，技術青天井型を目指せ」と高いハードルを設定する傾向がみられる。中央研究所は，本来社会的価値，顧客価値の創造など目的基礎研究を中心にすべきであるが，研究のための研究に終始する結果になりやすい。

　特に新事業開発が非効率な，ないものねだりに陥りやすい理由は，開発の目標が明確でないことが問題であろう。ドラッカーのいう，「新たな顧客の満足を生みだす」ための目標設定ではなく，短期の利益，あるいは技術上の高い目標が設定され，解のない開発が行われているかもしれない。また現場

任せ, 部門主義の弊害などで, 研究開発部門内で開発を完結させようとする。本来は経営者が先導し社員のベクトルを統合し, 開発だけでなく製造, 販売など部門横串連携で, 知財の収益化まで一気通貫に進めるべきであろう。

中堅 GNT が, 状況の変化の中で主力製品の低迷を突破するため, ときにはリスクを賭した投資を行い, 新たな競争優位を構築し持続的成長に成功した事例をみると, トップの関与, 社員のベクトル合わせ, 知財開発後の収益化の重視, 部門横串連携による収益化の追求など共通した特徴がみられるのである (土屋他 (2017))。

2. イノベーション分析のフレームワーク

1 「効率の良いイノベーション」の概念

(ⅰ) イノベーションは経済成果をもたらす革新

「効率の良い (あるもの探しの) イノベーション」とは, 世の中にない, まったく新しい「技術」をみつけることではない。シュンペーターがいうように, 世の中にある知見のもとで資源, 能力を連携, 結合して, 顧客の求める新たな経済価値を創造すればイノベーションが生まれる。研究開発型 GNT のイノベーションは, 顧客志向の製品開発が一般的であるが, それだけでなく市場開発, 新用途開発などをミックスして, 顧客共創の価値の開発が続けられている。

武石他 (2012) は, 大河内賞を受けた26のプロジェクトをもとに, 「イノベーションがいかに実現されるか」の分析を行った。武石たちがいうイノベーションは, 単なる発明, 特許, 技術開発ではなく, 「経済成果をもたらす革新」として新しいアイディアが商品価値をもち, 市場に受容, 普及浸透しているプロジェクトに着目している。

分析の過程で知財創造, 資源動因の2つの側面に注目し, 後者の重要性を指摘し「イノベーションを実現するには資源動員の正当化」がカギを握るとの結論を導いている。

(ii) 資源動員・集中・統合は知財収益化で有効

　筆者たちは，革新的中小企業のイノベーションの特性や成長の壁を突破し持続的成長を実現した中堅 GNT の成功要因を，事例研究をもとに分析してきた[2]。そこで得られた知見をまとめてみると，革新的中小企業のイノベーションは，技術開発中心というより顧客志向，顧客共創の成長戦略がとられている。当初は一対一の特注品取引からスタートすることも多いが，顧客の多様化やマスカスタム化（多数の特注品化）による知財の収益化の達成，持続にも挑戦している。

　特注品戦略を追求する中で，一対多の効率の良いマスカスタム化に成功すれば顧客関係で１つの飛躍である。また標準品開発，自社製品開発で特注品依存の体質を転換すれば，下請け依存からの脱皮，提案型成長が可能である。さらにその延長としては，社内に蓄積されたコア技術を共有活用し，開発・製造・販売の部門間連携により，従来の顧客を超えた新用途開発による成長も可能である。

　革新的中小企業から中堅 GNT への飛躍においては，製品技術の開発も必要であるが，開発した知財の収益化に向けての先行投資や社内資源の部門を越えた動員を通じて新たな知財の収益化を探索するプロセスが重要である。特に持続的成長を生み出したイノベーションをみると，知財の収益化における差別化された工夫が行われている。生みの親（知財の開発）も重要であるが，育ての親（知財の収益化）における努力，工夫がイノベーション戦略のカギを握る要因といえよう。

2　イノベーション分析のフレームワーク

（i）イノベーションと危機突破，新成長戦略の関係

　第２部では大企業の事業開発の成功・失敗を分析し，第３部では研究開発型 GNT のイノベーションを経営危機や成長の壁の突破と共に行われる成長戦略に注目し事例研究を行っている。事例研究では環境脅威を背景とした新たな製品

---

[2]　革新的中小企業のイノベーション特性は土屋他（2011），中堅 GNT へ飛躍するための成功要因は土屋他（2015），土屋他（2017）を参照。

開発，コア技術開発の動向や知財の開発や収益化，持続的な収益化のための競争優位の要因を分析している。またイノベーション戦略を遂行するためには企業の内外資源の連携や内々資源の連携戦略が必要であるが，イノベーション戦略と資源の連携戦略の因果関連を分析している（図表1-2）。

まず研究開発型 GNT のイノベーション戦略であるが，事例研究では大きな環境変動，脅威の局面でリスクを賭した意思決定が行われる傾向が明らかになっている。プラザ合意後の円高不況（1985年～1987年），バブル経済の崩壊後の激動期（1990年～1999年），リーマンショック（2008年～）などの環境激動の局面は，イノベーション戦略が発生する確率が高まる。イノベーション戦略は，まず危機突破の経営構造改革やリストラが行われるが，単なるリストラにとどまらず新製品技術開発，コア技術への先行投資などリスクを賭した意思決定が行われる傾向がみられる。また成長戦略のベクトル

図表 1-2　研究開発型 GNT の「イノベーションと資源連携」のフレームワーク

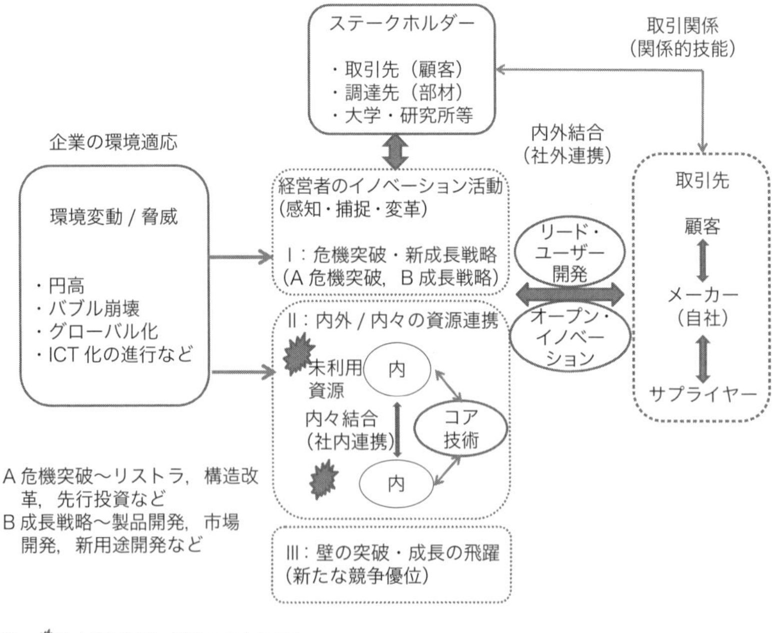

注：💥は未利用資源・能力の存在を示す。
出所：筆者作成

としては，製品開発が基本であるが，海外も含めたグローバル市場開発，新用途開発など「新成長戦略」が経営者を中心に部門を越えて進められているのである。

(ⅱ) イノベーションの規定要因―多くのステークホルダー関係に注目

イノベーションの規定要因としては，企業の内部，外部のステークホルダーに注目することが出発点である。内部のステークホルダーは，経営者であり，従業員であり，外部のそれは，顧客，部材調達先，地域社会（大学）など多様な関係に注目すべきである。

イノベーションの要因としては，企業内部の経営者であり，従業員が先導役となる。経営危機の突破や成長の壁の突破の局面では，経営者の「企業家能力」が先導役としての役割を担う。それらの局面では，単なる赤字削減，リストラにとどまることなく，同時に新たな成長戦略の探索が行われ，それが引き金となってイノベーションが生起する。たとえば成長の壁の突破の際にグローバル化に資源を集中し，海外の販売拠点や生産拠点の構築が決断される。時には海外の企業の買収に向けてリスクを賭した投資が決断される。一方でそれらの先行投資がきっかけとなり，新たな競争優位が生まれ持続的成長に結びつく意思決定が行われることになる。

企業内部のステークホルダーとしては，従業員，組織にも注目したい。前者は開発部門の技術者だけでなく，販売，製造部門の人材もイノベーションのプレーヤーである。一方で企業は成長するとともに，規模が大きくなるにしたがいイノベーションの活力が失われる場合がみられる。大企業における部門主義の弊害，タコつぼ型開発の弊害の問題である。それらの企業では，自社に蓄積された技術ノウハウの共有や組織を越えた結集が有効であり，組織の変革が新たなイノベーションに結びつく事例も出てくる。開発部門中心の新製品技術の開発にとどまらず，開発・販売・製造の横串連携により全社を挙げた収益創出活動が，収益化の飛躍をもたらす場合もある。

状況変化，環境変動を背景としたイノベーション活動においては，社外の「ステークホルダー」との関係が注目される。それらの中では顧客との関係が最も重要であり，顧客志向の開発，顧客リード・ユーザーの開発，および

飛躍は，イノベーションの基本ベクトルであろう。またコア技術に関連した部材の調達先の関係も重要である。多くの企業は製品差別化のため川上の材料やデバイスの特殊化を求めている。その結果材料・デバイスメーカーとの共同開発，擦り合わせが追求され，それが画期的な新製品の開発に結びつくこともある。さらに研究開発型 GNT では大学・研究所の関係も注目される。シーズの基本潮流の探索，次世代技術の協同開発だけでなく，ニーズの共同開発面でも緊密な連携が模索され，成果を生む場合もあるからである。

(ⅲ) イノベーションと資源連携戦略の相互依存関係

イノベーション活動は，成長の壁の突破や新成長戦略のために資源の動員，集中がきっかけとなることがある。一方で危機突破の新成長戦略が競争優位の持続を生むためには，経営者の構想と意思が必要である。つまり企業の内外資源や内々資源の連携・再編・結合による資源の動員や集中，統合によって，新たな競争優位を生みだす組織化の方策が追求される必要がある。

別言すれば，成長戦略の変動に合わせて，企業内外資源の連携，内々連携の調整，融合が図られなければ，新たな競争優位は生まれない。成長戦略と資源連携戦略は相互依存の関係をもっており，連動して発揮される必要があることを示す。

以下の分析では，イノベーション活動の一環として，危機突破や成長の壁の飛躍，それと並行して展開される新成長戦略が分析される。一方で戦略を遂行する過程で行われる資源の動員，集中，統合などの動向や内外資源，内々資源の連携，結合，組織化の方策を分析し，双方向からイノベーション活動の実態を分析していくことが狙いである。

3 「効率の良いイノベーション」戦略の仮説

(ⅰ) 効率の良い中小・中堅 GNT のイノベーション戦略——企業家能力の活用

「あるもの探し」の「効率の良いイノベーション」と考えている方法論，フレームワークを，研究仮説として紹介しておこう。それらのイノベーショ

ンの成功事例は，多くの場合大企業よりは革新的中小企業や中堅 GNT の研究から導かれた概念である（土屋他（2011），土屋他（2015），土屋他（2017））。

まず「あるもの探し」のイノベーションの概念規定をしておこう。開発の狙いは，「技術革新」より「ビジネス革新」に近い。目標は画期的な新技術の開発だけでなく，市場開発，新用途開発などが含まれる。またビジネス・システム革新，ビジネス・モデル革新のような広義の概念である。ドラッカーのいう「新たな顧客価値の創成を通じて，顧客の満足を生みだす」製品，事業，システムの開発に近い概念といえよう。

経営者は環境脅威や危機を感知し，資源や能力の再編成，新結合等による動態的能力の再構築が常に求められているが，それと並行して実行される成長戦略と考えればよい。経営者とっては，企業内に存在する未利用の資源，能力には敏感である必要がある。特に中小・中堅企業では未利用な資源の存在が危機に発展する脅威は大企業以上に大きく，未利用資源を先行的に感知し，企業内外の資源の再編成，新結合を実行する必要に迫られる。その際には未利用資源を再編するだけでなく，社内，社外資源を動員，集中し，環境変動に適応した新たな成長戦略と競争優位の構築を同時並行的に進める必要がある。

特に中小・中堅 GNT のイノベーション戦略では，現在の大企業が創業期以来忘れ去ってきた創業者を先導役とする「町工場ベンチャー型」の意思決定が行われている。シュンペーターはイノベーションを新結合と定義し，その遂行役としての企業家の役割を重視したが，中小・中堅 GNT では創業者，2代目経営者が持続的成長の実質的な遂行役となっていることに注目すべきである。

(ⅱ) ステークホルダーとの連携──注目すべきは顧客・調達先・大学のオープン連携

イノベーション戦略においては，顧客，調達先，大学・研究所などステークホルダーとの関係，企業の境界を越えた連携関係の見直しが必要である。イノベーションの構想は，企業のステークホルダー関係や事業の運営の中から生まれることを強調した。中でも顧客関係は重要であり，顧客の多様で厳しいニーズに適応する過程で関係的技能が構築され（浅沼（1997）），能力の

構築，進化，飛躍が行われてきた。BtoB の特注品取引では，有力顧客をリード・ユーザーにイノベーション（飛躍）が行われてきたことは，我々の研究でも明らかになっている。つまり「効率の良いイノベーション」戦略は，顧客ニーズを出発点に，顧客志向の開発を徹底し，真の顧客ニーズを提案する中から生まれる確率が高いことは容易に推測される。

一方で中小・中堅 GNT のステークホルダーとしては，部材の調達先にも注目すべきである。規模の小さな GNT にとって材料やデバイスは自社開発や生産が難しいが，一方で製品差別化の要点になる可能性がある。当初は内製化することが難しく，外部企業（大企業が多い）からの調達に頼る場合が多い。しかし単なる一般部材調達ではなく，コア技術に関連した部材は，共同開発，擦り合わせが必要である。また規模の拡大に伴い大規模な投資が必要であって内製化する必要性も起こる。顧客と調達先は，イノベーション戦略にとって緊密な連携が必要な相互依存の関係にある。

さらにいえば大学や公設研究所との共同開発は，オープン・イノベーションの1つとして活用されており，大規模 GNT の場合は特に有効活用される必要性も出てくる。

(ⅲ)「効率の良いイノベーション」——内外結合から内々結合の連携戦略が持続成長を生む

企業の内外資源，内部の部門間，組織間の連携の構想は，経営者が提案すべき課題の1つである。また企業内に蓄積された資源，技術ノウハウを共有する，総動員する，特定資源に集中する，なども経営者の判断が必要である。それらは危機突破，成長の壁の突破の成長戦略を実現するうえで必要とされる組織化の要因でもある。

開発されて知財を収益化するためには，開発・販売の連携は不可欠である。それだけにとどまらず，開発・製造・販売の部門間の連携で資源の動員を図る必要が生じる。知財の収益化は営業部門だけのマターではなく，開発・製造部門を加え部門を越えた全社的な課題と考えるべきである。新たな成長戦略を実現するための資源連携，組織化の方策が新たな競争優位を生むことは知られている[3]。

特に企業規模が大きくなると，部門主義の考えが横行し，部門最適化の弊害が出てくる。知財開発はもちろんのこと，知財収益化は営業部門だけの問題でなく，部門を越えて社員が一丸となって挑戦すべき課題であり，部門の枠を越えた内々連携，組織の再編は多くの効果を生みだすことが知られている。たとえば新事業開発のプロジェクトは，開発部門だけでなく製造部門，販売部門の声を反映させ部門を越えて収益化を探索すると成功の可能性が高まる。

　筆者たちの事例研究では，知財の開発は重要であるが，それはイノベーションの1つの活動に過ぎない。むしろイノベーション活動においては，開発した知財の収益化の重要性が明らかになっている。とりわけ知財の収益化にあたっては，開発・製造・販売など部門を越えて会社が一体となり挑戦すれば成功確率が高まる。たとえば先行研究の中堅 GNT の成長戦略（土屋他(2017)）の分析では，天然調味料のアリアケジャパンは大規模自動化工場の先行投資後，開発・製造・営業部門が連携して顧客開発に挑戦し，新たな事業ドメインを切り拓いている。またアイダエンジニアリングはサーボ・プレス機の開発後，真のグローバル化を求め開発・製造・販部門が連携して「効率の良いマスカスタム化」に取り組み，グローバル成長の持続と知財収益化の飛躍に成功している。知財の開発以降の社内の部門間連携，組織改革が新たな競争優位を生みだしていることを示す[4]。

　「効率の良いイノベーション」は，未利用資源の発生や経営危機の際にみられる。単なるリストラにとどまることなくリスクを賭した成長戦略投資が実行される。またそれと共に同時展開される資源連携戦略の遂行にも注目し，企業の境界を越えた連携や企業内の連携の意義を分析することが重要である。つまり以下の分析では，資源の「内外結合と内々結合の効果的な連携」によりイノベーション活動はより大きな効果が生まれるとの帰無仮説からスタートすることにする。特に中小・中堅・大規模 GNT に注目し，事例研究をもとにイノベーションの特性と成功要因を考察し，仮説の有効性を検

---

[3]　「組織は戦略に従う」とするチャンドラーの命題（チャンドラー（1967））はイノベーション戦略にもあてはまり，成長戦略を実現するためには内外資源の連携，組織の再編，結合が必要とされる。

[4]　アリアケジャパン，アイダエンジニアリングは，売上高・従業員数がそれぞれ464億円・884名，755億円・1951名の会社であり，これらは後述する中堅 GNT（類型2）の企業に該当する。

証し，ブラッシュアップしていく計画である。

3. 事例研究の対象と方法

１ 事例研究と対象企業

（ⅰ）対象企業の位置付け

　本書は研究方法として「ものづくり企業」を対象に，仮説検証型の事例研究を基本としている。第２部の２章，３章では「大企業の新事業開発」に焦点をあて，成功，失敗の事例分析をもとに，新事業開発の問題点，課題を抽出している。第３部の４章，５章，６章，７章では中小・中堅・大規模の研究開発型GNTの事例研究（９社）をもとに，成長戦略や知財の開発・収益化に関連した「効率の良いイノベーション」の方法と成功要因を探索している。

　事例研究の対象企業に注目すると，第２部では日本の二大産業の自動車，エレクトロニクスの大企業（トヨタ，シャープ（鴻海工業））を選定し，自動車や液晶製品に関する事業開発に焦点をあて分析を行っている。また第３部では，研究開発型GNTの９社を選定し事例研究を行っている。研究開発型GNTは，後述するように特定のニッチ領域ではオンリーワンの製品技術を開発し，世界的に高いシェアを獲得している。「効率の良いイノベーション」のベンチマークと考えられる企業である。

　一方でGNTの事例研究を積み上げる中で，経営規模（売上高・従業員数）によって成長戦略や知財収益化のビジネス・モデルの方法等に差異がみられることから，GNTを中小・中堅・大規模の３つの類型に分けて比較分析を行った（図表1-3）。

　研究開発型GNTの事例研究では，製品技術開発や事業開発の特徴，方法等を分析するために，①企業概要，②製品開発の動向，③イノベーションの特徴，④資源連携戦略の特性，などの視点でインタビューを行い，「効率の良いイノベーション」に関する仮説の検証を行っている。

(ⅱ) 研究開発型 GNT の母集団と属性

研究開発型 GNT は，経済産業省の「グローバルニッチトップ企業 100 選（GNT 企業 100 選）」他にもとづいている。GNT 企業 100 選は，2013 年度

図表 1-3　本書の事例研究の対象一覧

類型	企業名	事業の規模 （売上・従業員）	事業の概要	事例紹介の章節	選定母集団	上場の有無	インタビュー日程
中小GNT	1. 昭和真空	・118 億円 ・235 名	水晶デバイス製造装置	第8章	○ (2006年)	上場	2018年8月29日
	2. 安田工業	・165 億円 ・354 名	工作機械 (MC他)	第6章	○ (2006年)		2018年8月24日
	3. 諸岡	・142 億円 ・182 名	キャリアダンプ	第6章	＊		2018年9月3日
中堅GNT	4. 竹内製作所	・943 億円 ・715 名	ミニショベル	第8章	＊	上場	2018年8月23日
	5. 内山工業	・485 億円 ・5906 名	自動車用ガスケット他	第5章	◎		2019年2月8日
大規模GNT	6. 前川製作所	・1297 億円 ・4563 名	産業用冷凍機	第8章	＊		2018年9月10日
	7. 日本電子	・1045 億円 ・3008 名	量産型電子顕微鏡	第7章	◎	上場	2018年8月6日
	8. セーレン	・1081 億円 ・5148 名	車輌資材, ハイファッション	第7章	◎	上場	2018年9月11日
	9. 日本パーカライジング	・1148 億円 ・4222 名	表面処理剤総合事業	第5章	◎	上場	2018年12月7日
大企業・事業開発	10. シャープ (鴻海工業)	・2兆4272億円 ・17171 名	液晶製品	第3章	－	上場	2018年8月29日
	11. トヨタ IMV 開発	・29兆3795億円 ・369124 名	タイのIMVプロジェクト	第4章	－	上場	2018年10月4日
	12. トヨタ エティオス開発	・29兆3795億円 ・369124 名	インドの製品開発	第4章	－	上場	2011年3月1日および2018年10月4日

注：選定母集団～◎経済産業省「GNT企業100選」，○中小企業庁「元気なモノづくり中小企業300社」，＊その他：諸岡（日本経済新聞「地域発世界へ」），竹内製作所（日経ビジネス「注目企業」），前川製作所（産業経済大臣賞，日本機械学会賞等を受賞）

に新設した表彰制度であり，将来の日本経済を支えるGNT企業を選定し，評価するものである。同省の選定基準は，業種分類として機械・加工部門，素材・化学部門，電気・電子部門，消費財・その他部門，ネクストGNT部門の5部門に分け，企業規模として大企業（6社），中堅企業（25社），中小企業（69社）の3部門に分割している[5]。選定企業には，大企業が6社含まれているが，大部分は中堅・中小企業である。

　GNP選定のポイントとして，差別化したニッチな領域では独創的な先行開発に成功し，高い世界シェアを獲得するだけでなく，そのシェアが長期にわたり持続することが条件である。近年「大企業」は，多極分散型のグローバル化が進み，貿易黒字を持続する力が減退してきている。一方でそれらのGNT企業はグローバル化が進んでいるが，主要なものづくりの機能を国内に集中しており貿易黒字の貢献は大きい。また経済産業省のGNT企業100選と一部重なるが，中小企業庁「元気なモノづくり中小企業300社」（2006年度版〜2009年度版）や日本経済新聞社「NEXT1000」を加えて，研究開発型GNTにふさわしい企業を選定している。

　なおグローバルニッチトップ企業の経営特性としては，難波他（2013），細谷（2014），土屋他（2017）などの研究が，先行研究として挙げられる。

2 研究開発型GNTの規模別類型と経営特性

　研究開発型GNTの分析では，中小・中堅・大規模GNTの3つの類型を用意した（図表1-4）。

　類型1は，中小の研究開発型GNTであり，従業員数300〜499名，売上高100〜499億円の規模の会社であり，小さいながら中小企業の制度の枠を越えた企業群である。今回の事例研究の企業としては，昭和真空，安田工業，諸岡の3社が含まれる。革新的中小企業の成長の壁を突破し，持続的成長に成功した企業類型にあたる。

　類型2は，中堅の研究開発型GNTであり，従業員数500〜2999名，売上高500〜999億円の企業である。中小GNTより規模が大きくなると，つぎ

---

[5] 経済産業省「グローバルニッチトップ企業100選（GNT企業100選）」2014年3月17日

図表 1-4　研究開発型（GNT）の類型別特性

	＜類型1＞ 中小 GNT	＜類型2＞ 中堅 GNT	＜類型3＞ 大規模 GNT
対象企業	①昭和真空 ②安田工業 ③諸岡	①竹内製作所 ②内山工業	①日本電子 ②セーレン ③前川製作所 ④日本パーカライジング
従業員数・売上高	① 235 名，118 億円 ② 354 名，165 億円 ③ 182 名，142 億円	① 715 名，943 億円 ② 1049 名，528 億円	① 3008 名，1045 億円 ② 5148 名，1081 億円 ③ 4563 名，1297 億円 ④ 4222 名，1148 億円
主力製品	①水晶デバイス製造装置 ②工作機械（MC 他） ③キャリアダンプ	①ミニショベル ②ベアリングシール，ガスケット	①電子顕微鏡 ②ハイファッション，自動車内装材 ③産業用冷凍機 ④受託加工，薬品，装置
経営特性 （企業間共通）	・顧客志向開発 ・環境脅威と飛躍 ・新製品技術の開発 ・販売のグローバル化（輸出中心）	・顧客志向開発 ・環境脅威と飛躍 ・グローバル化への集中（販売の現地化） ・海外ニーズの収集（ディストリビューター会議）	・顧客志向開発 ・環境脅威と飛躍 ・新用途開発（部門横串連携） ・コア部品内製，垂直統合のビジネス・モデル ・グローバル化（販売・生産）

出所：筆者作成

の飛躍に向けて主力製品に次ぐ新たな製品技術の開発，新用途開拓，グローバル化などによる飛躍が求められる。また創業者経営の時代からの転換，組織的経営への移行（2 代目，3 代目経営）が求められ，上場する企業も出てくる。事例研究の対象としては竹内製作所，内山工業がこの類型に該当する。

　類型 3 は，大規模の研究開発型 GNT であり，売上高 1000 億円，従業員数 3000 名を超える規模の大きな企業である。この規模に成長すると，創業者経営の強みを活かした「新たな研究開発型」の経営に向けて，第 2，第 3 主力事業の開発やビジネス・モデルの開発が求められる。今回の事例研究では，日本電子，前川製作所，セーレン，日本パーカライジングがこの類型に該当する。

3 研究開発型 GNT の事例研究─問題意識と分析の項目

研究開発型 GNT の成長過程を PLC（プロダクトライフサイクル）曲線に位置付ければ，図表 1-5 のようにまとめられる。

（ⅰ）成長の壁とその突破─研究開発型 GNT に向けての成長の壁

革新的中小企業は，従業員数 300 人，売上高 100 億円以下の研究開発型の中小企業であり，それらの経営特性やイノベーションの動向を今までの研究で明らかにしてきた（土屋他（2011），土屋他（2012））。また革新的中小企業が成長の壁を越えて規模を拡大し，持続的な成長を図るためには越えがたい「成長の壁」があることも別の研究の中で分析し，壁の突破方法を研究してきた（土屋他（2015），土屋他（2017））。

革新的中小企業の中には，上場する企業もあり，規模の拡大と持続的な成長を目指す企業も出てくる。一方でそれらの企業の多くは，一時的な売上規

図表 1-5　会社の成長と研究開発型の諸類型
　　　─中小・中堅・大規模 GNT の成長・進化・飛躍─

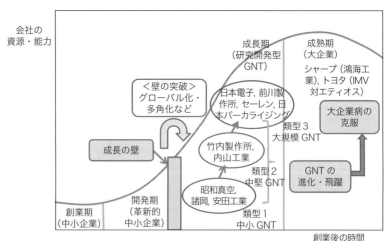

出所：土屋他（2017）p.22 をもとに加筆修正

模の拡大はできても成長が持続できず，研究開発型の生命線である「研究の持続」が続かず失速してしまう事例が出ている。

まず革新的中小企業の「成長の壁」の要因をみておこう（図表1-6）。成長の壁の要因としては，制度の壁と経営戦略の壁の2つが存在する。制度の壁は，「中小企業は弱く保護すべき存在」であるとして，中小企業基本法や金融・財政法上多くの優遇措置が存在しており，企業活動上の「実質コスト（要因）」が低く，その領域にとどまるメリットが存在することが「成長の壁」の要因となる。

一方で革新的中小企業の「成長の壁」は，経営者の研究開発型経営の成功体験と関係が深く「経営戦略の壁」と呼ぶべきものが存在する。革新的中小企業の独自の経営は，「成長しない経営」としての特性をもち，一時的な急成長よりは経営の存続，安定，持続を求めてきた。規模の拡大，成長よりは「持続可能な開発」を志向しているのである。また知財の先行開発だけでな

図表1-6 革新的中小企業の成長の壁とその要因

				行動の優先順位	
	壁の実体	壁の要因	壁を越えない理由	一般企業	革新的中小企業
制度の壁（実質コスト要因）	中小企業基本法	・300人，3億円以下の制度制約 ・税制上の優遇措置	・規模による各種優遇政策 ・法人税，交際費課税など	◎	△
	その他の法制	・試験研究費に対する税額控除制度 ・中小企業向け優遇措置	・開発研究用設備の特別償却 ・金融，財政上の優遇措置	△	○
経営戦略の壁（差別化レント要因）	経営者の理念・成功体験	・成長しない経営の志向 ・成長より開発の持続	・一時的成長と未利用資源 ・存続，持続，安定の追求	○	◎
	知財開発	・先行開発 ・持続的開発	・オンリーワン志向 ・経営の風土	△	◎
	知財収益化（顧客領域）	・ニッチ領域狙い ・デファクト標準狙い	・差別化志向 ・占有可能性の追求	△	◎

注：優先順位：◎〜特に重要，○〜重要，△〜重要性低い
出所：筆者作成

く他社が注目しない独自の領域をみつけ，それらの領域でデファクト標準を握り，オンリーワンの経営を追求する傾向をもつ。

　革新的中小企業の中には上場する企業もあり，成長戦略に挑戦する企業もある。一方で上場後持続的成長に成功する企業は一部にとどまり，必ずしも多くはない。今までの先行開発，オンリーワン経営は，顧客を絞り他社が参入しにくい領域を開発したから持続できたのであり，市場を無理に広げようとすれば競争環境を誘発する危険がある。成長の壁の突破には従来の成功体験とは全く異なる戦略が必要なのである。

　この「成長の壁」を突破し持続的な成長を生みだす戦略は，DC（ダイナミック・ケイパビリティ）戦略フレームワーク（補論2②のPTモデル）を使って中堅規模のGNT9社の事例研究をもとに分析してきた。そこで明らかになった成長の壁を突破する成長戦略のコアの要因を紹介しよう。

（ⅱ）成長の壁の突破の方法── PTモデルと規定要因の確認

　「成長の壁」の突破の際には，トップマネジメントによる資源・能力・関係の再編成，新結合など，DC（ダイナミック・ケイパビリティ）戦略の遂行が必要となる[6]。筆者たちは，ペンローズ／ティース（PT）モデル（後掲図表補-3を参照）をもとに，企業の成長の壁を突破する戦略やイノベーションの特性を分析し，新たな競争優位の構築に向けての成功要因を分析してきた。PTモデルによれば，経営者，未利用資源の感知，成長戦略と資源連携の戦略がコアとなる要因であり，事例研究ではそれらの要因を明示的に取り込んで分析を行っている（土屋他（2017））。

①経営者：成長の壁の突破の先導役

　経営者は，成長の壁の突破を図るための先導者である。中小・中堅の企業の場合は社長やコア製品・事業を開発し統括した幹部などが該当する。経営者はそれらの企業では最も重要な役割を担い，イノベーションや新たな成長への先導役を担う場合が多い。

---

[6] 土屋（2017）「中堅グローバルニッチトップ企業のダイナミック・ケイパビリティ戦略（成長の壁を突破する資源・能力の結合）」『商工中金』商工総合研究所，2017年9月号，pp.41-63.

この役割は，ペンローズが経営者の「企業家能力」と呼んだものであり，未利用資源の存在を感知し，資源能力の再編成を行うと共に，将来のビジネス構想を描き，また実施に向けて社員を鼓舞しベクトル合わせを行うのは，企業家の役割である。

②未利用資源と危機突破の成長戦略：危機が変革の引き金
　中小や中堅の企業は大企業以上に状況変化や環境脅威を受ける確率が高い。経営資源は少なく，体力も限定されているからである。企業の寿命は「大企業 30 年，中小企業 10 年」といわれるように，規模が小さければ状況変動の影響を強く受け，今までの研究でもほぼ 10 年おきに，経営危機に直面する事例をみてきた。
　環境脅威や経営の危機は，ペンローズ（1962）の言葉を借りれば，「未利用の資源」が生まれている状態で，資源や能力が利用されない状況は，経営の非効率，赤字にとどまらず倒産の危機につながり，資源や能力の再編成が必要な局面である。研究開発型 GNT は，経営の危機に直面した場合，収益改善のリストラを断行するのにとどまらず，新たな経営構想を提案し，リスクを賭した新成長戦略に打って出ている。つまり経営者の危機突破の成長戦略を通じて新たな事業構想やその実行（「変革」）に挑戦している。

③資源，能力の再構成・新結合：イノベーション（飛躍）の動因
　中小・中堅企業がイノベーションを起こすプロセスを研究すると，取引関係から生まれる関係的技能を媒介に，取引先をリード・ユーザー（先導顧客）役とした飛躍（イノベーション）が行われる事例をみてきた（土屋他（2011））。また新たな製品技術やビジネス・モデル開発には，社外の開発力，資源を連結したオープン・イノベーションが展開されていることも明らかになっている。
　イノベーション（新結合）にあたっては，取引先との関係的技能や社外の資源や能力の活用を考慮する必要がある。ティース（2013）は，資源，能力の再構成や新結合に際して「共特化」という概念を強調している。共特化は，「ある資産が別の資産に対してもちうる関係性」を表すとし，捕捉，変

革の双方に重要な意味をもつ。共特化資産は，企業内で生み出される知的財産であり，市場取引が難しい技術ノウハウの類である。ノウハウの専有可能性（榊原（2005））を高めれば，競争優位の構築や持続に役立つ。

　以上の3つの要因は，研究開発型GNTの事例研究の際に明示的に取り込み，分析する必要がある。それらの要因を考慮して経営危機や成長の壁の突破と並行して実行される「危機突破の成長戦略」にも注目する。またその戦略を遂行するため実施される社外資源や社内の資源の編成，再結合や新たな資源結合による連携関係の変動を分析する。規模の小さな企業ほど経営危機に直面する機会が多く，動態的能力の構築が進んでいることを示している。

◇参考文献

Blaxill, M. and Eckarde, R.（2009）*The Invisible Edge: Taking Your Strategy to The Next Level Using Intellectual Property*, U.S.A, Portfolio,a member of Penguin Group (USA) Inc.（ブラキシル, M. & エッカート, R.（村井章子訳）（2010）『インビジブル・エッジ』文芸春秋.）

Chandler, Jr., A. D.（1962）*Strategy and Structure*, Cambridge, Mass., The MIT Press.（チャンドラー, A.D.（三菱経済研究所訳）（1967）『経済戦略と組織―米国企業の事業部制成立史』実業之日本社.）

Chesbrough, H. W.（2003）*Open Innovation: The New Imperative for Creating and Profiting from Technology*, Boston, Mass., Harvard Business School Press.（チェスブロー, H.（大前恵一郎訳）（2004）『OPEN INNOVATION』産業能率大学出版部.）

Drucker, P. F.（1973）*Management:Tasks, Responsiblities, Practices*, New York, Harper & Row.（ドラッカー, P. F.（上田惇生編訳）（2001）『マネジメント―基本と原則』ダイヤモンド社.）

Penrose, E. T.（1959）*The Theory of the Growth of the Firm*, Oxford, Oxford University Press.（ペンローズ, E.T.（末松玄六訳）（1962）『会社成長の理論』ダイヤモンド社.）

Pine, B. J.（1993）, *Mass Customization*, Boston, Mass., Harvard Business School Press.（パイン, J.（坂野友昭他訳）（1994）『マスカスタマイゼーション革命』日本能率協会マネジメントセンター.）

Teece, D. J.（2009）*Dynamic Capabilities and Strategic Management*, New York, Oxford University Press.（ティース, D.（谷口和弘他訳）（2013）『ダイナミック・ケイパビリティ戦略』ダイヤモンド社.）

Von Hippel, E.（2005）, *Democratizing Innovation*, Cambridge, Mass., The MIT Press.（ヒッペル, E.（サイコム・インターナショナル監訳）（2006）『民主化するイノベーションの時代―メーカー主導からの脱皮』ファーストプレス.）

赤羽淳・土屋勉男・井上隆一郎（2018）『アジアローカル企業のイノベーション能力：日本・タイ・中国のローカル2次サプライヤーの比較分析』同友館.

浅沼萬里（1997）『日本の企業組織：革新的適応のメカニズム』東洋経済新報社.
榊原清則（2005）『イノベーションの収益化』有斐閣.
シュンペーター, J. A.（塩野谷祐一・中山伊知郎・東畑精一訳）（1977）『経済発展の理論（上）（下）』岩波書店.
武石彰・青島矢一・軽部大（2012）『イノベーションの理由』有斐閣.
土屋勉男（2006）『日本ものづくり優良企業の実力―新しいコーポレート・ガバナンスの論理』東洋経済新報社.
土屋勉男・原頼利・竹村正明（2011）『現代日本のものづくり戦略―革新的企業のイノベーション』白桃書房.
土屋勉男・井上隆一郎・竹村正明（2012）『知財収益化のビジネス・システム―中小の革新的企業に学ぶものづくり』中央経済社.
土屋勉男・金山権・原田節雄・高橋義郎（2015）『革新的中小企業のグローバル経営―差別化と標準化の成長戦略』同文舘出版.
土屋勉男・金山権・原田節雄・高橋義郎（2017）『事例でみる中堅企業の成長戦略―ダイナミック・ケイパビリティで突破する成長の壁』同文舘出版.
難波正憲・福谷正信・鈴木勘一郎編著（2013）『グローバル・ニッチトップ企業の経営戦略』東信堂.
細谷祐二（2014）『グローバル・ニッチトップ企業論』白桃書房.

（土屋　勉男）

第2部

大企業にみるイノベーションの成功・失敗分析

　第2部は日本のものづくり企業の代表であるエレクトロニクス，自動車分野の2つの企業の成功・失敗分析をもとに，「効率の良いイノベーション」の含意と教訓を分析する。

　第2章は日本を代表する液晶パネル企業であったシャープの分析である。具体的には「開発特性」と「連携戦略」からなる経営戦略の分析枠組みを用い，旧シャープの経営危機の背景と鴻海傘下に入った新生シャープの評価を行うことにより，外部環境に応じた開発特性と連携戦略のあり方を分析する。

　また第3章は，トヨタの新興国プロジェクトの成功・失敗（IMVとエティオス）の比較分析を通じて，イノベーションの目標設定，社内中心，要素技術中心の技術志向の突破の難しさが明らかにされる。一方で社外連携，システム中心による深化を段階的に積み上げるとともに，社外資源を有効活用した「探索型の突破」の有効性が示される。

第2章 新旧シャープの経営戦略
―「開発特性×連携戦略」の視点からみた比較分析

> 本章は，日本を代表する液晶パネル企業であったシャープの分析である。具体的には，「開発特性」と「連携戦略」からなる経営戦略の分析枠組みを用い，旧シャープの経営危機の背景と鴻海傘下に入った新生シャープの評価を行うことにより，外部環境に応じた開発特性と連携戦略のあり方を分析する。

1. はじめに

　1980年代から1990年代を通じて世界市場を席捲した日本の電機メーカーは，2000年代以降，国際競争力を失っていった。その競争力喪失のプロセスは，企業ごとあるいは分野ごとに差異がみいだせるだろう。ただおしなべて共通なのは，韓国，台湾，中国をはじめとする新興国企業に価格競争力や規模の側面で負けていった点である。

　こうした状況を受けて2000年代以降，日本の電機メーカーは事業構造の再編を図ってきた。かつては各社ともに似たような事業構造をもつ「総合電機メーカー」であったが，新興国企業のキャッチアップを受けて，それぞれが強みを発揮できる分野へ傾注していった。すなわち，「選択と集中」が図られたのである。

　しかし，そうした再編のプロセスで，一部の企業は自力再建を断念せざ

をえなかった。三洋電機は白物家電部門を中国のハイアールに売却し、本体は2011年にパナソニックの傘下に入った。またシャープは、2009年に稼働した世界最大（当時）の液晶パネル生産工場（堺工場）が重荷になり、2012年以降、業績の低迷に見舞われた。そして紆余曲折の末に2016年夏、世界最大のEMS[1]、台湾の鴻海グループの傘下に入った次第である。

　シャープの事例は、かつて同社が液晶パネルの先駆的企業といわれたことや日本の電機メーカーがまるごと新興国企業の傘下に入った初めての事例であったこともあり、日本社会に大きな衝撃をもたらした。特に2016年のシャープ救済に際しては、鴻海とともに産業革新機構も名乗りをあげており、グローバルアライアンスか日の丸液晶連合かといった議論が産業界で沸き起こった。そしてシャープの経営危機が大きな社会的注目を浴びる中、その背景についても各種の分析と考察が一斉に発表されたのである。

　しかしながら、それら論稿のほとんどは速報性や時事性を重視してシャープが鴻海の傘下に入った2016年前後にリリースされており、それゆえに事実の整理が中心になっている。いいかえれば、シャープの競争力喪失の背景と鴻海との提携の評価に関しては、学術的枠組みにもとづく本格的な分析がまだ乏しい。こうした状況を受けて、本章では、「開発特性」と「連携戦略」からなる経営戦略の分析枠組みを用いて、シャープの経営危機の背景と鴻海傘下に入った現体制の評価を行う。具体的には以下の次第で論を展開していく。

　2. では、これまでの議論を振り返るとともに、分析の枠組みを提示する。3. では、液晶関連製品の世界市場成長率を考察するとともに、シャープの競争ポジションを確認する。また、シャープの経営戦略を整理し、外部環境の変化にもかかわらず、シャープが一貫してプロダクトアウト型の経営戦略を採用し、それが経営危機の原因になったことを検証する。4. では、鴻海の傘下に入った新生シャープの経営の特徴を分析する。具体的には、鴻海・シャープ連合が補完性を伴った社外連携であること、またそれはシャープの直面した市場環境と競争ポジションにも適した連携であることを述べる。同時に、代替案であった産業革新機構の再建策は、市場環境にそぐわなかった可能性も示したい。最後に、全体の分析をまとめるとともに残された課題に

1　Electronics Manufacturing Service：電子機器の受託生産を専門に行う企業を指す。

言及することで，むすびとする。

2. これまでの議論の振り返りと本章の分析枠組み

1 これまでの議論の振り返り

シャープの経営危機が最初に表面化したのは，2012年3月期（2011年度）の決算であった。この時，シャープはリーマンショックの影響を受けた2009年3月期（2008年度）の3倍以上となる最終赤字[2] 3,760億円を記録した。そしてこうした状況を受けて，経営危機の背景を探る分析もいくつか発表されたのであった。

最初に，シャープの経営危機に関して体系的な論稿を提示したのは，同社の元技師長，中田であった。中田（2015a）によると，シャープの経営危機の原因は，堺工場の運用面と同工場の設立に要した巨額な投資金額にあるという。運用面の問題とは，堺で生産した液晶パネルをシャープが十分に外販できなかったことを指す。当初シャープは，ソニーを有力な外販先として堺工場の共同運営を模索したが，結局はパネルの自社向け供給を優先し，協業をご破算にしてしまった経緯がある。シャープは亀山第一工場から垂直統合型モデルを推進しており，液晶パネルは自社の完成品向けの供給を中心としていた。工場内に関連部品生産拠点を集約したコンビナート型の堺工場は，この垂直統合型モデルをさらに極めたものであった。しかし，堺工場では生産する液晶パネルが自社の消化分を超えてしまい，榊原（2005）がかつて主張したいわゆる「統合型企業のジレンマ[3]」に堺工場も陥ったということである。

また，液晶パネルのガラス基板サイズは，時間軸に沿って一定の割合で拡大しており，その法則によると堺工場の建設のタイミングや第10世代というガラス基板サイズは，間違いではなかったと中田はいう。あくまでも問題は，コンビナート型にしたがゆえに，ガラス基板単位あたりの投資金額が亀山工場と比べて大きすぎたことであった（（中田 2015a），（中田 2015b））。

---

2 当期純利益を指す。
3 内製化した部品生産の規模が，社内の需要規模を超越することを指す。

一方で中田は，亀山第一工場および第二工場ついては垂直統合型モデルの成功事例として高く評価している。シャープは両工場の稼働によって，液晶テレビ AQUOS の生産台数を一気に拡大させた。そして，特に日本市場では圧倒的なブランド力を構築し，40％を超すシェアを獲得するに至ったからである（中田 2015a）。

　こうした見解は，実務界における認識ともおおむね一致する。たとえば，液晶産業の代表的アナリストである中根も，経営危機の要因として堺工場のパネルを十分に外販できなかった点を挙げる一方，その生産能力は過剰ではなく，むしろ中途半端だったと指摘する（中根 2013）。すなわちシャープは，堺工場の生産能力をもっと拡大し，自社供給よりも外販主体の運用にして，液晶パネルのサプライヤーに徹するべきであったと主張している。

　以上のような見方に対して，赤羽（2015）はシャープの各工場の生産能力とサイズ別テレビ向け大型液晶パネルの世界出荷台数のデータを照合して，シャープの設備投資戦略の妥当性を検証している。その結果，亀山第一工場はおおむね市場環境に即した投資であったものの，亀山第二工場，堺工場はターゲットとしたセグメントの液晶パネルの市場環境からみて，大幅な過剰生産能力であったことを示した。そして，こうした市場環境を無視した設備投資戦略がとられた背景として，シャープのプロダクトアウト型の思想[4]が関係したことを指摘している。中田（(2015a)，(2015b)），中根（2013）が堺工場の設立そのものは是としたのに対し，赤羽（2015）は市場環境面からそれを否定している点で対照的といえる。

　シャープはその後，2014 年 3 月期（2013 年度）に黒字に転換したものの，2015 年 3 月期（2014 年度）には 2,223 億円の最終赤字を記録した。この段階で自力での再建が難しくなり，鴻海の出資を受けて傘下に入るか，産業革新機構主導による再建策を受け入れるかの二者択一を迫られるようになったのである。このような状況を受けて，2016 年以降，再びシャープの経営危機を探る論稿がリリースされた。

　中田（2016）は，中田（2015b）の続編といった位置付けである。鴻海と

4　優れたものづくり能力によって機能，性能，品質を極めた製品が需要を自然と生み出すという考え方を指す。

産業革新機構の攻防など，2015年以降に起きた事象もとりあげているが，前著の出版からあまり間をおいていないせいか，前著と重なる部分が多い。一方，日本経済新聞社（2016）は，人事抗争の観点からシャープの経営危機を論じている。公開資料ではうかがい知れない社内の様子が新聞記者のち密な取材によって明らかにされており，情報の価値という点では高く評価できよう。しかし同書の主眼は，2012年3月期の経営危機以降の人事抗争に置かれており，経営危機に至る原因を探る材料としては物足りない。毎日新聞経済部（2016）は，シャープが鴻海の傘下に組み込まれる経緯やその後の新生シャープの経営戦略に言及している。その点で，中田（2016）や日本経済新聞社（2016）とは一線を画す。しかし同書も，基本的には事実の整理の域を出ず，鴻海・シャープ連合の体制に対する経営学的な分析は行われていない。鴻海・シャープ連合の特徴および見通しという点では，中原（2017）が参考になる。中原（2017）では，鴻海の特徴，シャープ買収の目的，新生シャープの展望が分析されており，旧シャープと比べて新生シャープがどのように変化したかが示されている。ただし，旧シャープがなぜ経営危機に至ったのか，その要因や課題が新生シャープで克服されているのかまでは提示されていない。

2 本章の分析枠組み

 1 で振り返ったように，シャープの経営危機についてはすでに数多の論稿が発表されているが，経営学的な枠組みで分析したものはまだ少ない。とりわけ経営危機に至った旧シャープと鴻海傘下に入った新生シャープ（鴻海・シャープ連合）の経営特性を体系的に比較したような分析は皆無である。そこで本章では，1）旧シャープはなぜ経営危機に陥ったのか，2）鴻海の傘下に入った新生シャープはどのように評価できるのか，という2つのリサーチクエスチョンを設定する。そして，後者のリサーチクエスチョンについては，旧シャープ救済のもう1つの選択肢であった産業革新機構の再建策との比較も試みたい。

　本章では，この2つのリサーチクエスチョンを「開発特性」と「連携戦

略」の2軸からなる枠組みを用いて解明していく。図表2-1は，この枠組みを示した概念図である。

縦軸の開発特性は，「新規事業志向」と「本業規模拡大志向」に分ける。Ansoff（1965）の成長マトリックスは，製品と市場の2軸を既存と新規に分けて，全部で4つの成長戦略を示したが，図表2-1の縦軸は4つの成長戦略を2分類に縮約したと考えてよい。すなわち，「新規事業志向」はAnsoff（1965）の多角化であり，「本業規模拡大志向」は市場浸透に相当する。そして市場開拓と製品開発は「新規事業志向」と「本業規模拡大志向」の中庸に位置することになる。また，イノベーション特性の研究では，企業の進むべき方向性として知の探索（Exploration）と知の深化（Exploitation）という区分が提示されたが，「新規事業志向」と「本業規模拡大志向」は，この「探索」と「深化」を企業の経営特性に即してより具体化，限定化したものという解釈ができよう[5]。

一方，横軸の連携戦略は，「自前主義志向」と「社外連携志向」に分ける。これは文字通り，前者が社内を中心とした経営体制を指し，後者が積極的に他社や大学との連携を図ることを意味している。それぞれクローズド・イノベーション志向，オープン・イノベーション志向と読み替えてもよいだろう[6]。

開発特性と連携戦略という2つの軸，そしてそれぞれの軸を2つに区分することで，企業の経営戦略は1）から4）までの4つに分類できる。各パターンの是非は，もちろん一概には評価できない。つまり，どのような場合にどのパターンがふさわしいかを考えなければならないのだが，この点については，いわゆるPPM（Product Portfolio Management）の枠組みが参考になる。PPMでは，製品市場の成長性と自社製品の競争ポジション（市場シェア）によって経営戦略（資源配分）の方向性が決定されるとするが（MacMillan, Hambrick & Day（1982）），この2つの要素は開発特性と連携

---

[5] 探索（Exploration）とは企業が「知」の範囲を広げるために新しい知を探すことであり，深化（Exploitation）とは得られた「知」を改良したり進化させたりしていくことを指している（March（1991））。そして企業は，この両者をバランスよく進めていくことが肝要といわれている（入山（2012））。

[6] ただし，前者を「垂直統合志向」，後者を「水平分業志向」とするのは概念を矮小化しすぎである。自前主義は垂直統合のみならず水平統合もありうるし，同様に社外連携は水平分業のみならず垂直分業もありうるからである。

戦略のあり方にも大きな影響をおよぼすと考えられる。

　まず，開発特性については，本業（既存事業）の市場成長性が影響する。具体的にいえば，本業の市場成長性が高ければ「本業規模拡大志向」が好ましく，低ければ「新規事業志向」がふさわしいと考えられる[7]。つぎに，連携戦略には自社の競争ポジションがかかわってくる。すなわち，自社製品の市場シェアが業界1位であるような「リーダー」であれば「自前主義志向」，そうでない「チャレンジャー」であれば「社外連携志向」がそれぞれ適切な戦略となってくる。ただ連携戦略のあり方については，技術環境をはじめ企業の競争ポジション以外の要素もかかわってくる。特に近年は企業の研究開発費も嵩み，分野によってはリーダー的企業であっても社外連携の重要性は増している。また，リーダー的企業が規模を拡大するために，規模の小さい企業と連携を図るケースもある。以上を鑑みると，「自前主義志向」は，自社製品の市場シェアが50％を超えるような圧倒的なリーダー企業で，初め

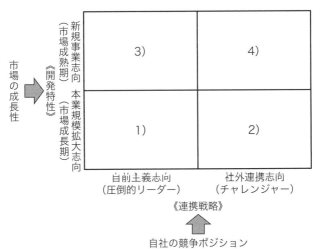

図表2-1　4つのパターンの経営戦略（開発特性×連携戦略）

出所：筆者作成

7　ただ実際に，市場成長率は，さまざまな要因で短期的に上下動することも多い。ここでは，将来も含めた市場トレンドを把握して，開発特性の方向性を決めることが重要という点を強調したい。

図表2-2　市場の成長性・自社の競争ポジションと経営戦略パターンの関係

市場の成長性	自社の競争ポジション	適切な経営戦略のパターン
高（成長期）	リーダー	1）本業規模拡大×自前主義
高（成長期）	チャレンジャー	2）本業規模拡大×社外連携
低（成熟期）	リーダー	3）新規事業×自前主義
低（成熟期）	チャレンジャー	4）新規事業×社外連携

出所：筆者作成

て適切といえるのかもしれない。

　以上の議論をふまえて，市場環境と競争ポジションの組み合わせにふさわしい経営戦略のパターンをあてはめたのが図表2-2である。なお，2）と4）は同じ社外連携志向だが，連携の相手は異なる可能性に留意したい。すなわち，2）は本業の規模拡大に重点が置かれるので連携の相手は同業種になりやすい。一方で4）は，新規事業（事業多角化）なので異業種が連携の相手になりやすいと考えられる。

3. 旧シャープが経営危機に陥った背景分析

　ここでは，2. で提示した分析の枠組みにもとづき，旧シャープが経営危機に陥った背景を分析していく。液晶製品の世界市場成長率（市場の成長性）を確認したのち，旧シャープの市場シェア（競争ポジション）を検証する。そして旧シャープの経営戦略を分析し，それが市場環境や競争ポジションとミスマッチであったことを示したい。

1　液晶関連製品の世界市場成長率

　液晶パネルは，大型パネルと中小型パネルに大別される[8]。大型パネルには，アモルファスシリコン TFT-LCD（a-TFT-LCD）が使われる一方，中小型パネルには低温ポリシリコン TFT-LCD（LTPS[9] TFT-LCD）が使わ

8　通常，10インチ以上が大型パネル，10インチ未満が中小型パネルとされている。
9　Low Temperature Poly Silicon。

れる。後者の方が高精細の表示が可能であり，パネル自体の薄型化にも優れている。こうした特性をふまえて，a-TFT-LCDはテレビやノートパソコン，LTPS TFT-LCDはタブレットやスマートフォンが主な用途となっている。以下では，大型パネルと中小型パネルに分けて市場動向をみていく。

　図表2-3は，液晶パネルを組み込む主な電子製品の世界生産台数を示している。この世界生産台数は，世界全体の市場規模を近似するデータと考えてよいだろう。2000年代初頭から液晶パネルを組み込んでいた製品はノートパソコンであった。その後，2000年代半ばから薄型テレビの生産が急速に立ち上がり，大型パネルの主な供給先となる[10]。しかし2010年代になると，早くも液晶テレビの生産台数は横ばいになる。代わりに2010年代に入って，タブレットとスマートフォンの生産台数が拡大している。しかしこの2つの製品の生産台数も，2015年以降は横ばいに転じている。

　図表2-4は，各製品の世界生産台数の成長率である。大型パネルを組み込む薄型テレビやノートパソコンの成長率は，2010年から2011年にかけて急

図表2-3　液晶パネルを組み込む主要電子製品の世界生産台数の推移

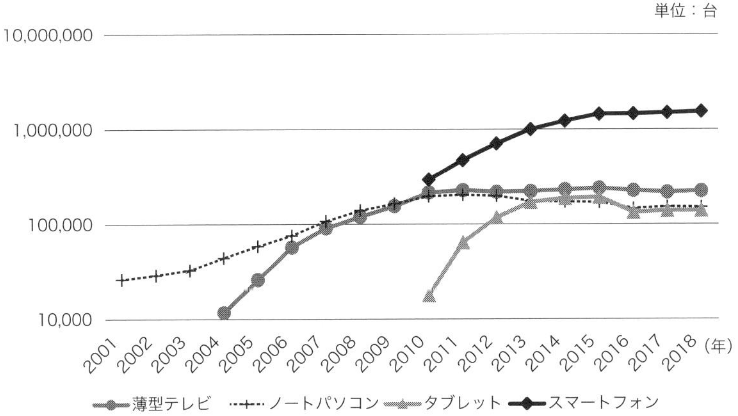

単位：台

注：薄型テレビの統計は2004年以降，タブレット，スマートフォンの統計は2010年以降，入手可能となっている。2017年は見込，2018年は予測。
出所：電子情報技術産業協会『主要電子機器の世界生産状況』各年版より筆者作成

10　当時の薄型テレビには，液晶パネル以外にプラズマパネルも相当量使用されていた。

図表2-4 液晶パネルを組み込む主要電子製品の世界生産台数の成長率

年	薄型テレビ	ノートパソコン	タブレット	スマートフォン
2005	122.3%	32.6%	-	-
2006	119.9%	29.2%	-	-
2007	58.2%	41.7%	-	-
2008	32.1%	29.6%	-	-
2009	29.1%	17.9%	-	-
2010	38.7%	19.6%	-	-
2011	5.9%	3.4%	258.7%	60.8%
2012	-4.1%	-2.4%	82.4%	49.6%
2013	1.8%	-11.7%	44.7%	41.4%
2014	3.8%	-1.7%	9.6%	22.2%
2015	3.9%	-1.4%	3.0%	18.2%
2016	-5.8%	-13.9%	-30.8%	0.9%
2017	-3.9%	4.2%	4.0%	2.2%
2018	2.9%	-0.7%	0.3%	3.4%

出所：図表2-3と同じ。

減している。製品ライフサイクルでいえば，成長期から成熟期に転じたと考えられる。一方，中小型パネルを組み込むタブレット，スマートフォンも2015年か2016年頃に成長期から成熟期に転じたとみられる。2016年以降，液晶パネルを組み込む電子製品の成長率は全般に低くなっている。

2 旧シャープの競争ポジション

ここでは，液晶パネル市場における旧シャープの競争ポジションをみていく。競争ポジションの分析では，市場の成長期と成熟期のポジションの変化も確認していく。

はじめに，図表2-5は大型液晶パネル世界市場のメーカー別シェアである。2007年と2011年の2時点比較にしたのは，主要製品である薄型テレビ市場が2007年では成長期，2011年には成熟期に転じたと考えられたからである（図表2-3）。ただ，図表2-5に示されるとおり，大型液晶パネル世界

図表 2-5　大型液晶パネル世界市場のメーカー別シェア

	2007 年（市場成長期）		2011 年（市場成熟期）	
1 位	サムスン電子	20.8%	LG ディスプレイ	28.8%
2 位	友達光電	20.4%	サムスン電子	24.4%
3 位	LG ディスプレイ	20.3%	奇美電子	17.8%
4 位	奇美電子	12.4%	友達光電	15.8%
5 位	中華映管	7.4%	BOE（京東方）	3.0%
	その他	18.7%	その他	10.2%
	（シャープ：7 位）	3.1%	（シャープ：8 位）	2.0%

注：出荷量のシェア。シャープのシェアはその他の内数である。
出所：IDC（2014）2Q2014 Worldwide Large Sized TFT LCD Panel Qview_F

　市場におけるシャープのシェアは，成長期でも成熟期でも低かった。ちなみに図表には示していないが，薄型テレビの世界市場が前年比倍増した 2005 年時点でも，シャープの世界シェアは 3.5％の 8 位にとどまっていた。つまり，大型液晶パネル世界市場においてシャープは一貫してチャレンジャーのポジション，それもかなり劣位のところに位置していたのである。

　つぎに，中小型液晶パネル世界市場のメーカー別シェアをみてみよう。図表 2-3 で確認したように，主要製品であるタブレットやスマートフォンは，2015 年頃を境に成長期から成熟期へ転じたと考えられる。そこで図表 2-6 では，2012 年（成長期）と 2016 年（成熟期）でメーカー別シェアを比較している。シャープは，2012 年時点でシェア 14.9％の 2 位，2016 年時点ではシェア 10.8％の 3 位となっている。このように，中小型液晶パネル市場にお

図表 2-6　中小型液晶パネル世界市場のメーカー別シェア

	2012 年（市場成長期）		2016 年（市場成熟期）	
1 位	ジャパンディスプレイ	16.8%	ジャパンディスプレイ	21.9%
2 位	シャープ	14.9%	LG ディスプレイ	17.2%
3 位	LG ディスプレイ	13.6%	シャープ	10.8%
	その他	54.7%	その他	50.1%

注：出荷金額のシェア
出所：日本経済新聞社世界シェア調査より筆者作成

けるシャープの競争ポジションは，大型液晶パネル市場の競争ポジションよりは上位であるが，圧倒的リーダーと呼べるレベルではない。なお，シェア1位のジャパンディスプレイ（Japan Display Inc.）は，日立，東芝，ソニーの液晶事業を統合し，産業革新機構が最大株主となっている中小型液晶パネル（LTPS TFT-LCD）に特化した液晶パネルの専業会社である。

最後に，ここまでみた内容を補完する意味で，シャープを含む主要各社の液晶パネル関連の売上高をみてみよう（図表2-7）。売上高は韓国のサムスン電子とLGディスプレイが1位，2位になっており，しかも他の4社との格差は10年前に比べて拡大しているようにみえる。シャープの売上高は，2000年代後半の時点で韓国の2社に劣後しており，2010年代に入ってからは，台湾の2社をも明らかに下回っている。つまり売上高（事業規模）の観点でも，シャープは一貫してリーダー的ポジションにはなかったことが把握できる。

以上をまとめると，シャープは液晶パネル市場の成長期，成熟期にかかわらず総じてチャレンジャー以下のポジションにあった。これは，日本人がシャープに抱くイメージといささか異なるかもしれないが，世界市場の観点では厳然たる事実である。こうした市場環境と競争ポジションの中，旧

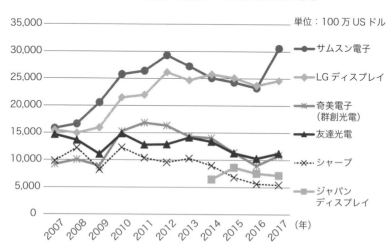

図表2-7　主要各社の液晶パネル関連売上高の推移

出所：産業タイムズ社「電子ディスプレーメーカー計画総覧」各年版より筆者作成

シャープはどのような経営戦略をとってきたのだろうか。

3 旧シャープの経営戦略

　旧シャープの経営戦略は，先行研究に詳細が記されている。ここでは先行研究を手掛かりに，基幹事業であった液晶パネルの経営戦略の要点を整理していく。

　第1に，液晶パネルの設備投資をリードしてきた点である（赤羽（2014））。第4世代以降，他の日本の電機メーカーが相次いで液晶パネルの設備投資競争から撤退していったのに対し，シャープだけが韓国，台湾企業と競う形で第6世代（亀山第一工場），第8世代（亀山第二工場），第10世代（堺工場）と投資を続けた。しかもそれは，図表2-8に示されるように，韓国，台湾のライバル企業に対して先陣を切って新しい世代の投資を行う戦略であった。「設備投資の先行」という点では，シャープはまさしくリーディングカンパニーであったのである。

図表2-8　世代別ガラス基板の投入年次：日韓台の比較

	日本	韓国	台湾
第1世代	1990年　NEC		1994年　聯友光電
第2世代	1993年　NEC	1995年　サムスン電子，LG電子	1997年　元太科技
第3世代	1995年　DTI，シャープ	1996年　サムスン電子	1999年　聯友光電，達碁科技，中華映管，奇美電子
第4世代	2000年シャープ	2000年　サムスン電子，LGフィリップスLCD	2001年　達碁科技，中華映管，奇美電子
第5世代		2002年　サムスン電子，LGフィリップスLCD	2002年　友達光電
第6世代	2004年シャープ	2004年LGフィリップスLCD	2004年　友達光電
第7世代		2005年　サムスン電子	2006年　友達光電
第8世代	2006年シャープ	2007年　サムスン電子	2009年　友達光電
第10世代	2010年シャープ		

注：図表には各世代のガラス基板を最初に投入した企業名と投入年次を記している。
出所：各メーカーホームページ，産業タイムズ社（2006），岩井（2000）より筆者作成

第2に，デバイスである液晶パネルの生産，モジュール組立，そしてパネルを組み込んだ完成品の生産までを同じ場所で行う垂直統合型のものづくりが挙げられる。垂直統合型のものづくりは亀山第一工場で本格的に導入され，後の堺工場では関連するインフラ施設や部材・装置メーカーも同じ敷地内に誘致するほど，垂直統合が徹底されたという（中田（2016））。図表2-9はシャープの垂直統合型ものづくりを象徴するデータである。2005年時点では，シャープで生産された液晶パネルの9割以上がシャープ向けとなっていた。また2009年から稼働した堺工場の運営では，ソニーからの出資を仰ぐとともにソニーへ一定量の液晶パネルの供給（外販）を約束していたが，シャープは自社製テレビへのパネル供給を優先し，ソニーに対してはたびたび納入遅延を起こしたといわれている（中田（2016））。

第3に，ブラックボックス化が図られた点である。これは垂直統合型のものづくりとも密接に関係するが，シャープでは液晶関連技術の流出防止策が徹底的に図られた。たとえば，生産現場には通行証をもった関係者以外は，シャープの社員であっても立ち入り禁止であった。また，生産ラインの改善活動は，通常，製造装置メーカーの社員と一緒に行うものだが，シャープでは技術流出を恐れて内製化していた。さらに製造装置を新たに開発する場合でも，1枚の図面を1社に発注するのではなく，わざわざ分割して複数社に発注し，製造装置企業の側からは全体像がみえないような措置が施されたのである（赤羽（2014））。

そして第4に，オンリーワン技術による製品差別化である。「オンリーワ

図表2-9 シャープの液晶パネルの売り先別構成比（2005年）

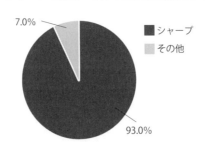

出所：テクノアソシエーツ（2008）より筆者作成

ン」はシャープという会社全体を貫くキーワードであり、シャープの強みを探る著作では、たびたび言及されている（舘澤（2003），宮本（2007），町田（2008），北田（2010））。シャープでは、創意をふるって他社にはない製品（他社がまねしたくなる製品）を生み出すことが社是とされてきたといっても過言ではない[11]。液晶パネルの事業では、創意の源泉となるのは技術力と考えられていた。設備投資の先行や垂直統合型のものづくりでブラックボックス化を図った戦略は、いずれも「オンリーワン技術による製品差別化」に通底するといえよう。

　ここまで旧シャープの経営戦略の要点を整理したが、それはひとことでいえば、プロダクトアウト型の経営戦略であったことがわかる。プロダクトアウトとは、自社の技術力や企画力といったシーズを起点に、優れた製品を生産して需要を創出するアプローチである。一般に、プロダクトアウトは、特に製品ライフサイクルの導入期や成長期で効果があると考えられる（赤羽（2016））。しかし旧シャープの場合、こと基幹事業の液晶パネルにおいては、成熟期以降でもプロダクトアウト型であったといえよう。

4 経営危機の要因

　ここでは、これまでの分析を踏まえて、2.で提示した枠組みで旧シャープ経営危機の要因を考えたい。

　3で記したように、旧シャープの経営戦略は垂直統合型や技術のブラックボックス化に象徴されるように、連携戦略でいえば「自前主義志向」であった。一方、シャープは液晶パネル事業に多くのリソースを注ぎ、新世代の設備投資で常に他社をリードするなど、その開発特性は「本業規模拡大志向」であった。すなわち旧シャープの経営戦略は、経営危機に陥るまで、一貫して図表2-1の1）の領域に位置していたと考えられる。

　一方、液晶パネル関連の市場は、1でみたように大型液晶パネルでは2011年前後、中小型液晶パネルでは2015年前後に成長期から成熟期に転じ

---

[11] シャープの創業者、早川徳次は自伝で「模倣される商品をつくれ」と説いている。この考え方が、歴代の経営者に受け継がれてきた（早川（1970））。

たとみられる。他方，2でみたように，旧シャープの競争ポジションは，世界の大型液晶パネル市場ではシェア7位か8位の下位，中小型液晶パネル市場ではシェア2位か3位にあったが，いずれにせよ圧倒的リーダーのポジションではなかった。

　以上を総合すると，「自前主義志向×本業規模拡大志向」で示される旧シャープの経営戦略は，往時の市場環境や自社の競争ポジションと明らかにミスマッチであったことがわかるだろう。本来，液晶市場でチャレンジャー以下のポジションであった旧シャープがとるべき経営戦略は，社外連携を基軸に事業規模の拡大を図ったり，新規事業の開発を試みたりすることであった（図表2-10）。

　では，なぜシャープは誤った経営戦略をとったのだろうか。その最大の要因は，経営陣が世界市場における自社の競争ポジションを正確に認識していなかったことである。確かにシャープの液晶テレビは，日本市場では最盛期40％以上のシェアを誇っていたが，全世界ではサムスンやソニーのシェアよりも低かった。スマートフォンも似たような構造で，シャープのAQUOSスマートフォンは世界的にはマイナーなブランドある。つまり，シャープの液晶パネル事業にとって最も必要だったのは，グローバルマーケティング戦

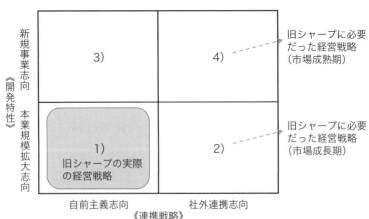

図表2-10　旧シャープに必要だった経営戦略と実際の経営戦略

出所：筆者作成

略であった。しかし，旧シャープの経営の中で，その点が重視された様子は見当たらない[12]。旧シャープは，高度な技術力を武器に，設備投資を先行させる自前主義のプロダクトアウト型戦略で一貫していた。それは日本人に液晶のリーディングカンパニーの印象をもたらしたが，一方で，世界市場での自社の競争ポジションを無視した無謀な経営戦略でもあったのである。

4. 新生シャープ（鴻海・シャープ連合）の経営戦略

1 鴻海によるシャープ買収の経緯

2015年3月期（2014年度）に2,223億円の大幅な最終赤字を記録したシャープは，この段階で自立での再建が難しくなった。経営危機に陥ったシャープには，台湾の鴻海と日本の産業革新機構がアプローチし，それぞれ再建策を提案した。シャープは2つの案を天秤にかけて有利な内容を引き出そうとしたため，両者は競うように提案を充実させていったが，2016年初頭の時点で図表2-11に示す再建策が提示されるに至った。

両者の内容を比較すると，鴻海の提案の方がシャープにとって受け入れや

図表2-11 鴻海と産業革新機構のシャープ再建策

	鴻海	産業革新機構
出資金額	4,890億円	3,000億円
銀行の負担	2,250億円優先株の買い取り，債権放棄は求めず	2,250億円優先株の放棄，1,100億円のDES[13]の追加
経営陣	原則維持	退陣
事業再編	原則維持	液晶事業をジャパンディスプレイ，白物家電を東芝とそれぞれ統合
社員の雇用	原則維持	事業再編に応じて

出所：週刊ダイヤモンド（2016年5月21日号 pp.30-59），中田（2016）を参考に筆者作成

---

12 旧シャープにおいて，サムスン電子のようなマーケティングの専門部隊というのはなく，マーケティングは企画部門担当者が兼業で行うような位置付けに過ぎなかったという（元シャープ従業員インタビュー：2018年10月13日実施）。
13 Debt Equity Swap：債務の株式化を指す。債務超過の状況を解消させたり，利払いや元本返済が必要な有利子負債を削減させたりする方法で，経営不振に苦しむ企業の再建策として用いられる。

すいことがわかる。出資金額で開きがあったのに加えて，銀行の負担が異なったことも大きかった。メインバンクである三菱東京UFJ銀行（当時）とみずほ銀行はシャープに取締役を派遣しており，鴻海案の受け入れには銀行出身の取締役の意向が強く働いたともいわれている。シャープは，2016年2月25日に開いた臨時取締役会で鴻海案の受け入れを決定した。

しかし，この臨時取締役会と同じタイミングで，シャープは「潜在的対外債務リスト」を鴻海に送っていた。このリストには，訴訟で負けた場合の損失，製品在庫の評価損が生じるリスクなど，約100件のリストが並べられ，その合計金額は3,500億円にものぼった（毎日新聞経済部（2016））。これを受けて鴻海は出資額を3,888億円まで減額し，手続きの遅れなどで買収が実現しなかった場合は，シャープの液晶事業だけを買い取ることができる条項までつけたのである。

シャープは，2016年3月期（2015年度）に再び2,560億円もの最終赤字を記録したが，鴻海主導による体制の転換は着々と進められていった。2016年4月6日には，すでに鴻海の傘下にあった堺ディスプレイプロダクト[14]会長の野村勝明氏がシャープ本体の副社長，堺ディスプレイプロダクト社長の桶谷大亥氏がシャープ本体の常務になる人事が発表された。そして鴻海からの出資が2016年8月12日に終了し，翌日の8月13日には鴻海グループの副総裁である戴正呉氏がシャープの第8代社長に就任したのである。

2 鴻海のシャープ買収の目的

鴻海がシャープを買収した目的は，シャープの経営資源を獲得することに他ならない。具体的には，IGZOやCGシリコンをはじめとする液晶関連技術，有機EL（Organic Light-Emitting Diode: OLED）の研究開発基盤，白物家電の設計開発能力，そしてシャープのブランドなどが挙げられよう。

IGZO[15]とは酸化物半導体を核とする液晶パネルの駆動基板（バックプレー

---

[14] 堺工場の運営会社だが，2012年3月に鴻海の郭台銘個人からの出資を受けて，シャープの連結対象からは外れていた。
[15] インジウム（Indium），ガリウム（Gallium），亜鉛（Zinc），酸素（Oxygen）

ン）であり，CGシリコンはLTPS技術の応用版である。いずれもパネルの高精細化と省電力化を可能とする技術で，特にスマートフォンやタブレットなどモバイル製品での用途が大きい。アップルの製品を組み立てている鴻海にとっては，非常に魅力的な技術である[16]。

有機ELは，液晶に代わるパネル技術として2010年代後半頃から急速に実用化が進んでいる。2016年の段階で，実用化に成功しているのは韓国のサムスンとLGだけだが，日本のジャパンディスプレイや中国のパネルメーカーも研究開発を進めている。シャープも開発途上の段階にあるが，鴻海から拠出された3,888億円の出資のうち，2,000億円は有機ELの研究開発に向けられることになっている。また，鴻海の最大の顧客アップルが2015年に有機ELパネルの採用を表明し，2017年に発売したiPhoneⅩから有機ELパネルを搭載している。このパネルはサムスンから調達しているとみられるが，アップルは有機ELパネルの調達先を韓国以外にも求めている。こうした事情からも，鴻海はシャープの研究開発能力を活用して有機ELパネルの実用化を目指す動機は大きかったと考えられる。

白物家電製品に関しては，シャープの開発能力および将来の市場可能性を鴻海は期待しているとみられる。シャープは白物家電分野でも革新的な製品を開発してきた。両開きの冷蔵庫，スタラーファン式電子レンジ，ヘルシオ（ウォーターオーブン），プラズマクラスター機能付きエアコンなどが代表的事例であり，その開発能力は高く評価されている。またIoT（Internet of Things：モノのインターネット）が本格化すれば，いわゆるスマートハウスの発展の中で，一家に一台以上ある白物家電には大きな潜在性が見込まれる。

最後に，シャープのブランドをグループ内に取り込むことは，鴻海にとって事業基盤の大幅な強化につながる。鴻海は自主ブランド製品をもたない代わりに，グループ内にシャープを取り込み，シャープブランドを鴻海の販路に発展させられるからである。

以上が鴻海のシャープ買収の主な目的だが，ここで強調したいのは，いずれの要素も鴻海の弱点をカバーすることである。鴻海は世界最大のEMSで

---

[16] 鴻海もグループ傘下に群創光電という液晶パネル企業を有すが，高精細パネルを製造する能力は弱いとみられる。

図表 2-12　鴻海・シャープ連合の補完性

出所：筆者作成

あり，金型設計や短期間での量産，部品材料の調達力，原価低減などには長けている。一方で，川上の基礎技術開発や製品開発は弱く，自主ブランドも事実上もっていない。つまり鴻海はシャープを傘下におくことで，ものづくりのバリュー・チェーンを補完できるのである。そして弱点の補完という点では，シャープにとっても同じことがあてはまる。もてる技術力を収益化に結びつけられなかったのがシャープの最大の弱点であったが，鴻海の厳しい経営管理と価格競争力によって大幅なコスト削減と経営の効率化が期待されたのである（図表2-12）。

３　中期経営計画にみる新生シャープの経営

鴻海傘下に入ったシャープでは，まず人事制度や調達体制が大幅に見直された。人事では，信賞必罰を原則とするメリハリのある評価制度を導入することで，特に若手のモチベーションを引き出すことに重点が置かれた。また調達では，鴻海の取引先ネットワークを活用したり，共同購買を行ったりして，調達価格の大幅な引き下げを図った。これらの措置は，シャープの業績を立て直すためのいわば戦術の立て直しといってよいだろう。

一方で，中長期を見据えた経営戦略の再構築は，2017年5月26日に発表された中期経営計画にみることができる。戴正呉社長は，中計の最終年度である2019年度の目標として売上高3兆2,500億円，営業利益1,500億円を掲げた。2016年度の売上高が2兆506億円，営業利益が625億円だったこと

を考えるといささか野心的ともいえるが，こうした高い目標を実現するため，戴正呉社長は2つの新技術を基軸に，4つの新たな部門を編成した。

2つの新技術とは，AIoTと8Kエコシステムである。AIoTとはAI（人工知能）とIoTを掛け合わせたシャープの造語である。AIを活用した「データ分析（音声／画像など）の高度化」とIoTによる「機器とクラウドの連携」を組み合わせることで，新たなサービスを目指したものである。8Kエコシステムは，従来の液晶技術の延長線上に位置付けられるものだが，高精細化することでディスプレイの応用範囲や用途を飛躍的に拡大することを目指している。具体的には，8Kカメラや編集システムを実現して8Kコンテンツを拡大したり，8K映像を配信するインフラを整備したり，あるいは8K表示機器および映像伝送のためのインターフェースで業界を先導したりすることを目指している[17]。つまり機器だけではなく，コンテンツ，インフラまで揃えることで，8Kの普及を促そうという目論見である。

一方，4つの新たな部門とは，スマートホーム，スマートビジネスソリューション，アドバンスディスプレイシステム，IoTエレクトロデバイスである。スマートホームとは，家庭にまつわる機器とサービスの連携で人々の暮らしを便利で快適にする事業である。スマートビジネスソリューションとは，オフィスや工場など，ビジネス現場の生産性を高めるための解決策を提供する事業である。アドバンスディスプレイシステムは，文字通り先進的なディスプレイを創出する事業である。IoTエレクトロデバイスは，スマート社会の実現に向けてセンサーなどの特徴あるデバイス群を手掛ける事業である。

以上の新技術，新事業部門から読み取れるのは，戴社長が目指す2つの新しいビジネスの方向性であろう。1つ目が機器の販売だけではなく，サービスでも稼ぐという姿勢である。これはすべての部門に共通する戦略であり，シャープではこれまで「商品企画」としていた開発の出発点を川下のサービスにどうつなげるかまで含めた「事業企画」に改めた次第である[18]。2つ目

---

[17] 『日経エレクトロニクス』2017年7月号 p.12.
[18] 『日経ビジネス』2017年10月9日号 p.35. なお，こうした戦略の先陣をきったのがオーブンレンジ「ヘルシオ」を活用する食材事業である。有名シェフが考案した料理の材料を週末に宅配し，ヘルシオのボタンを押すだけで調理できるキットをシャープが発売している。https://cocorostore.sharp.co.jp/kitchen/intro.html （2018年10月5日閲覧）.

がIoTデバイスを中心とするBtoBビジネスである。これは主に，アドバンスディスプレイシステム，IoTエレクトロデバイスにかかわってくる。これまでシャープのデバイス事業というとテレビ向け，スマートフォン向けの液晶パネルが中心であったが，これからは加えて人感センサーやカメラモジュールのVR・ARへの展開，車載向けデバイスなどBtoBの事業分野も積極的に拡大していく方針が打ち出されている[19]。

4 シャープ・鴻海連合の補完性と効率性

ここでは，2と3で整理した内容にもとづき，2. で提示した枠組みで新生シャープ（鴻海・シャープ連合）の経営戦略の評価を試みたい。

まず2で整理したように，鴻海とシャープの事業特性には相互補完性がみいだせる。したがって，鴻海とシャープが組めばそれぞれの事業範囲を拡大したり，新規事業を開発したりすることがより可能となろう。実際，3でみたように中期経営計画では，ものづくり中心からサービス事業への拡大や従

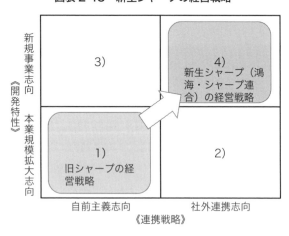

図表2-13　新生シャープの経営戦略

出所：筆者作成

---

19 『日経エレクトロニクス』2017年7月号 p.14.

来のBtoC分野からBtoB分野への横展開が打ち出されている。つまり新生シャープの中期経営計画は，鴻海とのシナジーを引き出しながら，従来の事業分野の枠にとらわれない領域まで踏み込んだ内容になっている。以上をふまえて，新生シャープの経営戦略を本章の枠組みに落とせば，図表2-13のようになる。

　薄型テレビ，タブレット，スマートフォンといった従来型の液晶製品の世界市場がサチュレートするなか，液晶パネルの販路を多様化させる戦略は必須である。また，両社の連合でカバーするバリュー・チェーンの範囲が広がれば，ものづくりとサービス事業の連携も円滑に図ることができる。新生シャープの経営戦略は，2010年代後半の市場環境や競争ポジションの観点からみて，おしなべて理にかなったものと評価できるのである。

5 産業革新機構の再建策の評価

　ここでは，シャープ救済の代替案であった産業革新機構の再建策の評価を試みる。図表2-11のとおり，同機構の提案は特に金融支援の側面で鴻海案よりも厳しい内容であったが，ここではあくまでも産業革新機構が目論んだ事業構造改革や経営戦略の側面に焦点をあてる。

　産業革新機構の提案で最も大きな特徴は，シャープの液晶事業と白物家電事業を切り出して，それぞれジャパンディスプレイ，東芝と統合することであった。これは，かつて半導体産業で行われた再編策と本質的に同じである[20]。つまり，同業種での連携，統合を図り，競争力を維持しようという目論見である。そこには，日の丸液晶連合を誕生させようという経済産業省[21]の意図も働いていたと考えられる。

　こうした産業革新機構案は，目指している事業構造や経営戦略という観点で，鴻海案とは異質であった。産業革新機構案の場合，同業種の連携，統合であり，必然的に事業規模の拡大に軸足が置かれることになる。本章の枠組

20　日本の半導体産業の競争力が衰えた1990年代後半から2000年代にかけて，各社の半導体事業を再編，統合するかたちでDRAM専業のエルピーダメモリとシステムLSIのルネサステクノロジーが誕生した。
21　経済産業省は，産業革新機構の設置者である。

図表 2-14　産業革新機構の再建策

縦軸《開発特性》：本業規模拡大志向 ↔ 新規事業志向
横軸《連携戦略》：自前主義志向 ↔ 社外連携志向

- 3) （左上）
- 4) （右上）
- 1) 旧シャープの経営戦略 （左下） → 2) 産業革新機構の再建案 （右下）

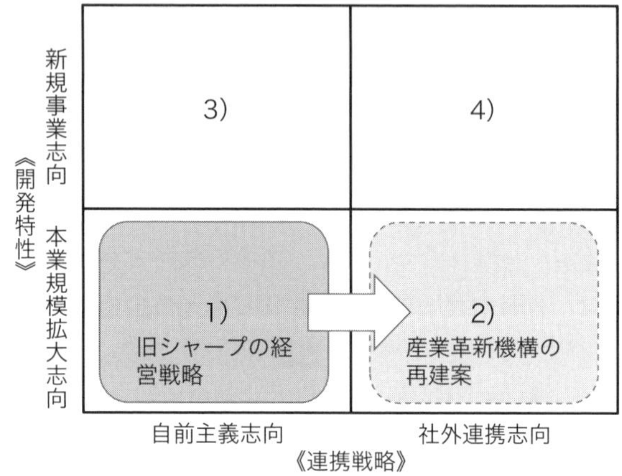

出所：筆者作成

みで示すと，図表2-14のとおりである。しかし既述のとおり，2016年の時点で液晶パネル市場は大型，中小型ともにすでに成熟段階に入っていた。加えて，ジャパンディスプレイは中小型液晶パネルにおけるリーディングカンパニーであったものの，そのシェアは2割程度に過ぎず，シャープのシェアと足しても3割程度であった（図表2-6参照）。さらにいえば，中小型液晶パネルの代替デバイスとして有機ELが2010年代に入って急速に伸びているが，中小型有機ELパネル市場では韓国企業が98％のシェアを占めており，日本企業のシェアは極めて小さい（日経産業新聞2017年6月26日）。すなわち，シャープとジャパンディスプレイを統合して事業規模の拡大を図るにしても，量と質のいずれの面でも中途半端に終わる可能性が否定できなかった。以上のことから，産業革新機構の再建策は，鴻海案と比較して，経営の効率性の観点で理にかなわない提案であったことが理解できる。

なお，産業革新機構の案では，技術の国外流出の回避がメリットとして強調された[22]。確かに技術流出の懸念は，経営の効率性とは別に考慮すべきという主張は一考に値しよう。しかし，やはり一民間企業の経営再建を考えた

22　鴻海は中国各地に製造拠点を展開しており，中国共産党との関係も良好である。したがって産業革新機構は，シャープが鴻海の傘下に入ると中国への技術流出につながると警鐘をならした。

場合，技術の国外流出よりも技術を収益に結びつけられず，企業が立ち行かなくなるリスクの方がはるかに大きい。最終的に鴻海案が選ばれた背景には，こうした考え方も作用したと推測される。

5. むすび

　本章では，「開発特性」と「連携戦略」の2軸からなる経営戦略の分析枠組みを提示し，それにもとづいて旧シャープの経営危機の背景と新生シャープの経営の評価を行ってきた。その結果，旧シャープが経営危機に陥った最大の原因は，世界市場における競争ポジションが下位であったにもかかわらず，一貫して自前主義による本業の規模拡大を志向してきたことが挙げられた。本来，自前主義で規模の拡大を志向できるのは，市場が成長している環境のもと，市場シェアが50％を超えるような圧倒的なリーダーだけと考えられた。しかし旧シャープの場合，市場がすでに成熟し，自社の競争ポジションが劣位であったにもかかわらず，常に液晶パネルの設備投資で他社を先行しようとしてきた。それはまさに，身の丈を超えた経営戦略であったといえよう。

　一方，新生シャープ（鴻海・シャープ連合）の経営は，社外連携で新規事業の開発や事業の多角化を目指しており，本章の分析枠組みにおいて，それは成熟した液晶パネルの市場環境やシャープの競争ポジションに沿ったものと評価できた。また，代替案であった産業革新機構の再建策は，社外連携ではあるものの，同業種との連携であり，本業の規模拡大を志向せざるをえない点で，成熟した液晶パネルの市場環境のもとではふさわしくないことが示唆されたのである。

　以上が全体の要約であるが，本章の付加価値は「開発特性」と「連携戦略」という経営戦略の枠組みで，旧シャープの経営危機の背景，新生シャープの経営体制，産業革新機構の再建策それぞれの適合性を比較分析した点にある。一方，今後の課題としては，分析枠組みの改良がある。「開発特性」と「連携戦略」に影響を与える説明変数は，今のところ市場の成長性と自社の競争ポジションを挙げているが，他にも有力な指標はありうる。また経営

戦略の属性として,「開発特性」,「連携戦略」以外の要素も検討しなければならない。こうした枠組み自体のブラッシュアップに関しては,別稿にて改めて取り組みたいと考えている。

◇**参考文献**

Ansoff, H. I.（1965）*Corporate Strategy: An Analytic Approach to Business Policy for Growth and Expansion*, McGraw-Hill Companies.

MacMillan, I. C., Hambrick, D. C., & Day, D. L.（1982）"The Product Portfolio and Profitability—A PIMS-Based Analysis of Industrial—Product Businesses," *Academy of Management Journal*, 25（4）, pp.733-755.

March, J. G.（1991）"Exploration and Exploitation in Organizational Learning," *Organization Science*, 2（1）, pp.71-87.

赤羽淳（2014）『東アジア液晶パネル産業の発展』勁草書房.

赤羽淳（2015）「シャープの設備投資戦略の検証」『産業学会研究年報』2015（30）, pp.47-61.

赤羽淳（2016）「製品ライフサイクルとものづくり企業の事業戦略：プロダクトアウトとマーケットイン」『横浜市立大学論叢. 社会科学系列』68（1）, pp.1-24.

入山章栄（2012）『世界の経営学者はいま何を考えているのか―知られざるビジネスの知のフロンティア』英治出版.

岩井善弘（2000）『液晶産業最前線』工業調査会.

北田秀人（2010）『シャープ「AQUOS」ブランド戦略』東洋経済新報社.

榊原清則（2005）『イノベーションの収益化　技術経営の課題と分析』有斐閣.

産業タイムズ社（2006）『アジア半導体／液晶ハンドブック』産業タイムズ社.

舘澤貢次（2003）『シャープの「オンリーワン経営」』オーエス出版.

テクノアソシエーツ編（2008）『LCDパネルメーカーの事業戦略研究』株式会社テクノアソシエーツ.

電子情報技術産業協会（各年版）「主要電子機器の世界生産状況」電子情報技術産業協会.

中田行彦（2015a）「すりあわせが日本の産業構造に与える影響：液晶産業のケース」中田行彦・安藤晴彦・柴田友厚編『「モジュール化」対「すり合わせ」』学術研究出版, pp.126-166.

中田行彦（2015b）『シャープ「液晶敗戦」の教訓：日本のものづくりはなぜ世界で勝てなくなったのか』実務教育出版.

中田行彦（2016）『シャープ「企業敗戦」の深層　大転換する日本のものづくり』イースト・プレス.

中根康夫（2013）「Flat Panel Display Industry／Consumer Electronics」ドイツ証券株式会社.

中原裕美子（2017）「鴻海とシャープの経営の相違および買収後の展望」夏目啓二編『21世紀ICT企業の経営戦略』文眞堂, pp.210-229.

日本経済新聞社（2016）『シャープ崩壊』日本経済新聞社.

早川徳次（1970）『私の考え方』浪速社.

毎日新聞経済部（2016）『鴻海・郭台銘 シャープ改革の真実』毎日新聞出版.
町田勝彦（2008）『オンリーワンは創意である』文春新書　文藝春秋.
宮本惇夫（2007）『シャープ　独創の秘密』実業之日本社.

（赤羽　淳）

第3章

トヨタの新興国製品戦略における新結合
── IMV とエティオスにみる新結合の成功と失敗の分析

> トヨタのグローバル化は，米国に代表されるように先進国は概ね成功しているが，新興国は成功・失敗の二極分化の様相を示している。成功事例（IMV），失敗事例（エティオス）を比較検証することにより，長期的成長の持続のためには，「深化と探索」の2つの開発が状況の変動に応じ，戦略的に遂行される必要があることが示される。成功事例（IMV）を中心に，深化を基本に社内連携および社外連携を活用した探索型開発の有効性が明らかにされる。

1. はじめに

　2004年に登場したトヨタの新興国向け戦略製品 IMV（Innovative International Multipurpose Vehicle）は，トヨタとしてはもちろん，世界の自動車業界の中でも大きな成功を遂げた製品とみなされている。2008年，2011年のマイナーチェンジを経て，さらに2015年のフルモデルチェンジにより第二世代が登場した。登場から時間を経過しても，その販売及び生産拡大の勢いは増し，世界生産年間100万台超，累計生産1000万台を超える，同社のグローバル製品，カローラに匹敵する，まれにみる大型ヒット製品となった。もともと新興国向製品でありながら，IMV ファミリーの中の1車種であるピックアップトラックのハイラックスは，日本市場も含む先進国市場にも出荷さ

れている。IMV は新興国製品に限定せず，さらにグローバル戦略製品に成長する可能性さえもった製品に成長したといってよいだろう。

　他方，IMV の順調な走りだしが明らかになった 2005 年頃から，トヨタ内では新興国向け小型乗用車 Entry Family Car（以下 EFC，車名がエティオスとなる製品開発が開始された。将来の成長が期待される新興国小型ファミリーカー市場において，基本性能に優れ，トヨタらしい品質も実現した比較的安価な小型乗用車の開発である。これに成功すれば，この分野でやや出遅れた感のあるトヨタも，一気にその地位を逆転できるだろうという狙いもあったのだろう。開発時も発売当初も，インドをはじめ新興国市場でトヨタの切り札となることが期待されたが，結果としてそれは叶わなかった。排ガス規制への対応などの問題もあり，次期車両のフルモデルチェンジは行われず，2018 年末でモデルが廃止されることになった。

　トヨタという同一の企業で，数年のずれはあるものの，ほぼ同時期に実施された新興諸国を狙った乗用系車両の開発案件であるが，両製品の販売成果には大きな，そして明確な格差が生じた。

　このような両製品の販売成果格差の要因は何か。自動車，特に乗用車系製品は複雑に絡み合った多くの要素で構成される製品である。そのため，その成功と失敗に至る要因は決して単純ではない。まずもって政策や制度などの一般環境も考慮すべき条件であるし，また競争や顧客ニーズなどの個別環境条件も考慮すべき問題である。また，開発に限らず，製造，販売各機能における要因，さらにはそれらの各機能における人的，組織的要素が大きく影響する場合もある。また，マーケティング要素だけに絞った分析も可能かもしれない。さらに，この両製品は，同じ乗用系製品といっても，ターゲットとする顧客層が異なることも考慮すべきであろう。

　本章は，両製品の市場成果の格差の要因をイノベーション特性の相違，資源の結合の差異に着目して分析したものである。イノベーション特性を，資源の新結合の問題としてとらえ，両製品における失敗と成功の要因を分析するものである。

2. 両製品の成果比較

　IMVとエティオスの製品としての市場での成果を端的に示しているのが，生産台数の大きな格差である。IMVは高所得者向け中型車両，エティオスは一般大衆向け小型乗用車であり，そもそもターゲットとする顧客層は異なる。したがって，その販売台数の差を直接比較することはできない。しかし，一般論としていえば，一般大衆向け小型乗用車の方が，生産数量，販売数量で勝るはずである。

　IMVの生産，販売数量は年間90-100万台の水準にあるのに対して，エティオスのそれはピーク時でも23万台，モデル末期の現状では世界全体で13万台弱である。100万台対13万台。圧倒的なパフォーマンスの差である。特にエティオスの最大のターゲット市場であったインド市場では，ピーク時でも生産能力である10万台を超えることはできないままに，2018年一杯で生産を終了している。

1 IMVの生産推移

　IMVは初代が2004年に，タイとインドネシアにおいて生産が開始された。両国から輸出すると同時に，世界の新興市場の生産拠点で生産を開始し，ピーク時には世界の12か国で生産された。2015年以降の第2世代は現在11か国での生産，各国からの輸出も行われ，120か国以上で販売されている。ほぼ世界生産百万台のペースが継続し，2004年の発売以来，すでに累計生産台数は1000万台を超えている[1]（図表3-1）。

2 エティオスの生産台数

　エティオスは2010年末にインドで受注が開始され，翌年から納品が始まった。発売と同時に，爆発的な受注があり1年以上の納車待ちの状況が生

---

[1] トヨタの代表的小型車カローラは世界年間生産台数120万台。短期間でほぼこれに匹敵する生産規模に成長したといえる。

図表 3-1　IMV の生産台数推移（国別）

単位：台

地域	国名/年	2010	2011	2012	2013	2014	2015	2016	2017	2018
南米	ベネズエラ	7,251	5,268	6,380	4,670	1,600	2,210	380	1,070	610
	アルゼンチン	70,044	69,739	92,591	94,397	96,350	76,283	97,768	125,317	141,164
アフリカ	南アフリカ	89,070	117,216	124,392	123,307	108,902	98,780	93,063	92,411	103,652
	エジプト	—	—	1,684	675	974	1,806	1,425	417	990
アジア	インドネシア(TMMIN)	88,451	106,893	155,074	146,892	73,183	110,005	148,235	165,962	139,912
	タイ(TMT)	435,222	337,908	610,010	587,010	466,946	440,841	381,068	346,402	391,669
	マレーシア(ASSB)	23,828	22,927	30,455	31,728	27,590	31,867	22,968	29,010	29,193
	フィリピン	12,620	11,552	13,775	14,601	15,888	16,403	18,692	23,962	18,942
	ベトナム	14,381	11,585	10,300	15,132	15,551	19,911	23,120	11,633	14,907
	インド	64,375	62,696	91,426	80,765	75,197	78,910	80,086	97,237	99,284
	パキスタン	2,616	4,221	4,440	5,045	5,049	5,829	6,876	9,283	11,480
	カザフスタン	—	—	—	—	596	437	89	0	0
	合計	810,483	753,238	1,150,056	1,110,511	893,460	889,727	879,063	902,704	951,803

出所：トヨタ自動車提供資料

まれた。このような納車待ちが大量にあったにもかかわらず，極端な生産の拡大を実施しなかったのは，新設の工場で生産する初めての製品であったため，慎重な運営を第一としたからであった（図表 3-2）。

図表3-2　エティオスの生産台数推移（国別）

単位：台

地域	国名/年	2010	2011	2012	2013	2014	2015	2016	2017	2018
南米	ブラジル	—	—	10,070	69,984	84,623	87,965	93,598	113,153	80,391
アジア	インドネシア (TMMIN)	—	—	—	13,276	81,512	5,640	3,434	664	0
	インド	—	64,799	93,111	88,678	64,985	71,396	59,979	51,606	46,263
	合計	0	64,799	103,181	171,938	231,120	165,001	157,011	165,423	126,654

出所：トヨタ自動車提供資料

③ 両車の成果比較

　2018年において，IMVは世界で952千台，エティオスは127千台が生産された。IMVのこれまでの最大年間生産台数は2015年の1,150千台であったのに対して，エティオスのそれは2014年の231千台であった。IMVは2004年の発売以降14年間で累計1千万台を超える生産台数であるのに対して，エティオスは2011年の発売以降7年間で累計1,185千台に過ぎない。

　本来，エントリーレベルの乗用車であるので，高価なカテゴリーに属するIMVよりも大量に生産されることが期待されるはずだが，現実は逆であった。単年度でも，累計でエティオスはIMVの約10分の1しか生産されなかったのである。IMVは次期のフルモデルチェンジに向けて開発が進められているが，エティオスは結局，2018年を最後に自動車市場から姿を消すことになった。

3. 2つの製品開発の特徴

　IMVとエティオス両車の開発の経緯を振り返り，それぞれの開発の特徴について分析したい。

1 IMVの開発

(i) IMVの前史―全く異なる歴史を刻んできた2つの車種

　IMVという製品シリーズには，実はそれに先立つ長い歴史がある。そのことがIMVの製品開発の経緯に大きな影響を与えている。

　東南アジア諸国は長い期間にわたって，輸入代替政策をとり，完成車の輸入には高い関税をかけ，実質的に輸入ができない体制であった。また部品についても同様であった。そのため，東南アジア各国では，自動車市場は各国多様な発展を遂げてきたのである。ここでは，東南アジアの二大市場である，タイとインドネシアを中心にIMV以前の状況をみておきたい。

　タイの市場においては，冠水することの多い悪路の走行性と，もっぱら農業をはじめ小事業者の貨物輸送を主用途としたこと，またピックアップトラックなどの貨物車の税が乗用車よりはるかに軽微であったことなどから，ピックアップトラックが市場の大半を占めるという特徴を永年もってきている。

　このピックアップトラックが乗用にも用いられることが多くなったことに対応して，当初，購入後の完成車の荷台にキャノピーを架装して用いることが多くなった。このような市場の動きに対して，完成車メーカーは，前席の後部に荷や人をのせられるスペースをキャビンに設けたもの，それに後部座席を設けたもの，さらにキャビンを倍の大きさにして後席と後部ドアまで設置したものなどピックアップの商品ラインアップを広げていったのである。その結果，タイは，乗用車としての機能を併せもつピックアップトラックが，特に農村部，地方都市を中心に普及し，世界有数のピックアップ市場となったのである。さらにタイでは，このようなピックアップトラックから派生して，完全にクローズドボディのSUV型の乗用車まで生まれて，独特の市場として発展を遂げたのである。

　他方，インドネシアでも貨物車優遇税制がとられたのは同様であった。ここでの貨物車の主役は，キジャン（Kijan）と名付けられたトヨタ独自のアジアカーであった。トヨタの社史によれば，初代キジャンは1977年にインドネシアで組み立て開始だが，その数か月前，1976年にフィリピンでタマ

ラオの名で組み立てが始まっている。当初，トヨタにとってこの車種はアジア各国での組立，販売を狙った車であり，社内での呼び名はベーシック・ユーティリティ・ヴィークル（BUV）であった。一種のアジアカーとしての企画であった。

しかし，インドネシアが最大の市場として急伸した結果，第2世代以降，インドネシアを主要市場とする車種として育っていった。タイと同様，トラックボディを乗用車に改造することが広く行われ，カロセリと呼ばれる専門架装業者まで登場することになった。自動車メーカーでは後部ボディが未完成な半製品で出荷し，カロセリでメタルボディを架装するという製造方法が一般化したのが第2世代の時代である。フル・プレスボディとなった第3世代から，乗用車性が強まり，後架装という製造の仕組みは残ったものの，現在のミニバンにもつながる3列シートをもつモデルが一般的になり，高所得者の家庭用の車種として普及した。これを原型として，第4世代キジャンにつながり，IMVシリーズのミニバンであるキジャン・イノーバにつながって行ったのである[2]。

前史として，少し詳しくタイとインドネシアのトヨタ製品の状況をみた。ここで再度強調したいのは，ピックアップトラックであるハイラックスと，ミニバンであるキジャンは全く別系統の歴史をもち，それぞれ別のものとして企画，開発され生産，販売されたということである。現在では統一プラットフォームで作られた3モデルをみても，大きな違和感を抱くことは少ないが，過去，別個に形成された歴史を知るものからは，統合するというアイディアは全く頭には浮かばない程，この2つの系統は別物だったのである。

（ⅱ）IMV開発の発端

ハイラックス（タイ），キジャン（インドネシア）両モデルの開発の統合，プラットフォーム統合の企画が，初めてトヨタ社内で提案されるのは1995年であった。ハイラックスも，キジャンも複数の国に生産拠点がすでにあ

---

[2] また，キジャンがアジアカーとしての出自をもつことからもわかるように，インドネシアが最大の生産，販売国ではあったが，他のアジア諸国，台湾，フィリピン，マレーシアでも生産，販売されていた。インドでも旧型第3世代が2000年代初頭まで生産されていた。

り，それぞれの国には一定程度のサプライヤーが育っていた。経緯は異なるとはいえ，2車種はボディ・オン・フレーム（BOF）という構造は共通である。エンジンも共通のもので使える部分がある。このような点を背景に統合企画案がまとめられ，社内の企画の決定会議に提案されたのだが，却下された。前節で述べた，「全く異なるものの統合」という社内の「常識」が邪魔をしたことが大きかった。また，当時はアジア市場がブームの頂点にあり，困難が予想される統合よりも，目前の個別市場での最適化が優先されたのかもしれない。しかし1997年のアジア経済危機があり，状況は一転した。

両車種のモデルチェンジを2004年に控えた1999年に，統合案，つまりIMV案を再提案したところ，2004年のモデルチェンジに合わせて，統一フレームで車種を統合することが承認され，3車種，5車型の開発が始まることとなったのである。カギの1つになったのはSUVであった。世界的な傾向としてSUVが伸長していて，タイやインドネシアでもSUVに対するニーズは拡大しつつあったが，関税の障害が大きく，輸入での対応が困難だった。成長製品のSUVを作れて，ピックアップトラック，ミニバンも，国内で同時に作れるビジネス・モデルは魅力的だと理解されたのだといえよう。両国の市場が，危機からまだ十分に回復しておらず，能力の余剰も存在するという危機感を背景として，製品体系や生産体制そのものの再構築など，改革を推し進めるべき時期だったことも新たな製品体系の導入の強い追い風になったものと想像できる。

(ⅲ) 開発の経緯

野村（2015）に第1世代IMVの開発とそのマイナーチェンジの経緯が詳しく述べられている。同著他をもとに経緯を描写してみる（図表3-3）。

第1世代IMVの開発においては，タイをはじめとして現地側には，もともと開発機能はほとんどなく，また，生産機能を維持発展させるのに手一杯で，開発力を育てる余力もなかった。したがって，開発機能のすべては本社テクニカルセンター（日本国愛知県豊田市）に置かれた，チーフ・エンジニア（CE）をリーダーとした開発組織によって担われた。また，現地のサプライヤーに設計を申し入れる場合も，それらのほとんどは日系か，欧米系で

あり，部品設計はそれぞれの本国で行われ，タイやインドネシア現地で開発設計が行われたものはほとんどなかったとみられる。その意味で，この第1世代の開発において，トヨタとして新しい開発の仕組みが作られたわけではない。唯一新しい仕組みといえるのは，日本本国での生産が皆無で，生産拠点はすべて新興国だけという点である。

図表 3-3　IMV 開発の歴史

年次	事項	備考
1962	トヨタ・モーター・タイランド（TMT）設立	
1971	トヨタ・アストラ・モーター（TAM）設立	
1974	マルチ・アストラ（MA）でランクル組立開始	
1975	ハイラックス・ボデー製造開始 アジアカー試作車ジャカルタフェアー出品	
1976	（フィリピンでタマラオ（BUV）発売）	アジアカーの端緒
1977	*MA で BUV（第1世代キジャン）組立開始*	
1978	トヨタ・オートボデー・タイランド設立	
1981	*第2世代キジャン組立開始*	
1986	*MA で TUV（第3世代キジャン）組立開始*	
1989	*製造組み立て3社を TAM 吸収合併*	
1997	アジア通貨危機 *第4世代キジャン組立開始*	
1998	ハイラックス豪州輸出開始 *TMMIN（製造会社）カラワン工場稼働*	
2003	TTCAP-TH 設立	地域研究開発拠点①
2004	ハイラックス VIGO 生産開始 *アバンザ，イジャン・イノーバ（IMV5）*	IMV 生産開始
2006	TMAP タイ設立 フォーチュナー（IMV4）	地域統括拠点②
2007	TMAP-EM 設立	①②統合
2008	ハイラックス VIGO マイナーチェンジ *キジャン・イノーバ　マイナーチェンジ*	2011 年にも 2011 年にも
2015	ハイラックス VIGO フルモデルチェンジ *キジャン・イノーバ　フルモデルチェンジ*	

注：通常文字はハイラックス関係。斜体はキジャン関係
出所：トヨタ自動車『トヨタ自動車 75 年史』

ただ、この体制に大きな変化が生じてくるのは、第1世代発売の前年である。2003年に、トヨタ・テクニカル・センター・アジア・パシフィック・タイ（TTCAP-タイ）を設立して、2008年と2011年のマイナーチェンジでは、日本と並んで現地側が開発の主力となった。バンパー、ラジエーターグリル、ランプなどの、機能において相対的に高い水準が求められない部分でかつタイ独自の使用部品は現地拠点側、タイ人の開発スタッフに移された。ここに現地と本国の開発機能の連携がとられるようになったのである。

その後、この経験をふまえて、第2世代開発の重要拠点、日本と現地市場の開発の結節点となり、2007年に設立された開発と生産の地域統括拠点であるTMAP-EM[3]につながるものであった。トヨタ内のアジア現地側の開発機能と、国内の基幹開発機能を結合する組織的基盤へと発展していく拠点であった。

また、ハイラックスとキジャンは、どちらもボディ・オン・フレーム（BOF）の基本構造は同じだが、積載量の違い、3列目のシートの有無など、別物といってよかった。従来のハイラックスのフレームの鋼材は厚みがあり、キジャンは薄い。ハイラックスの床面は高く、キジャンは低いので、ハイラックスに最適化したフレームではキジャンには適さず、改良が必要であった。統一フレームで複数車種を生産するというシステムは大きな革新には違いがないのだが、大小の部品レベルではこのような点を細かく詰めていく作業の積み重ねであった。結果として、シングルキャブ（IMV1）、スペースキャブ（IMV2）、ダブルキャブ（IMV3）という、ピックアップトラックのハイラックス3車型、新型車種のSUVのフォーチュナー（IMV4）、ミニバンのキジャン・イノーバ（IMV5）が2004年に発売された。

（ⅳ）開発の特徴

トヨタにおける通常の製品開発、特にIMV以前のハイラックスおよびキジャンとは異なる、IMVの製品開発における特徴は、以下の4つに整理することができる（図表3-4）。

---

3 Toyota Motor Asia Pacific Engineering and Manufacturing。2018年にはダイハツとの連携の強化をすすめ、Toyota Daihatsu Engineering and Manufacturing（TDEM）となった。

第1に統一プラットフォームにより，多様な新興国のニーズに適応する複数車種を創造したことである。特にピックアップ系とミニバン系の統一フレームによる生産は，米国企業では一般的であったが，日本企業としては新しい取り組みである。これにより，各国市場に適合する多様な車種を，統合することにより，開発を効率化すると同時に，部品共通化により効率的な製造と輸入関税回避が可能になった。

第2に，現地と日本の開発の結節点，地域統括拠点の形成である。先に述べたように，第1世代IMV発売の前年である2003年，トヨタ・テクニカル・センター・アジア・パシフィック・タイ（TTCAP-タイ）を設立して開発の総仕上げに寄与し，2007年における開発と生産の地域統括拠点TMAP-EMの設立につながるものであった。さらに，TMAP-EMは，2008年と2011年のマイナーチェンジに際しては，日本と並ぶ現地開発拠点として力を発揮した。その後，この経験をふまえて，第2世代開発の重要拠点，日本と連携する存在となった。トヨタ内のアジア市場現地側の開発機能と，国内の基幹開発機能を結合する組織的基盤であった。

第3に，日本国内に1つも生産拠点をもたない，新興国だけの生産体制である点はトヨタとして，あるいは日本企業として初めての生産体制である。

第4に，各新興国の現地車体組み立て機能の分散と，エンジン，トランスミッションの基幹部品の生産機能の集中と各国相互補完体制というシステムを構築したことである。このシステムの運用の要として，先に述べたTMAP-EMの役割は大きい。

一言で，IMV製品開発における特徴をまとめると，製品において異車種

図表3-4　IMV開発における革新

項　目	IMV以前	IMV	革新のポイント
製品体系	国別（個別2車種）	統合（3車種、5車型）	各国複数車種供給
車体構造	個別	統合	上記の物理的基盤
地域統括	不在	タイ・バンコク	連携の核、複雑性制御
開発体制	日本本社	日本本社と現地連携	有効性と効率性
生産体制	国別	タイ中心の相互補完体制	効率性

出所：インタビュー，諸文献により筆者作成

の連携，開発において現地，日本の連携，生産において各国生産拠点間の連携，をそれぞれ追求し，それをタイにある統括拠点が結節点となった点である。さらにいえば，単なる個々の製品開発にとどまらず，市場情報，顧客ニーズに密着しながら，システムの革新を同時に構築した点が特徴的である。

2 エティオスの開発

（ⅰ）トヨタにおけるエティオス開発の背景

2000年代に入って，最初の10年間で世界の自動車市場の構造は大きく変化した（赤羽（2014），野村・山本（2018））。

20世紀までの世界の自動車市場の主役は西欧と北米，そして日本などの先進国がそのほとんどを占めていて，いわゆる新興国は限界的な市場として，あるいは付加的な市場として位置付けられていた。特に日本メーカーはいずれも，日本市場をベースにしながら西欧，北米に焦点をあて，製品開発を行ってきた。世界市場の構造からいって合理的な戦略であったといってよいだろうし，その戦略の結果，20世紀末には欧州，北米のメーカーを抑えて世界の頂点に立つことができた。ところが，21世紀初頭，2001年の中国のWTO加盟を機に状況は大きく動き出した。中国，インド，ブラジルという人口の大きな諸国と，ASEAN諸国などの，いわゆる新興国市場が急速な成長を開始したのである。

先進国市場で大きな成功を収めた日本自動車産業は，その成功の故，また，さまざまな歴史的経緯のため，新興国における成長の機会を見逃し，この21世紀の市場構造の変化に後れを取ってしまった。その結果，赤羽（2014）がいうように，特にトヨタとホンダは，トップクラスのグローバルメーカーであるにもかかわらず，VWや現代に比較すると，新興国市場へのシフトが遅れてしまった。そのため，両社にとって新興市場向けの戦略製品の早期開発は不可欠のものだった。

そうした中で，ほぼ同時期にトヨタはエティオス，ホンダはブリオという，従来の両社の製品からは一線を画す低価格の新規製品を開発したので

あった。

特にトヨタにとっては，この早期のシフトがより緊急性をもっていたといえる。すなわち，商品のワイドバリエーション展開を進める中で，長期的にみると，トヨタの商品のラインナップは価格，サイズの両方が徐々に上方にシフトし，低価格の商品群に空白が生じていた。国内はダイハツとの協力のもと品ぞろえを強化できたが，海外はダイハツの展開地域がインドネシアとマレーシアに限定されており，その他の新興国での協力には限界があった。そのため，トヨタは，新興国向けの低価格製品を，新規に独自開発する道しか残されていなかったのである。

したがって，トヨタにおけるエティオスとは，急成長する新興国市場の中で特にAおよびBセグメントへのニーズの大きなインド市場，ついでブラジル市場をターゲットとする乾坤一擲の製品として開発されたものである。

(ⅱ) 開発の経緯
①開発の発端

企画立案したのは，技術本部所属の1人の中堅エンジニアである。その後，彼はエティオスのチーフ・エンジニア（CE）となり，その開発を主導する。

彼がエティオスのような新興国製品の企画に至ったきっかけはダチア・ロガンとの出会いであったという。2005年に，彼はこれをみて，価格は安いにもかかわらず，自動車としての基本機能，走る，曲がる，止まるをきちんと実現していることに，強い感動を覚えた。トヨタとしても同様な製品を作るべきではないかと考えるに至った。早速企画書としてまとめ，トップを説得して，2006年にはCEに就任，本格的な開発が始まった。現実には，スズキのスイフトにも影響を受けている。スイフトはインドはもちろんだが，低価格，高品質という点で新興国での存在感が大きかったからである。

当初は，ロシア，インド，南米，中国を対象市場としていた。また，ルノー・ブランドを使用しないダチア同様，トヨタを使用しない別ブランドの使用を考えていた。しかし，ロシア，中国は上位車種を主体とするビジネスとして確立したので対象から外した。小型車主体の市場であるにもかかわら

ず，高価格帯のイノーバとカローラしかないインドとブラジルに絞った製品開発となった。いずれの市場も高所得者にトヨタ・ブランドは浸透しており，非トヨタ・ブランドでは市場で認知されないであろうと判断し，2008年にはトヨタ・ブランドを冠することに決定した。

②高品質と低価格の両立

当初は同じBセグメントのヴィッツの半額，すなわちカローラの3分の1のコストを目標とした。結局，技術部門内の同意が得られず，1クラス上，Cセグメントであるカローラの半額を目指すことになった。

開発に際して，トヨタの品質，耐久性，信頼性を犠牲にして低価格を実現する考えは全くなかった，という。エティオスはトヨタ・スタンダードを満たしながら原価を下げる，「トヨタが一皮むけるようなことをやる」という方針で開発されている。トヨタの製品開発において，現実の品質基準は永年の開発作業の中で，本来の基準より少しずつかさ上げがなされ，過剰な基準が慣習として採用されていた。これらをすべて見直し，過剰な部分を排除して本来のトヨタの品質基準の水準まで下げるという考え方である。ここがポイントとなる考え方である。それでも走る，曲がる，止まるという基本性能の部分は極力水準を下げていない。

他方，インドのユーザーが重視する点，インドの特殊事情への対応は，トヨタの品質基準を超えて徹底して実現した。たとえば，クラクションの押し釦の強度は本来の基準以上にした。また，先進国では不要な1リットルのボトルホルダーを7つ備えているなどの点はトヨタ・スタンダードを超えている。

③コスト削減の努力

コスト削減は，第1にカローラの部品の半額を目指したエティオス部品の新設計，再設計と第2にサプライヤーの現地化，現調率向上により実現した。

カローラの半分，ヴィッツの3分の2という大幅なコストを削減するためには，既存の部品の改良では追いつかない。ほとんどすべての部品をエティ

オスのためにゼロから設計しなおしたといっても良い。

　原価に占める比率の大きなエンジンも新設計である。既存のエンジンは多様な付加装置，部品がついている。これらのうちインド・ユーザーからみて不要と思われるもの，たとえば，可変バルブタイミングシステムなどは排除していった。トルク・カーブの形状が多少悪くても目をつぶる反面，インド・ユーザーが重視する燃費性能は全く譲歩していないどころか一層の改善を加えた。

　結果的にエンジンでは，カローラ・エンジン（1NZ）対比で部品点数が30％減，コストも30％減となった。原価に占める割合の高いエンジンが半額を実現できていないので他の部品について，より大きな原価削減が必要となる。原価企画と製品企画の両部門で，各開発分野別を担当する部門ごとに，トータルでカローラの半額になるように原価削減の目標値を割りあてていった。

　サプライヤーの現地進出による現調率向上，低コストの新規サプライヤーの採用なども地道に進めていた。新規にエティオスの生産拠点のあるバンガロールに進出した企業は20社，内訳は日系9社，インド・ローカル5社，グローバル6社である。全サプライヤーは50数社，そのうちインド・ローカル38社であり，思い切った部品の現地化を進めたといえる。

（iii）開発の特徴

　エティオスの開発の優れた特徴をいえば，第1に，カローラの半額（ヴィッツの3分の2）を目指すという，トヨタとしては従来にない厳しいコスト削減目標を立てたこと，第2に，原価企画と製品企画の部門がリードして，技術部門を挙げて技術的に可能なことを地道に追求したこと，第3に，トヨタ・スタンダード，トヨタ品質基準（グローバル基準）の品質，耐久性，信頼性を維持することを曲げなかったこと，第4に，インド・ユーザーが求める機能についてはトヨタ基準を超えて採用し，現地適応を追求したことである。これらは流石にトヨタならではの，骨太で組織的な，他の企業ではなかなか真似のできない優れた取り組みであった（図表3-5）。

　ただ，同時に指摘しなければならないのは，優れた対応にもかかわらず，

端的にいえば，最も重視したインド市場で，期待した成功を実現できず，ライバルから新規顧客を奪い取ることができなかったことである。その要因は大きく2つあろう。第1に，開発において努力がコスト削減という技術的な面に過度に集中された点である。第2に，それにもかかわらず，新規顧客，すなわち初めてトヨタを購入する顧客，さらに初めて乗用車を購入する顧客が求める価格水準を実現できなかったことである。そのことは，同時に，価格差を納得させられるだけのエティオスの価値を実現できなかったともいい換えることができるだろう。換言すると，従来のトヨタ顧客，あるいはトヨタを知る顧客にとっては「トヨタにしては貧相な車という評価」になった。また，トヨタ製品を知らない顧客，乗用車の購入経験のない顧客にとっては，ライバルの同じクラスの車種に比べてただ割高な車，価格差を納得させるだけの付加価値のない車という評価になった。実際，最低価格設定は，日系のライバルに対してさえも20％以上高価になっている。またカタログ上の馬力は5-10％低い（図表3-6）。

図表3-5　エティオスの革新

項　目	ヴィッツ	エティオス	革新のポイント
コスト	100	3分の2	高い目標値の実現
部品開発	改良	高度な改良	品質基準適合原価削減
製品体系	1車型	3車型	セダンの品ぞろえ
開発体制	日本本社	日本本社	高度な横串
生産体制	グローバル集中	国別	特にない

出所：インタビュー，諸文献により筆者作成

図表3-6　エティオスとライバルの比較

車名	価格（10万ルピー）		排気量	馬力	燃費	年間整備費
	最低	最高	(CC)	(PS)	(km/l)	(ルピー)
Toyota Etios Liva	5.58	7.78	1,364	78.9	23.59	7,323
Honda Brio	4.73	6.82	1,198	86.8	18.50	6,698
Maruti Swift	4.99	8.85	1,248	81.8	28.40	4,483

出所：CarDekhohttps://www.cardekho.com/（2019年3月21日閲覧）

4. 2つの製品におけるイノベーション特性比較と成功・失敗要因分析

　ここでは，2つの製品開発において，イノベーション特性の違いを分析する。またこの特性の違いが，各製品の成功と失敗にどのようにつながったのかを解明したい。主要対象市場における競争優位性（需要条件と供給条件）の確認，それらの条件とイノベーション特性パターンの適合性，そして最後に，この適合性との関係でIMVとエティオスの成功，失敗要因を分析する。

1 IMVとエティオス開発の評価

　すでに述べたことだが，ここで再度，新興国向け製品開発における2つの車種の総括をしておきたい。
　IMVはそれぞれ市場特性の異なる複数の新興国において，各国内に適合する複数車種を供給できる効率の高いシステム（統一プラットフォームと基幹部品相互補完体制）を構築したことである。その結果，各国市場で評価され，生産，販売が順調に拡大しただけでなく，各生産国から他の新興国への輸出製品に育った。
　他方，エティオスは，トヨタのグローバルな品質基準を満たしながら，自社基準としては価格を劇的に下げることを実現したものの，ライバルと同水準の価格まで下がらなかった。また価格差に見合う顧客価値の実現もできなかった。そのため，期待ほどの生産と販売の水準を実現ができなかった。
　問題は，なぜこのような結果が生じるのかということである。ここでは，競争優位の条件に応じて適切なイノベーション特性を選択すべきであるということ，そして，条件に適切なイノベーション特性を選択したか，しなかったかによって，失敗と成功が分かれたものと考える。

2 両製品開発の前提となる競争優位条件の確認

(i) 競争優位条件の考え方

競争優位は結果として市場シェアに表れる。その条件となるのが、製品特性・顧客特性に対する知識の保有水準である。また、同時に、それはシェアの結果であるともみることができよう。ここでは顧客・市場特性に関する知識・情報量の豊富さ、製品特性に関する知識・情報量の豊富さによって、さらに単純化して各特性の知識が既知か未知かという点によって、競争優位条件を評価することにする。

(ii) 主要対象市場におけるトヨタの市場シェア

その製品や顧客に対する知識の蓄積、生産基盤の存在の有無、市場地位などの相違によって、最適な開発体制、開発特性は異なるものと考える。

結論を先にいえば、両製品の主要対象市場における競争優位条件は大きく異なるものであった。IMVは、タイとインドネシアが主要対象市場であり、市場、顧客、製品の知識の蓄積も十分であり、生産基盤さえ既に存在する上に開発された。他方、エティオスは、インドが主要対象市場であり、その中のエントリー層がターゲットであった。また生産基盤そのものも新たに構築する必要があった。いずれにおいて、未知数の多い中で開発されたのである。いわば、無い物尽くしの中で開発されたエティオスと、多くの経験と既存資源を結合したIMVという対比といってよいだろう。

①タイ市場

タイにおけるトヨタの市場シェアは大きく、永年トップメーカーの地位にある。近年そのシェアがやや低下しているものの、30%程度を確保している（図表3-7）。

②インドネシア市場

インドネシア市場におけるトヨタの市場シェアはタイ同様高い。また、グループ企業であり、製品開発および生産における協力関係にあるダイハツの

図表 3-7　タイ市場のメーカー別シェア

単位：%

メーカー名 / 年	2013	2014	2015	2016	2017	2018	2019
トヨタ	33.4	37.0	33.2	31.8	27.5	30.3	32.6
いすゞ	15.5	18.2	18.0	18.6	18.4	17.1	17.1
ホンダ	16.0	12.1	14.0	14.0	14.7	12.3	11.8
三菱	7.9	7.1	7.5	7.2	8.0	8.1	8.7
日産	7.4	6.7	6.4	5.5	6.9	7.0	7.1
国内販売合計	100.0	100.0	100.0	100.0	100.0	100.0	100.0

注：2019 年は 1-2 月。
出所：マークラインズ公開資料より筆者作成

図表 3-8　インドネシア市場のメーカー別シェア

単位：%

メーカー名 / 年	2013	2014	2015	2016	2017	2018	2019
トヨタ	35.3	33.0	31.8	36.1	34.4	30.6	29.7
ダイハツ	15.1	15.3	16.6	17.9	17.3	17.6	19.0
ホンダ	7.4	13.2	15.7	18.8	17.3	14.1	12.6
三菱	12.8	11.8	11.1	9.2	11.2	12.4	13.7
スズキ	13.3	12.8	12.0	8.8	10.3	10.3	10.1
国内販売合計	100.0	100.0	100.0	100.0	100.0	100.0	100.0

注：2019 年は 1-2 月。
出所：マークラインズ公開資料より筆者作成

図表 3-9　インド市場のメーカー別シェア

単位：%

メーカー名 / 年	2005	2014	2015	2016	2017	2018	2019
マルチ・スズキ	47.0	36.2	37.7	38.0	40.5	39.8	38.3
タタ	16.5	14.0	13.1	12.9	13.7	15.6	15.4
マヒンドラ	7.4	12.3	11.2	11.3	10.9	10.9	12.5
現代	14.2	12.9	13.9	13.6	13.2	12.5	12.2
トヨタ	3.8	4.2	4.1	3.7	3.4	3.4	3.2
全四輪車市場	100.0	100.0	100.0	100.0	100.0	100.0	100.0

注：2019 年は 1-2 月。2005 年は野村・山本（2018）
出所：マークラインズ公開資料より筆者作成

シェアも比較的高く，両社の合計シェアは実に50％にのぼり，圧倒的な強さを有する（図表3-8）。

③インド市場

IMVの主要対象市場の2か国と比較して，エティオスの主要対象市場となったインドでのトヨタの市場シェアは極めて低い。トップのスズキの10分の1，中堅クラスのメーカーの4分の1程度しかない。主に高額なセダンやSUV，ミニバンを扱うメーカーという位置付けである（図表3-9）。

(ⅲ) 両製品の市場地位と顧客・製品知識の相違（図表3-10）

トヨタ自動車は，IMVについては，すでにそのもとになる旧キジャン，旧ハイラックスが永年販売され，その製品特性と顧客特性に関する知識を十分有していた。しかし，新興国におけるエントリーカーであるエティオスの場合は，経験が少なくそれらの知識は十分であったとはいえない。

IMVは基盤となるタイとインドネシアにおける市場地位は優位な条件にあり，また長期にわたる現地市場での経験により，顧客特性と製品特性についても熟知していたといえる。それに対して，エティオスの場合，トヨタ自動車は，インド市場において市場地位も劣位にあり，特にそのエントリーカー市場においては顧客特性と製品特性を熟知しているとはいえなかった。

図表3-10　製品特性と顧客特性に関する知識

	顧客特性 未知	顧客特性 既知
製品特性 既知		競争優位　旧ハイラックス タイ エコカー　**IMV** 旧キジャン
製品特性 未知	インドネシア LCGC **インド エティオス** 競争劣位	

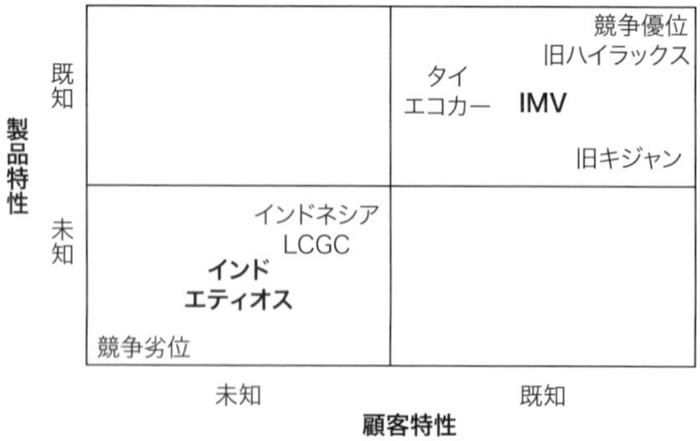

出所：著者作成

(ⅳ) 環境条件の相違と製品開発のあり方

環境条件が異なれば，製品開発の在り方は，本来大きく異ならなければならない。どのような原則にもとづくべきなのかを検討してみたい。

たとえば，インドネシアにおけるLCGC（Low Cost Green Car）の開発においては，トヨタは市場での地位は高かったものの，製品特性に関しても，顧客特性に関しても経験も知識も十分有していなかった。このケースの場合，この特性に対して経験と知識を要するダイハツが中心になって製品開発を行い（開発外部委託），結果として製品開発にも市場での成果においても成功している。逆に同様の新興国エントリーカー開発であっても，顧客特性および製品特性の経験と知識を有し，高い市場地位と生産基盤を有するタイのエコカー市場においては，既存製品の改良をベースとした自社開発で製品開発を成功に導いている。

図表3-11に示したように，市場地位と顧客・製品特性に関する経験と知識という経営資源の有無によって，製品開発の基本的な考え方は決定するといってよい。

市場地位が優位で顧客・製品特性に関する経験，知識がある場合には，既存製品の改良で十分であり，製品は既存のままでその背後のシステムの革新などが基本となる。

図表3-11　両製品の環境条件の相違

注：LCGCとはLow Cost Green Car。
出所：著者作成

これに対して，市場地位が劣位で，しかも製品特性，顧客特性についての経験が希薄で知識も乏しい場合には，そもそも参入を断念するか，参入して成功するためには大きな製品革新，すでに参入しているライバル各社の製品に対する圧倒的な優位性を形成するような，価格競争力あるいは製品競争力におけるブレークスルー型の製品革新が不可欠である。改良型の製品では市場で受け入れられるものの，大きな成功には結びつかない。

なお，市場地位が優位で顧客特性，製品特性についての知識が不足している場合は開発外部委託，市場地位は劣位ながら製品特性や顧客特性に精通している場合は販売外部委託などの外部連携が常套手段となる（図表3-12）。

図表3-12　環境条件と製品開発の基本的考え方

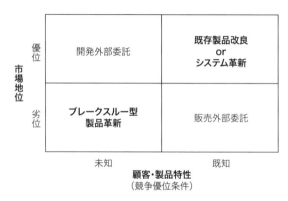

出所：筆者作成

③ 開発特性・資源結合特性の考え方

March（1991）およびそれを解説する入山（2016）はイノベーションおよび開発の特性として，新規のものを革新する「探索」（Exploration）と，既存のものを改良，改善する「深化」（Exploitation）の2種類があり，この両方をバランスさせる経営が重要であり，その経営を「両利き経営」（Ambidexterity）と呼んでいる。そして，成功経験があると，安全性の高い「深化」にとどまる傾向があり，それによってイノベーションが生じにくくなる状況を「能力の

罠」(Competency Trap) と呼び，回避すべきものとしている。

また，一般に，イノベーションや開発における資源結合の在り方には，個別要素技術を中心にするものと，複数の要素を組み合わせるシステムを中心にするものとがあることは知られている。

探索による革新は，リスクは高いものの新規性を創出することによる模倣困難性を生みだす。システム中心の資源結合は，効率性や有効性をより高めると同時に，複雑性を創出することによる模倣困難性を生みだす。その結果，イノベーションや開発は持続的な競争優位を獲得する。

したがって，安定的で競争優位を確立している条件下では左下のゾーンにおいて，リスクを回避しながら開発することが可能である。しかし，その条件のない場合（競争劣位，技術革新の進展など）には，革新性の高い探索による「新規性」の確立か，何らかの複数の要素を「システム」として結合し，効率や効果を可能にする「複雑性」の確立に発展させることが必要である。いずれにしても模倣困難性による持続的競争優位を構築することが不可欠である（図表3-13）。

図表3-13　開発特性と資源結合特性の考え方

出所：筆者作成

4 IMVの成功要因とエティオスの失敗要因

すでに述べた，市場地位優劣，顧客特性知識および製品特性知識の有無に

より，開発の基本的な考え方は決まる。この開発の基本的な考え方にしたがった効果的で効率的なイノベーションの在り方を選択する必要がある。この考え方にもとづいて，IMVとエティオスの状況を改めて評価してみたい。

（i）環境・前提条件と連携性の適合性

　IMVは，トヨタ自動車としては，それぞれの車種について経験も豊富であり，それぞれの顧客特性も製品特性も知り尽くしているだけでなく，市場で優位性を築いており，すでに生産基盤も整備された上に開発された製品であった。したがって，異なる部門とはいえ，内部の連携により，開発に成功する条件が十分にあった。これだけでも十分な成功が可能であったが，この余裕の上に，各国内複数車種生産や国際的な相互補完などの効果的で効率的なシステムを生みだすことができたことにより，さらに高い水準の成功に結びついたのである。

　他方，エティオスは，劣位市場において，未知の顧客，未知の製品に，単独で挑戦したものであった。本来は，この領域に優位性をもち，知識も豊富な他社，たとえばダイハツあるいはスズキの力を借りながら（開発外部委託），あるいは成功した自社の他地域（タイエコカー）の力を連携させ開発すべきであった。時期が微妙にずれていたとはいえ，タイエコカー，インドネシアLCGCという類似の社内プロジェクトが存在したにもかかわらず，インドのエティオスは，これらとの十分な連携もなく開発された。本来の環境・前提条件との適合からは，経験や資源を有する外部（あるいは内部）との連携が必須であるプロジェクトであったにもかかわらず，その体制が組まれていない。その結果として十分な成功を生みだせなかったことは当然の帰結であるといえるだろう。

（ii）革新性とシステム性の確立の達成

　IMVの革新の第一歩は旧ハイラックスと旧キジャンの製品統合を統一プラットフォームで成し遂げ，これまで未開発であった現地の2，3次サプライヤーを動員するというサプライヤーシステムの革新など，システム中心の深化である。この段階に仮にとどまったとしても，十分な成功は約束されて

いたといえよう。またSUVという新規車種を追加し、さらに基幹部品の国際的生産補完体制という従来の仕組みを大きく超える革新（探索）を加えて、よりレベルの高い革新を達成した。その結果、各国の製品市場に適合する車種を効率よく生産できる、模倣困難な仕組みを作り上げることができた。

エティオスは、もともとトヨタ自動車自身が市場における優位性を有していない、したがって単なる改良で太刀打ちできない市場である、インドを主要対象市場として開発された。たしかに、トヨタ自動車ならではの、非常に高度で組織的な開発ではあったが、従来技術の改良で立ち向かったに過ぎなかった。先行するライバルたちに優位性を築くためには、価格あるいは製品面で革新的な新規性のある製品か、何らかのシステム上の改良が不可欠であった。しかし、その方向での革新ではなく、コストを自社基準において劇的に下げるというだけの製品開発に終わった。それにもかかわらず、ライバルに対する価格、コスト的な優位性は実現できなかった。その価格に見合うような価値ある革新性と仕組みによる優位性も実現できない状況のままであった（図表3-14）。

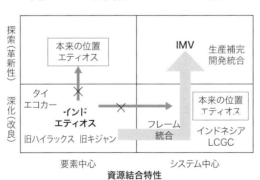

図表3-14　両製品のイノベーション特性

出所：筆者作成

◇**参考文献**

March, J. G.（1991）"Exploration and Exploitation in Organizational Learning," *Organization Science*, 2（1）, pp.71-87.

Schumpeter, J. A.（1934）*Theory of Economic Development*, Cambridge, M. A., Harvard University Press.

赤羽淳（2014）「日系 3 大自動車メーカーの低価格車戦略の検証」『産業学会年報』第 29 号，pp.153-168.

入山章栄（2016）『ビジネススクールで学べない世界最先端の経営学』日経 BP 社.

小川紘一（2015）「アジア市場で進む日本企業の経営イノベーション」『オープン＆クローズ戦略　増補改訂版』（第 5 章）翔泳社.

クリステンセン, C.M.（2001）（玉田俊平太監修／伊豆原弓訳）『イノベーションのジレンマ―技術革新が巨大企業を滅ぼすとき―』翔泳社.

トヨタ自動車『トヨタ自動車　75 年史』, https://www.toyota.co.jp/jpn/company/history/75years/data/index.html（2019 年 3 月 15 日閲覧）

野村俊郎（2015）『トヨタの新興国車―そのイノベーション戦略と組織』文眞堂.

野村俊郎（2017）「スズキ 45% のインド市場の急成長とトヨタの適応」清晌一郎編著『日本自動車産業の海外生産・深層現調化とグローバル調達体制の変化―リーマンショック後の新興諸国でのサプライヤーシステム調査結果分析』（第 4 章）社会評論社.

野村俊郎・山本肇（2018）『トヨタの新興国適応〜創発による進化〜』文眞堂.

（井上隆一郎）

第3部

研究開発型 GNT の
イノベーションと資源結合の戦略
——研究開発型 GNT の事例研究を中心に

　第3部は,「効率の良いイノベーション」探索のベンチマークとして,研究開発型GNT のイノベーション特性に注目する。第4章は,内外との連携を通じた自動車サプライヤーの能力構築とイノベーション特性を分析したものである。中堅 GNT の内山工業,大規模 GNT の日本パーカライジングは,顧客や材料メーカーとの内外連携,自社内各部門の内々連携を通じて,画期的な製品開発,持続可能なビジネス・モデルの構築に成功した事例である。この2社の事例分析から,柔軟な連携体制を通じた事業基盤強化のあり方が把握できる。第5章は,知財の開発がどのように進んでいくかを紹介するため,中小 GNT の諸岡,安田工業をとりあげ,顧客志向のオープン・イノベーションやコアとなる部材における取引先(大企業の場合が多い)と連携した共同開発の動向や飛躍の方法を紹介する。

　第6章は,知財の収益化の特性を分析するため,規模の比較的大きな日本電子・セーレン(大規模 GNT)を対象にイノベーション特性を紹介する。顧客志向の研究開発型の特性は基本属性であるが,コア技術をもとに新製品や新用途,新ビジネス・モデルの開発に結びつけるイノベーション特性を明らかにする。第7章は,規模の拡大,持続的成長の戦略や飛躍の要因を分析するため,昭和真空(中小 GNT),竹内製作所(中堅 GNT),前川製作所(大規模 GNT)の比較分析を行う。規模が拡大する中で共通に重要となる要因,規模拡大,飛躍に必要な条件を分析する中で,危機突破の成長戦略や内外資源の連携関係を有効活用したイノベーション特性を明らかにする。

第4章

内々連携・内外連携を通じた事業基盤の強化
―自動車サプライヤーの能力構築とイノベーション特性

本章は，内外との連携を通じた自動車サプライヤーの能力構築とイノベーション特性を分析したものである。内山工業（ガスケット，ベアリングシール等），日本パーカライジング（表面処理剤等）は，顧客や材料メーカーとの内外連携，自社内各部門の内々連携を通じて，画期的な製品開発，持続可能なビジネス・モデルの構築に成功した事例である。この2社の事例分析から，柔軟な連携体制を通じた事業基盤強化のあり方が把握できる。

1. はじめに

　一次部品メーカーや完成品メーカー（以下，顧客と称す）と取引をする中堅・中小サプライヤー（以下，サプライヤーと称す）にとって，顧客との関係構築は死活にかかわる問題である。いいかえれば，顧客ニーズを正確に，迅速に満たすものづくりの体制を構築することが，サプライヤーの能力構築の入り口となってくる。それは，顧客との取引関係を安定させるための要諦といってもよいだろう。
　一方で，サプライヤー自身の持続的成長にとって，顧客ニーズに対応することは必要条件に過ぎない。とりわけ企業規模が小さいサプライヤーの場合，顧客ニーズに真摯に対応するだけでは，特定の顧客に対する従属度が高

まるおそれがある。顧客ニーズには対応しつつも，一方で特定の顧客に過度に依存しないように，事業基盤を強化していくことが持続的成長の十分条件になってくる。

　では，事業基盤の強化はどのように図ればよいのだろうか。事業基盤の強化を具体的にいえば，それは顧客ニーズに対応する中で蓄積した技術力や組織力をうまく横展開し，部品や顧客の多角化を実現することである。そしてそれを実現する鍵が社内外との効率的な連携戦略である。かつての日本の大手電機メーカーは高度な技術力を有していたが，社内の開発部門と営業部門の連携がうまく機能せず，顧客ニーズからはずれた製品を開発したり，外部の経営資源を有効活用せず，何でも自社で一から開発する志向が強かったりしたため，必要以上に多額のコストを発生させることになった。社内外との連携を活かす点では，むしろ経営資源の限られたサプライヤーの方が柔軟性を有しているのかもしれない。

　本章では，顧客ニーズに真摯に対応しつつ，自社の技術力や組織力を活かして事業基盤の強化に成功している2社の優良サプライヤーの事例をとりあげる。とりわけ事業基盤の強化の過程で，いかなる社内外との連携が展開されたかを明らかにしたい。具体的には，以下の次第で論を展開していく。

　2. では，いわゆる関係的技能の概念をとりあげて，サプライヤーが顧客の要請に対応する中でどのように持続的成長の道筋を切り拓くかを議論する。また，サプライヤーの事業基盤強化の過程をバリュー・チェーンの延伸として措定する。3. と4. は事例研究である。まず，3. では内山工業をとりあげる。内山工業の事例では，材料開発や製品開発における内外連携が革新的製品の誕生に結びついたことを示す。つぎに，4. では日本パーカライジングをとりあげる。日本パーカライジングの事例では，開発，製造，販売サービスの各バリュー・チェーンの連携が高効率な収益基盤を生みだしていることを検証する。そして，5. では事例研究から得られた示唆を整理し，最後に全体の分析をまとめて，むすびとする。

2. 関係的技能の蓄積・横展開と事業基盤強化の過程

①　関係的技能の蓄積

　サプライヤーが顧客の要請に対応することは，彼らの能力構築の第一歩となる。その対応能力を「関係的技能」という言葉で表したのが浅沼萬里である（Asanuma（1989），浅沼（1997））。この関係的技能とは，日本企業の取引関係が欧米に比べて長期継続的である点を理論的に解釈しようとした浅沼の研究の中で生みだされた。日本企業の長期継続的な取引は，系列といった概念で象徴されたりしたが，それは経済学的に解釈しづらく，排他的で閉鎖的な日本独特の文化的慣行とみなされたりした。しかし浅沼は，Doeringer & Diore（1971）の内部労働市場論やWilliamson（（1981），（1989））の取引コスト理論を援用して，日本企業の長期継続的な取引を経済学的に解釈しようとしたのである。関係的技能とは，平たくいえば顧客の要請に応ずるサプライヤーの能力だが，その蓄積には一定の時間がかかり，またその過程でサプライヤーと顧客との間の協力関係や信頼感の醸成を伴うダイナミックな概念として捉えられている[1]。

　関係的技能と類似の視点で，サプライヤーの能力構築を捉えたのがいわゆるリード・ユーザー論である。たとえば土屋他（2011）は，イノベーションに成功した中小企業の多くがリード・ユーザーを抱えていた点を明らかにしている。リード・ユーザーとは，顧客の中でも特に重要な取引先を指す。それは単に売り上げに占める割合が大きいという意味にとどまらない。リード・ユーザーは，時には厳しい要求をしてきたり，時には共同で開発をしてくれたりして，サプライヤーの技術的・組織的能力の底上げに貢献してくれる点で重要な存在である。つまり，サプライヤーの成長を直接に間接に支援してくれるのがリード・ユーザーといってよいだろう。土屋他（2011）では，サプライヤーの背後に良質のリード・ユーザーが存在し，サプライヤーはリード・ユーザーからの要請に応えることで成長するプロセスが事例を通じて示されている。このように，「リード・ユーザー論」と「関係的技能の

1　関係的技能とはWilliamson（1979）の関係的契約から派生した概念である。

蓄積」はコインの表裏の関係にある。

　関係的技能で注目すべきは，それが表層と基層に分けられる点である。表層とは，特定顧客の要望に柔軟に応えられる能力である。一方，基層とはより一般的，汎用的な能力を指している。浅沼は，表層と基層の関係について踏み込んだ説明をしていないが，顧客の要請に日常的に応える中で，表層から基層へ技術や知識あるいはマネジメントにかかるノウハウなどのトリクルダウンがあることは容易に想像される。そして，関係的技能を表層と基層に分けることで，サプライヤーの能力構築の手立てとしてのリード・ユーザー論もうまく説明できることになろう。というのは，ややもするとサプライヤーはリード・ユーザーに従属してしまうのではないかと思いがちだが，リード・ユーザーとの相互作用を通じて関係的技能の基層が強化されれば，むしろ反対にリード・ユーザーを含む顧客に対する交渉力は増すことが考えられるからである。

　また，関係的技能の具体的中身は，顧客との関係によって規定される。とりわけ，完成品メーカーを頂点とするサプライチェーンの位置によって，その中身は変化してくる。浅沼は，自動車メーカーと取引する一次サプライヤーの視点で関係的技能を考えたために，製品設計能力が関係的技能の中心となっていた[2]。一方で，赤羽他（2018）が明らかにしたように，一次サプライヤーが顧客となる二次サプライヤーの視点で関係的技能を捉えると，それは製品設計能力ではなく工程設計能力[3]を中心とした内容になってくる。いずれにせよ，顧客の要請に対応する能力＝関係的技能といっても，その中身が一意に決まるわけではないことには注意を要する。

2 関係的技能の横展開

　関係的技能が表層と基層に分けられることをふまえると，顧客との取引を通じて強化された関係的技能は，基層の部分を中心に横展開することが可能

---

[2] 製品設計能力の有無を測る視点として，浅沼はサプライヤーが自身で設計図面を作成できるか否かを挙げていた。
[3] 工程のレイアウトや製造装置の配置を工夫することで，生産効率，コスト削減を追求する生産技術にかかる設計を指す。

となる。また顧客と直接かかわる表層の部分も、契約などにより一定期間は制約を受けるものの、やがては他の顧客へ展開することが可能になるケースがある。たとえば顧客との共同開発にもとづく部品などは、一定期間は当該顧客にしか納品できないが、その顧客にしてみても、当該部品の調達先がいつまでも1社というのは、サプライチェーンマネジメント上のリスクが大きい。中長期的には、むしろその技術が広く業界に普及することを望むことになる。このような背景で、共同開発の成果が一定期間を過ぎた後、自由に横展開されるケースは少なからず存在する。当該顧客は、その開発成果を使って別のサプライヤーを育成し、調達基盤を安定させる。一方で当該サプライヤーは、その開発成果を使って別の顧客にアプローチし、顧客基盤を充実させるといった具合である。

以上の流れを示す典型的な事例としては、マスカスタマイゼーションが挙げられる。通常、サプライヤーは顧客ごとにカスタマイズした部品、加工を提供するが、共通化できる部分は共通化して、大量生産と規模の経済を追求するのがマスカスタマイゼーションである。マスカスタマイゼーションが実現すれば、サプライヤーのコスト競争力は向上し、顧客に対する交渉力も強化される。また部品の特性によっては、市販品ビジネスへの道も開けてくる。

こうした関係的技能の蓄積から横展開の流れに注目すると、サプライヤーの成長過程がより具体的に捕捉できるのではないだろうか。つまり顧客との

図表4-1 サプライヤーの成長過程

部品・加工	少数	多数
異種（複数種）	異種（複数種）の部品・加工を少数の顧客へ提供	異種（複数種）の部品・加工を多数の顧客へ提供
同種	同種の部品・加工を少数の顧客へ提供	同種の部品・加工を多数の顧客へ提供

顧客

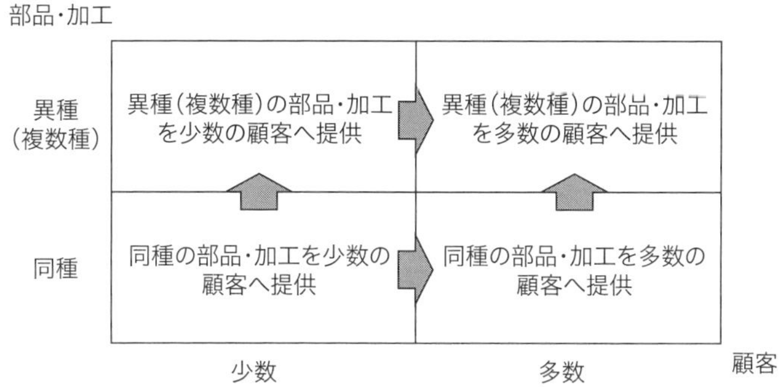

出所：赤羽他（2018）を一部修正

取引を通じた関係的技能の蓄積がサプライヤーの開発能力の向上につながり，それが新規顧客開拓に結びつく。つぎに顧客基盤が充実すれば，今度は関係的技能の蓄積がより複線的かつ重層的になり，サプライヤーの事業分野は多角化し，さらなる新規顧客の開拓が可能になるといった好循環である。それは，かつて Ansoff（1965）が示した成長のマトリックスに近いイメージである（図表4-1）。そしてこうした好循環の中で，やがて優良なサプライヤーは，顧客のニーズを先取りするような最先端の製品や斬新なサービスを積極的に提案していくと考えられる。経営戦略の文脈でいえば，マーケットインからプロダクトアウトへの戦略転換が行われるということである[4]。

3 ドライバーとしての内々連携と内外連携

　問題は関係的技能の蓄積と横展開の好循環がうまくつくれるかどうかである。まず，関係的技能の蓄積に関しては，顧客志向の考え方が社内に根付いているかどうかが問われてくる。この点に関して，大企業の完成品メーカーなどは，自社のリソースが豊富で開発能力も高いがゆえに，ややもすると顧客ニーズを疎かにした技術志向に陥りがちである。これは一種の技術至上主義であるが，日本の大手電機メーカーが1990年代から2000年代にかけて，競争力を喪失した理由の1つとして指摘されている（湯之上（2013），井上（2013），赤羽（2014））。一方で，企業規模の小さいサプライヤーほど顧客ニーズを疎かにする可能性は少ないと考えられる。BtoBを主体とし，取引先の数もさほど多くない彼らにとって，顧客の要請に応じることができなければ，そもそもビジネスが成り立たないからである。そしてサプライヤーにとっては，さらに一歩踏み込んで，顧客と積極的に連携（内外連携）することが重要と考えられる。具体的にいえば，顧客と技術交流[5]を図ったり，顧

---

[4] マーケットインは顕在化したニーズの正確な捕捉を重視しているのに対し，プロダクトアウトは顧客自身もまだ気づいていない潜在的ニーズにかかる仮説をたてて，それを自社の技術やアイディアによって具現化することである。顕在化したニーズに応えるマーケットインは重要であるが，赤羽(2016)が示したように，究極的には時代を先読みしながら新製品を開発していくプロダクトアウトこそがものづくり企業の生命線になってくるのである。

[5] 具体的には，サプライヤーが自社のエンジニアを顧客先へ送り込んだり，逆に顧客からゲストエンジニアを自社に受け入れたりする交流を指している。

客と共同で部品を開発したりすることである。サプライヤーが顧客の懐に入る機会を得ると，顧客の考え方が直接理解できるし，顧客の背後にある市場の動向を把握することも可能になってこよう。したがって，こうした顧客との「内外連携」がうまくできれば，サプライヤーの能力構築（＝関係的技能の蓄積）は，飛躍的に進歩すると期待されるのである。

つぎに，蓄積された関係的技能の横展開であるが，これはむしろサプライヤーの社内で情報共有の仕組みがあるかどうかがカギとなってこよう。一般に，サプライヤーの社内は開発部門，生産部門，そして営業部門に分けられるが，各部門の所在地が離れていたりすると情報は自然と共有されにくくなる。また，サプライヤーでは，顧客先別の営業担当制が敷かれている場合が多い。これは顧客先の機密情報を守るためであるが，この場合，各顧客のニーズに共通の要素があっても，なかなか情報共有がされなかったりする。

しかし，いずれの場合においても，サプライヤーの社内で効率的な連携（内々連携）がなされれば，情報共有はうまく図れると考えられる。具体的にいえば，部門間を跨ぐジョブローテーションを導入したり，主要機能を一か所に集中させたり，あるいはエンジニアを営業スタッフに同行させたりすることである。こうした「内々連携」が構築されれば，どの顧客にどんなリソースをいかなるタイミングで展開すべきかが全社的に共有され，関係的技能の横展開もスムーズに進むと考えられるのである。

4 バリュー・チェーンでみた事業基盤強化

ここまで述べてきた関係的技能の蓄積と横展開は，バリュー・チェーン上で表現することも可能である。特に部品・加工の多角化，事業内容の多角化に成功したケースは，事業範囲の拡大としてバリュー・チェーン上に如実に表れてくる。

一般に，サプライヤーの事業は，簡単な部品加工のようなものから始まることが多い。図表4-2でいえば，真ん中の「部品加工」や「組み立て」のあたりである。一方で，いわゆるスマイルカーブで示されるように，これらの事業の付加価値は，相対的に低いことが知られている（魏（2006））。した

がって，成長を目指すサプライヤーは，事業範囲を拡大しようとする。

事業範囲の拡大は，バリュー・チェーン上の川上か川下への延伸で表されるが，どちらになるかはサプライヤーの経営戦略に加えて，事業分野や部品の特性にもよる。たとえばガラスやゴムなどの材料系サプライヤーであれば，材料開発が部品の品質に直結するため，川上の方へ事業範囲が広がる可能性が高い。一方，保守や消耗品の交換などメンテナンスが重要な分野であれば，アフターサービスの付加価値は高くなるので，サプライヤー自身が川下の事業へ参入していく可能性が高まるだろう。

そして，こうした事業基盤強化の過程でも，内々連携や内外連携は肝要となる。たとえばサプライヤーが材料開発まで携わる場合，外部の材料メーカーとの連携なしには効率的な開発はままならない。また，川下のアフターサービスまで担当する場合，開発，生産部門と営業部門の連携が不可欠なのはいうまでもないだろう。

続く3.と4.では，内山工業と日本パーカライジング社の事例を分析する。はじめに，対象企業の概要や略史，事業内容，経営特性を紹介する。つづいて，両社が顧客ニーズに応える中でどのような技術力や組織力を磨いてきたか，またそれをどのように横展開したかを特に社内外との連携やバリュー・チェーンに焦点をあてて明らかにする。事例研究の材料としては，

図表 4-2 バリュー・チェーンとスマイルカーブ

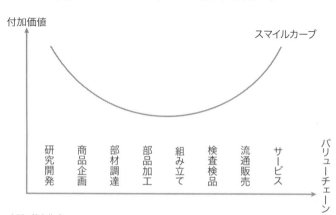

出所：筆者作成

社史，広報誌，ホームページなどの公開情報に加えて，両社に直接行ったインタビュー内容を用いる。

3. 事例研究 1──内山工業株式会社
──内外連携による材料・製品開発が強み──

1 企業の概要

　岡山県を本拠とする内山工業は，ガスケット[6]，ベアリングシール，樹脂製品を中心とする「自動車用工業製品」，「建材・断熱材」，コルクなどの「食品容器包材・資材」を生産しているメーカーである。それぞれの製品は，ともに密封と絶縁機能を追求する点で共通である。また各製品は，日常のあらゆるシーンで使用されており，人々の生活を支えている。

　内山工業の歴史は，明治初期までさかのぼる。1898年に創業者内山新太郎氏が兵庫県に「内山コロップ製造処」を設立し，コルク栓の製造を始めたことが内山工業のスタートである。当時は，アベマキ（橿：落葉広葉樹の一種）をコルク樫の代用として，コルク栓の製造と販売を行っていた（ウチヤマ100年史編纂委員，1999）。同社は，1918年に岡山市に工場を移転し，1930年には日本最初の耐油性圧搾コルクの開発に成功し，圧搾コルク板によるコルクジスク，ガスケットの製造を開始した。1944年には東洋工業（現マツダ）のコルク部門を引き継ぎ，関連会社として東洋コルク（株）を設立した。1950年には，日本で初めてコルクラバーの開発に成功し，翌1951年から製造と販売を開始した。1953年には発砲ポリスチレン，1959年にはベアリングシールの開発に成功するなど，1950年代には新たな製品の開発に立て続けに成功している。1962年には社名を現在の内山工業に変更し，1975年には同社初めての海外拠点として米国にウチヤマアメリカを設立した。1977年には合成ゴムのガスケットの生産を開始し，1979年にはベアリング用のシール工場も設立した。1996年にはABS用エンコーダシール[7]の開発を開始し，2000年から本格的な製造を開始した。2003年からは，樹脂

6　一般に，気密性や液密性を保たせるために使用される固定用のシール材を指す。

製品の製造も開始している。

　また内山工業は，1990年代後半からグローバル展開を本格化させて，米国に加えて，ベトナム[8]，ポルトガル[9]，中国広州にも生産拠点を広げた。海外の販売法人は，米国，メキシコ，ドイツ，中国，タイ，インド，パラグアイの7か国に有している。そして内山工業はABS用エンコーダシールによって，2014年に「GNT企業100選」に認定されている[10]。

2 事業内容

　内山工業は，グループ経営を特徴とし，親会社内山工業のほか，ウチヤマコーポレーション，東洋コルク，エヌイーシール，ユーサン精密，ユーサンガスケットなどの関連会社を傘下に有する。ベアリングシール，ガスケット，食品容器包材・資材，発砲製品は，「内山工業」が生産・販売しているのに対し，建材・断熱材は「ウチヤマコーポレーション」，発泡スチロールは「東洋コルク」，樹脂製品は「エヌイーシール」といった関連会社が生産・販売している。また，金型製作，芯金生産も関連会社，「ユーサン精密」が行っている。

　主な顧客は，ベアリングシール，ガスケット，樹脂製品が自動車・産業機械の完成品メーカーと一次サプライヤー，コルク栓をはじめとする食品容器包材・資材は酒造・飲料メーカーとなっている。

7　車速変化の正確な検出が可能な軽量コンパクトな多極磁化された磁気エンコーダ。金属歯車の従来方式よりも機能で上回り，軽量でコンパクト化も実現している。http://www.umc-net.co.jp/product/seal.html（2019年2月18日閲覧）。なお，内山工業は，ABS用エンコーダシールによってこの分野で45%のシェアを占めるに至っている。

8　2000年代当時は，ベトナムの自動車市場も大きくなく，自動車関連メーカーも少なかったが，内山工業は独自でベトナムへの進出を決めた。ベトナムで生産した製品は，全世界へ供給している。

9　1995年の阪神淡路大震災以降，欧州の顧客から現地生産のニーズが強まり，ポルトガルに生産拠点を設立した。当時，ポルトガルはギリシャのつぎに労働賃金が安く，また労働力の定着性もよかった。

10　経済産業省は，国際市場の開拓に取り組んでいる企業のうち，ニッチ分野において高いシェアを確保し，良好な経営を実践している企業をグローバルニッチトップ企業100選に認定した。経済産業省「GNT企業100選の概要」http://www.meti.go.jp/policy/mono_info_service/mono/gnt100/pdf/20140317b.pdf（2019年2月15日閲覧）。

3 経営特性

　内山工業は，コルク栓の開発製造技術で培った「密封と絶縁」にかかる技術を武器に，主に自動車分野を主要ドメインとするサプライヤーである。

　内山工業の技術は自社開発を主軸とするが，1944 年に東洋工業のコルク部門を引き継いだように，外部資源の有効活用も行っている。また自社開発の場合でも，顧客や素材メーカーとの共同開発を積極的に行っている。たとえば，画期的製品といわれる ABS 用エンコーダシールは，ベアリングメーカーとの共同開発の成果である（詳細は後述）。

　同社の技術的な最大の特徴は，材料からの製品開発ができることである。ガスケットやシール，コルク栓などに求められる密封と絶縁という機能は，材料のもつ特性にかかわってくる。材料に関する研究，評価技術が製品の品質や生産性にも大いに影響してくるのである。「製品設計開発」，「生産技術」，そして「材料」からなる三位一体のものづくり能力（垂直統合型のビジネスモデル）を有している点は，同社の強みといえる（図表 4-3）。

　内山工業はグローバル化にかかる取り組みも，この規模の企業としてはかなり早い。同社は，1969 年に初めてベアリングシールの輸出に成功する。その後，1970 年代から 1980 年代を通じて海外市場を開拓し，1990 年代後半からは現地での生産体制も整備していった。同社の海外生産は，基本的に顧客（特に自動車関連メーカー）からの要請に応じるかたちで対応していったという。ただし進出先の立地は，必ずしも顧客の近傍というわけではなく，

図表 4-3　内山工業株式会社の概要

本部	岡山県岡山市中区小橋町 2-1-10
設立	1898 年 6 月 15 日
資本金	1 億 2,000 万円
経営者	代表取締役社長　内山　兼三
事業内容	ベアリングシール，ガスケット，樹脂製品，建材・断熱材，食品容器包材・資材
経営の特性	・「密封と絶縁」技術を磨き絶え間ない進化 ・ABS 用着磁ゴムロータで飛躍・世界シェア 30%

出所：内山工業株式会社配布資料より筆者作成

同社が独自に選定している。2000年代以降は，市場規模が拡大しているアジアへ積極的に進出している。なお，日本と海外で生産する製品は，基本的に同じである。製品設計は日本で行い，生産設備も日本から送り込んでいる。一部製品の耐久性評価は米国やドイツでもできるようにしている。ゴム材料に関しては，日本からもち込むだけでなく，現地で内山工業の配合にもとづいて作製してもらうこともある。

4 顧客ニーズにもとづく製品開発

内山工業の生産する製品の半数以上は自動車，産業機械向けであるが，特に近年は顧客からの要望事項に合わせて開発テーマを設定する傾向が強いという[11]。顧客との共同開発，すなわち内外連携によって開発される案件も多い。主な連携先は，自動車メーカーとベアリングメーカーである。以下では顧客との連携によって生み出された代表的な製品であるABS用エンコーダシールを紹介したい（図表4-4）。

ABS用エンコーダシールは，1996年から開発が始まり2000年から製造，販売が開始された。ABSとはAntilock Brake Systemの略称で，自動車のタイヤの回転速度を検知し，ブレーキを急に掛けた場合でも，タイヤがロッ

図表4-4　ABS用エンコーダシール

出所：内山工業のホームページ

11　以前は開発にもとづいたシーズを顧客へ提案していったが，2000年頃を境に顧客からの相談事をもとに開発をするニーズ志向が強まったという。

クしないようにするためのシステムである。従来のABSは，タイヤ用のベアリングとは別体で金属ローターを取り付けて，センサーでタイヤの回転状況やスピードを把握するものであった。これに対し，ABSエンコーダシールは，金属ローターの代わりに，多極化したゴム磁石とシールを一体化することによりシールとローターの機能の一体化を可能にした。また，従来のシステムより低速度の検知も可能になった。そしてABS用エンコーダシールによって，自動車メーカーはコンパクト化と軽量化を実現するとともに，組立工数も減らせたので結果的にコスト削減もできたのである。

1990年代，新しいABSシステムの普及を目的として，連携組織の構築を目指しているベアリングメーカーがあり，内山工業はその組織の一員となり，ABS用エンコーダシールの開発に至った。

以上のABS用エンコーダシールは，コンパクト化，軽量化，低速域での車速検出，コスト削減という自動車メーカーの要請に対して，ベアリングメーカー（一次サプライヤー）とシールメーカー（二次サプライヤー）が連携して対処した事例である。内山工業の視点でいえば，リード・ユーザーであるベアリングメーカーと長年にわたって良好な関係を築いていたからこそ「連携組織」に入ることができ，早期に開発着手できたことで，他社に先行してABSエンコーダシールを完成させることが出来た。

内山工業には，ABS用エンコーダシール以外にもウォータージャケットスペーサ[12]など，顧客と連携して開発した製品は多数におよぶ。今日の内山工業では，基本的に顧客からの要請にもとづいて開発テーマは決められており，顧客との内外連携が開発の枠組みとなっている。ABS用エンコーダシールもウォータージャケットスペーサも，現在では一部を除き国内のほぼ全自動車メーカーに採用されている。

また，スムーズな横展開を可能にする仕組みとしては，内山工業の組織構造の特性を指摘したい。内山工業の本部は岡山駅近辺の小橋町にあるが，むしろ注目されるのは岡山駅から車で40分ほどの赤坂研究所の機能である。同研究所には，製品開発や材料開発に加えて，生産技術，調達，品質保証，

---

[12] エンジンのウォータージャケットに装着するだけで，燃費が改善する樹脂製品。日本の大手自動車メーカー，その系列の一次部品メーカーとの共同開発によって生みだされた。

海外営業といった部門がある。つまり赤坂研究所には，川上から川下までの機能が集約されており，実質的な第二本部としての機能を有している。一方で，東京，名古屋，大阪，岡山，広島に営業拠点を有し，顧客ニーズの汲み取りは網羅的に行っている。特に名古屋には技術者も駐在し，製販一体の営業活動が行われている。

　開発成果の横展開といっても，顧客ごとのカスタマイズは必要となる。また，どの顧客がどのようなニーズを有するかについても，細かい情報の整理が必要となってくる。機能が集中する赤坂研究所には，海外も含めた各所から顧客に関する情報がフィードバックされる。そしてそうした情報にもとづいて，材料開発，製品開発，生産技術（金型も含めた工程設計）が一体となって対応していく内々連携の体制が内山工業ではとられているのである。

5 材料開発の強み

　3ですでに触れたが，材料開発基盤を有していることは，内山工業の特長であり強みである。ガスケットやシール，コルク栓などの製品に対しては，顧客から要求条件が提示されるが，それを満たすためには形状設計のみならず，川上の材料開発から着手することが強く望まれる。なぜなら，密封と絶縁に求められる性能は，材料のもつ特性で大きく変化してくるからである。内山工業は，創業期に落葉針葉樹のアベマキを利用してコルク栓を開発した経験があるが，当時から材料開発を重視するいわばDNAが備わっていたといえよう[13]。

　材料開発にあたっては，特に材料の配合設計が肝となる。具体的には主要材料であるゴムと薬品をどのような比率で配合するか，最適な配合比率をみいだすことである。耐熱性，耐油性，低温性などの要求条件は，顧客ごとに異なるために，材料開発では繰り返しの作業が必要となってくる。またそこでは，多くの試験装置，分析機器，評価装置[14]が駆使される。そして開発された最適な配合比率は，門外不出となるのである。

---

[13] 内山工業における発砲スチロールの材料開発などは，すでに70年の歴史を有しているという。
[14] 内山工業では，自社の製品を使った機能評価を行っている。

図表 4-5　内山工業の強み

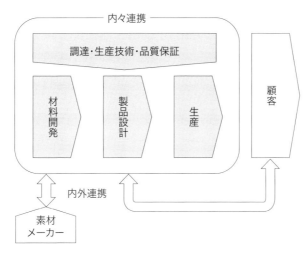

出所：筆者作成

　材料開発は，素材メーカーと連携して行う場合も多い（内外連携）。たとえば，ゴムの場合は，ポリマーメーカーと共同で内山工業専用のポリマーを開発することも頻繁である。材料開発を担う赤坂研究所には調達部門もあるので，必要な素材や素材メーカーに関係する情報も，社内で随時共有しやすい。内山工業では，積極的に大手の化学メーカー，ゴムメーカーと共同開発を行い，差別化のできる材料の開発につとめている。一方で，より基礎的な技術に関しては，産学連携の研究も展開している。

　こうした川上の材料開発は，製品設計，生産といった川中，川下の各工程とシナジーをもたらし，内山工業の強みとなっているのである（図表4-5）。

4．事例研究2 —日本パーカライジング株式会社
　　—内々連携により薬品・装置・システムをパッケージ化—

1 企業概要

　日本パーカライジング社は，表面処理にかかる加工を受託したり，薬品，

装置を生産，販売したりしているメーカーである。表面処理とは，主に金属製品の表面に施す処置であり，製品・部品の耐蝕性[15]，摺動性[16]を高めるために行うものである。通常，表面処理は塗装の前に行い，その処理対象は自動車をはじめあらゆる機械製品，電機製品，飲料缶，建機，建材など幅広い。表面処理は，被処理物の防錆力や塗料の密着性を向上させ，最後の塗装品質を決定づける重要な工程といわれている[17]。

　日本パーカライジング社の歴史は古く，創業は戦前にさかのぼる（図表4-6）。1928年に，米国パーカー・ラスト・プルーフ社から鉄鋼防錆剤の製造法および防錆加工法に関する特許権を譲り受け，防錆加工事業をスタートさせたことが同社の始まりである。防錆加工とは，鉄にリン酸塩被膜を施し，錆を防止するプロセスである。同社のビジネスは，戦前から戦中にかけては陸軍省など軍需中心のビジネスであった。同社は受託加工事業からス

図表 4-6　日本パーカライジング株式会社の概要

本社	東京都中央区日本橋 1-15-1
設立	1928 年 7 月 12 日
資本金	45 億 6,039 万円
経営者	代表取締役社長　佐藤　乾太郎
連結売上高	1,148 億 4,000 万円（2018 年 3 月期） （国内 57％，海外 43％）
連結従業員数	4,222 名
事業内容	受託加工事業（防錆加工，熱処理加工など） 薬品事業（脱脂剤，表面調整剤，化成処理薬剤，塑性加工潤滑剤，機能性付与処理剤など） 装置事業（表面処理装置，洗浄機，塗装装置など） その他
経営特性	・自動車メーカーをリード・ユーザーに先行開発 ・多種製品開発，ブランド化 ・効率の良いマスカスタム化で高収益を持続

出所：日本パーカライジング株式会社ホームページ，経歴書より筆者作成

15　錆，腐食に対する強さを表す。
16　モノとモノが接触する部分が滑らかで摩擦係数が低いことを表す。特に製造業では，部品同士が繰り返し擦れても，耐久性が保たれることを意味する。
17　パーカエンジニアリング株式会社ホームページ
　　http://www.parker-eng.co.jp/product/l-plant/maeshorisouchi/　（2019 年 2 月 15 日閲覧）。

タートしたが，1940年には国産第一号の液体塗装下地用リン酸亜鉛被膜剤「ボンデライトC」を製品化して薬品事業に参入し，1950年代には表面処理装置の販売も開始している。

　戦後になると，日本パーカライジング社のビジネスは，軍需向けから民需向けに転ずる。特に，1960年代半ばから日本ではモータリゼーションが始まり，国内の自動車生産台数が右肩上がりで増加したが，これに伴い自動車向けの表面処理加工の需要も増大していった。1962年には，ドイツのデグーサ社から金属熱処理の技術を導入し，防錆加工に加えて熱処理加工も開始した。同社は，1960年代を通じて日本各地に工場と出張所を新設し，生産能力の拡大と営業網の充実を進めていった。1987年には，神奈川県平塚市に技術研究所を移転し，研究開発体制を強化した。そして，1990年代から2000年代を通じて，顧客との共同開発を通じて「PULS」，「PULLUMINA」といった画期的な生産システムや製品の開発にも成功する（詳細は後述）。アジアを中心にグローバル拠点の整備も進み，海外の売上比率は現状約4割となっている（2018年度）。また同社は，2014年にGNT企業100選に認定されている[18]。

2　事業内容

　2018年3月期における日本パーカライジング社の連結売上高は1,148億4,000万円，従業員数は4,222名であり，1人あたりの売上高は2,720万円となる。連結営業利益は179億8,400万円であり，営業利益率は約15.7％である。なお売上高，営業利益ともに2012年3月期から上昇トレンドを示している。2012年3月期から2018年3月期までの売上高の年平均成長率は5.2％，営業利益は7.9％となっている。

　事業セグメントは，主に防錆加工と熱処理加工からなる受託加工事業[19]，表面処理に使用する薬剤を生産，販売する薬品事業，そして表面処理を行う

18　経済産業省「GNT企業100選の概要」http://www.meti.go.jp/policy/mono_info_service/mono/gnt100/pdf/20140317b.pdf　（2019年2月15日閲覧）。
19　防錆加工の場合，顧客から成形前のプレートを受け取ってそれに表面処理加工をするケースが多い。一方で熱処理加工の場合は，すでに成形された複雑な形状の部品を対象とすることが多い。いずれも顧客からモノを受け取って，同社の工場で処理した後に顧客に返却する。

図表4-7　日本パーカライジング株式会社の業績概要

単位：百万円

		売上高	営業利益
受託加工	日本	26,489	5,348
	海外	18,046	3,139
	セグメント間売上等	56	194
薬品	日本	27,870	5,187
	海外	17,729	3,746
	セグメント間売上等	1,146	531
装置	日本	10,429	147
	海外	9,862	470
	セグメント間売上等	502	238
その他		5,553	188
調整		▲2,847	▲1,209
合計		114,840	17,984

出所：日本パーカライジング株式会社2018年3月期決算資料より筆者作成

装置を生産，販売する装置事業の三本柱からなる。各事業の売り上げ比率は，受託加工：39％，薬品：40％，装置：17％，その他：4％となっている。また，セグメント別に営業利益率をみると，受託加工：19.5％，薬品：20.2％，装置：4.1％，その他：3.4％となる。セグメント別の海外売上比率は，受託加工：40.5％，薬品：38.0％，装置：47.4％である（いずれも2018年3月期)[20]（図表4-7）。

3　経営特性

　日本パーカライジング社の最大の特徴は，基幹技術となる防錆加工技術，熱処理加工技術ともに欧米企業から導入している点である。防錆油，圧延油，潤滑剤など薬品についても，米国のドーパートケミカル社をはじめとする欧米企業から技術導入をしたり，技術提携を結んだりしている。また

---

[20] 日本パーカライジング株式会社ホームページ https://www.parker.co.jp/IR/_pdf/briefing/201803results.pdf　（2019年2月15日閲覧）。

1990年代以降，事業を多角化するために秩父小野田から粉体塗装事業の譲渡を受けたり，日本カニゼンから無電解ニッケルメッキ事業を買収したりしている。このように，日本パーカライジング社の歴史は，外部からの技術導入の歴史といえる。

　同社のコア技術は，防錆加工と熱処理加工であり，製品の求められる耐蝕性，摺動性を実現している。主な顧客は，自動車関連メーカーと鉄鋼関連メーカーである。ただし，受託加工事業に関しては，成形前のプレートや単体部品が中心となり，完成品を組み立てる自動車メーカーから直接依頼を受けることはほとんどない。一方，薬品の販売は，自動車メーカーに対しても相当量を行っている。自動車メーカーは自社でも塗装を行うが，そこに表面処理用の薬品が必要となるからである。薬品販売におけるコンペティターは比較的少なく，専門的な技術をもとに顧客ごとにカスタマイズを行っている点が特徴的である。

4 技術の導入・革新・横展開

　日本パーカライジング社の技術は，防錆加工，熱処理加工ともに外部から導入したものである。しかし同社は，導入した技術をそのまま漫然と利用してきたわけではない。今日のように高収益体質を築き上げる過程では，常に顧客ニーズをふまえて，加工技術，薬品，装置それぞれに付加価値を付けてきた歴史がある。

　表面処理に求められる機能は，高度な耐蝕性と摺動性である。したがって，それをできるだけ安価に効率的に実現できる技術（製品やシステム）を顧客は求めている。加えて近年では環境問題が深刻化しているため，表面処理に伴うリン酸の使用を少なくしたり，副生成物（スラッジ）の発生を抑制したりしなければならない。すなわち，品質と生産性に加えて環境対応にも配慮した表面処理技術が，表面処理メーカーに求められる関係的技能である。日本パーカライジング社は，特に自動車メーカーとの関係を密にする中で，革新的な技術を生みだしてきた。ここでは，近年に生みだされた2つの事例を紹介したい。

　1つは，冷間塑性加工用の一工程（一液）潤滑処理システム「PULS」で

ある。これは，10工程ほどある被膜処理の工程を大幅に短縮した画期的なシステムである。通常，被膜処理を行う場合，脱脂，酸洗，被膜化成，中和，石けんなどの潤滑処理といったいくつもの工程を組まなければならない。しかし，このPULSであれば被膜処理と潤滑処理がひとつになっているので，とてもコンパクトな工程で済んでしまう。顧客はリードタイムを短くすることができ，各種薬品の在庫をもつ必要もなくなるうえに，廃水やスラッジなど廃棄物の発生を削減できるのである[21]。

　もう1つの事例は，次世代化成剤「PALLUMINA」である。従来の表面処理剤は，リン酸亜鉛を含むが，富栄養化対策の観点からリンの含有は極力抑えなければならない。「PALLUMINA」はリン酸，亜鉛，ニッケルなどを含まない表面処理剤であり，顧客の環境対応ニーズに訴求する製品である。また「PALLUMINA」は，ノズルや配管の詰まりの低減を可能にするとともに，処理工程では表面調整工程が必要なくなるので，そこで使用していた薬剤や供給水も不要になり，ラインの長さの短縮や排水処理コストの削減にもつながる。すなわち顧客は，環境問題に対応できるとともにコスト削減，工程短縮も同時に実現できるのである。

　「PULS」，「PALLUMINA」は，ともに顧客となる自動車メーカーとの共同開発の成果である。つまり，リード・ユーザーとの内外連携による賜物といえる。一般に，日本の自動車メーカーは，長期継続取引を通じて部品サプライヤーの能力構築を支援する傾向があるといわれるが，「PULS」，「PALLUMINA」はその典型的な事例といえるだろう[22]。

　こうした自動車メーカーとの共同開発の成果は，通常，共同特許として登録されるケースが多い。しかし，成果の活用先は当該自動車メーカーだけとは限らず，多くの場合は他の顧客にも横展開されるという。横展開が可能となる最大の理由は，当該自動車メーカーが共同開発した成果を占有することにあまりこだわらないことである。もちろん契約などによって一定期間の制限

21　一液潤滑被膜の処理プロセスからは廃水や産業廃棄物などは発生せず，被膜処理に要するスペースやエネルギーコストも小さい。被膜処理部を鍛造機に直結するインラインプロセスも可能であり，ものづくり現場のレイアウトを大幅に改善できる可能性をもつ（小見山（2013））。
22　なお，この2つの事例に限らず，日本パーカライジング社の開発は原則として顧客のニーズを具体的な開発テーマとしている。

をかけることはあるが，傾向的に自動車メーカーは革新的な技術が業界に広く普及することを望むという。なぜなら技術を広く普及させた方が，さらなるイノベーションが業界内のどこかで生みだされる可能性が高まり，やがてそれは自社にもフィードバックされるからである。また，とりわけ環境対応関連の技術であれば，それが普及することの社会的意義も大きい点も無視できない。

ただしサプライヤーが成果を横展開する場合でも，相手先のニーズに応じて大なり小なりのカスタマイズは必要となる。したがって，開発部門，生産部門，営業部門の情報のやりとりが重要となるが，日本パーカライジング社では，効率的な内々連携によって対応している。同社では，日本各地に営業所があるが，そこには営業マンのみならず技術者もおり，彼らも営業に携わっている。また同社の技術研究所は，神奈川県平塚市にあるが，そこには日本各地の工場，営業所から顧客ニーズに関する情報がフィードバックされるようになっている[23]。さらに人事異動では，技術研究所から営業所や本社管理部門へ行ったり，逆のパターンも頻繁にあったりする。特に薬品の開発は，現場の実情を知らないとできないため，日本パーカライジング社では柔軟な人事異動を行っているとのことである。

まとめると日本パーカライジング社では，外部から導入した技術資源を土台に，リード・ユーザーとの連携によって既存技術に付加価値をつけ，革新的な成果を生みだしている。さらにその成果を土台に，社内の営業部門，生産部門，技術研究所が連携することで，成果の効率的なマスカスタマイズが行われる。こうした技術の変革と横展開が日本パーカライジング社の強みである。それは技術力だけではなく，柔軟な社内外の連携に対応できる組織力も含んでいることが理解できる。

5 事業環境変化への対応

日本パーカライジング社の事業環境は，近年大きく変化している。1つは，

---

[23] 日本パーカライジング社では，日本各地の営業所からあがってきたさまざまなニーズにもとづき，デザインレビュー（通称，DR）という開発会議を開催している。DR は，年間スケジュールにもとづいての開催であるが，重要案件が生じれば適宜開催するようにしている。

素材の進化である。具体的にいえば，鉄はステンレス鋼板や高張力鋼板が使われるようになっているし，軽量化が必要な分野では，アルミや炭素繊維強化プラスチック（Carbon Fiber Reinforced Plastic：CFRP）が使われるようになっている。そして，こうした素材の進化によって，表面処理に求められるニーズも変化してくる。たとえば，炭素繊維強化プラスチックであれば，防錆技術は必要なくなる一方で，より高度な密着性や遷延性が必要になってきている。日本パーカライジング社では，こうした環境変化をふまえて近年では独自開発を強化している。この場合，社内の研究開発，生産，営業など各部門が連携して，技術・市場トレンドを予測し，近未来の顧客ニーズに関する仮説を自ら構築して，開発を進めている。

　もう1つの事業環境の変化は，国内市場の成熟化とアジア市場の成長である。同社のアジア展開は比較的早く，1960年代にはすでに始まっていた。ただし，アジアでの自動車販売台数が急激に伸び始めたのは2000年代後半以降であり，需要の伸びに対する同社の対応は，むしろこれから本格化する見通しである。同社のアジアにおけるビジネス・モデルは日本と変わらないが，これまでは現地の日系メーカーを中心的な顧客としていたのに対し，今後は非日系メーカーに対するビジネスを強化していく方針である。ただし，非日系メーカーのサプライチェーンに切り込むのは相対的に難しい。そのた

図表4-8　日本パーカライジングの強み

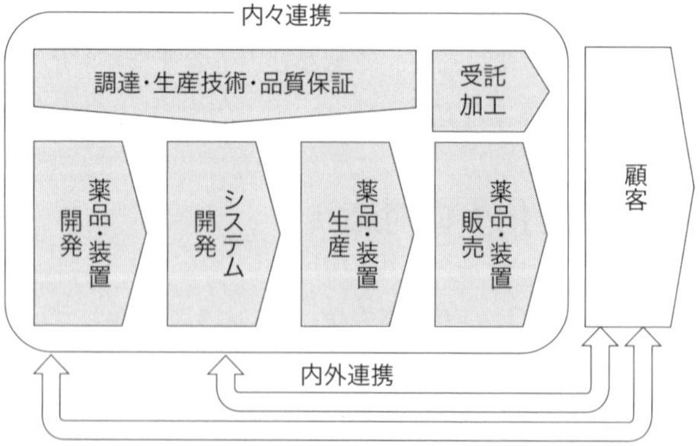

出所：筆者作成

め同社は，社内の各部門の連携のもと，受託加工，薬品，装置からなる三位一体の強みを活かして非日系メーカーの顧客を開拓しようとしている。薬品や加工サービスを個別で提供するよりも，パッケージで提供する方が，顧客は全体的なコストを下げられる点を訴求していくという（図表4-8）。

　以上を要約すれば，目まぐるしい環境変化の中で日本パーカライジング社は，顧客ニーズを先取りするプロダクトアウト型の独自開発と装置，薬品，加工をパッケージにしたソリューションサービスを重点化することで事業基盤を強化しているといえよう。

5. 事例研究から得られた示唆

　事例研究では，内山工業と日本パーカライジング社という業種の異なる優良サプライヤーを分析したが，顧客ニーズへの対応から持続的成長に向けた事業基盤強化の過程にはいくつかの共通点もみいだせた。ここでは，両社の共通点を整理し，ものづくり企業の経営戦略へのヒントを考えたい。

1 関係的技能の蓄積と横展開

　内山工業，日本パーカライジング社の開発体制は，基本的に顧客ニーズを起点としている。両社ともに顧客からの厳しい要請に真摯に対応し，積極的に顧客との共同開発も実施してきた。とりわけ，イノベーティブな製品が誕生した背景には，顧客（リード・ユーザー）との連携体制があった。両社ともに「関係的技能の蓄積」のコンテクストでは，大いに成功した事例といえる。両社は研究開発型のサプライヤーではあるものの，顧客との内外連携によって，外部資源を積極的に導入し，それを革新している側面は注目に値する[24]。

　一方で，顧客との共同開発成果の横展開でも，内山工業と日本パーカライジング社は成功している。そして，その成功のカギにも共通点がみいだせ

24　その背景には，サプライヤーの成長を支援し，共同開発の成果はサプライヤーとシェアしようとする顧客側の柔軟な取引姿勢も見逃せない。

る。具体的にいえば、両社ともに独立した組織である研究所（開発部門）にて研究開発を行っているが、顧客ニーズに関する情報は円滑に研究所へフィードバックされるようになっている。また、人事異動や人材の配置を通じて、開発部門、調達部門、生産部門、管理部門など部門間の情報流通を図る仕組みが工夫されており、重要な情報は全社的に共有される仕組みがとられている。つまり両社ともに社内における効率的な連携が「関係的技能の横展開」のドライバーになっているのである。

2 事業基盤の強化

　内山工業、日本パーカライジング社の創業は戦前にさかのぼる。内山工業はコルク栓の製造、日本パーカライジング社は表面処理の受託加工を祖業としていた。しかし、今日では両社ともに事業範囲を拡大させて、各部門間のシナジーを活かしたビジネスを展開させている。

　内山工業のオペレーションは、ガスケット、シールと製品の多角化を進めるとともにバリュー・チェーンの川上に延伸してきた。同社が確固たる材料開発機能を有すことは既述のとおりだが、そこで生みだされた材料が製品多角化の源泉にもなっている。一方、日本パーカライジング社は表面処理の受託加工から薬品および装置の販売、そしてそれらをパッケージで顧客へ提供するまでに至っている。つまり同社のオペレーションは、内山工業とは反対にバリュー・チェーンの川下へ延伸してきた。

　このように川上と川下の違いはあるものの、両社ともにバリュー・チェーン上の事業範囲を拡大させてきた点、すなわち垂直連携型のものづくり能力を有する点も共通である。こうした事業基盤強化のプロセスは、サプライヤーにとって、特定顧客への過度な依存からの脱却を図ったり、収益を安定させたりするための重要な手立てといえる。そして両社の事例から特に注目したいのは、いずれも柔軟な内外連携および内々連携が、事業基盤強化の推進役になっていた点である。内山工業では、積極的にゴムメーカーや化学メーカーと共同で材料開発を行っているし、日本パーカライジング社は社内の各部門が連携してプロダクトアウト型の開発を行ったり、受託加工・薬

品・装置の三位一体でグローバル化を推進したりしている。

6. むすび

　本章では，2社の優良サプライヤーの事例を通じて，内々連携および内外連携が事業基盤の強化につながるプロセスを論じてきた。一般に，大企業と取引をするサプライヤーの場合，特定顧客への依存度が必要以上に高まることが懸念されうる。しかし本章の事例研究でみたように，顧客ニーズに真摯に対応しながら，顧客のリソースを活かしたり，開発成果をマスカスタマイズしたりすることで，サプライヤーは十分に持続的成長の道を切り開くことができる。それは，学問的な枠組みでいえば，関係的技能の蓄積と横展開を通じた事業基盤の強化である。そしてその際にカギとなるのは，優良顧客（リード・ユーザー）をはじめとする内外連携であり，社内各部門間の内々連携であった。本章でとりあげた内山工業と日本パーカライジング社は，いずれも連携施策という点では秀逸な事例といってよいだろう。2社の事例は，業績の伸び悩みに苦しむ企業にとって参考に値するものである。

　一方で，本章の分析結果の解釈には，留意しなければならない点がある。それは，本章の事例がいずれも自動車関連分野の売り上げ比率が高いサプライヤーという点である。つまり，本章で明らかにしたエクセレントサプライヤーの持続的成長の道筋は，自動車産業に特殊的という可能性がありうる。本章の結果を相対化するためにも，今後は電子・電機産業などその他の産業のサプライヤーで同様の傾向があるのか，あるいは別の成長パターンがあるのかを明らかにしなければならない。その点は，つぎの課題として別稿にて対応したい。

　最後に，2つの事例の資源連携戦略の特性をまとめると，以下のようになる。

資源連携戦略の特性（まとめ）
①内山工業株式会社
・企業類型2：中堅GNT
・経営特性：2代目，内外連携による材料・製品開発の強み

- 環境変動下の新成長戦略：合成ゴムのコルクラバーの先行開発，ガスケット・オイルシール・ベアリングシールに強み，GNT 製品 ABS 用磁性エンコーダの開発
- 内外資源の連携：ものづくり特性（幅広い技術基盤，製品設計，材料開発設計に強み），顧客志向開発（顧客リード・ユーザーの開発），材料共同開発と製品差別化
- 内々資源の連携：諸機能が一体化した研究開発型組織，迅速な試作開発・製造体制

②日本パーカライジング株式会社
- 企業類型 3：大規模 GNT
- 経営特性：世界有数の表面処理専業メーカー，内外・内々連携による受託加工・薬品・装置のパッケージ提供
- 環境変動下の新成長戦略：内外連携による新製品開発（一工程潤滑処理システム（PULS），次世代化成剤（PULLUMINA）の採用など）
- イノベーションの特徴：コア技術の社外からの導入，顧客対応の開発と持続，受託加工・薬品・装置・システムのパッケージ提供による高収益化の実現
- 内外資源の連携：コア技術の外部導入（米国パーカーケミカル社および欧米技術の導入），顧客との新製品共同開発
- 内々資源の連携：技術導入・買収後の資源の融合・統合を重視，部門間の連携

◇参考文献

Ansoff, H. I.（1965）*Corporate strategy: An Analytic Approach to Business Policy for Growth and Expansion*, McGraw-Hill Companies.

Asanuma, B.（1989）"Manufacturer — Supplier Relationships in Japan and the Concept of Relation — Specific Skill," *Journal of the Japanese and International Economies*, 3（1）, pp.1-30.

Doeringer, P. & Diore, M.（1971）*Internal Market Labor Markets and Manpower Analysis*, HC Heath, Lexington.

Williamson, O. E.（1979）"Transaction—Cost Economics: The Governance of Contractual Relations," *The Journal of Law & Economics*, 22（2）, pp.233-261.

Williamson, O. E. (1981) "The Economics of Organization: The Transaction Cost Approach," *American Journal of Sociology*, 87 (3), pp.548-577.

Williamson, O. E. (1989) "Transaction Cost Economics," *Handbook of Industrial Organization*, 1, pp.135-182.

赤羽淳 (2014)『東アジア液晶パネル産業の発展:韓国・台湾企業の急速キャッチアップと日本企業の対応』勁草書房.

赤羽淳 (2016)「製品ライフサイクルとものづくり企業の事業戦略:プロダクトアウトとマーケットイン」『横浜市立大学論叢. 社会科学系列』, 68 (1), pp.1-24.

赤羽淳・土屋勉男・井上隆一郎 (2018)『アジアローカル企業のイノベーション能力—日本・タイ・中国ローカル2次サプライヤーの比較分析—』同友館.

浅沼萬里 (1997)『日本の企業組織・革新的適応のメカニズム:長期取引関係の構造と機能』東洋経済新報社.

井上久男 (2013)『メイドインジャパン驕りの代償』NHK出版.

ウチヤマ100年史編纂委員 (1999)『ウチヤマ100年史』内山工業株式会社.

小見山忍 (2013)「冷間鍛造の新しい潤滑と動向」(特集 省エネ・省資源・環境対応を目指した鍛造技術),『素形材』, 54 (7), pp.35-41.

魏聰哲 (2006)「コア・コンピタンスと「選択と集中」戦略の展開:世界ノートパソコン・メーカーのケース」『国際ビジネス研究学会年報』(12), pp.353-366.

土屋勉男・原頼利・竹村正明 (2011)『現代日本のものづくり戦略—革新的企業のイノベーション』白桃書房.

湯之上隆 (2013)『日本型モノづくりの敗北:零戦・半導体・テレビ』文芸春秋.

(赤羽　淳)

第5章

知財開発と内外連携の戦略
―中小GNTの知財開発と飛躍の特性

> 第5章は，中小の研究開発型GNTの諸岡（キャリアダンプ），安田工業（MC）をとりあげる。主力事業開発の歴史を紐解き，顧客志向の開発の中から現在のオンリーワンの主力事業開発のプロセスを点検し，顧客，取引先（部材），大学等の共同開発，オープン・イノベーションが行われている実態を紹介する。

1. 本事例の位置付け

　本章では，独自の新製品開発における，内外資源の連携のあり方について述べたい。顧客や市場に存在する資源，外部機関（企業や大学など）に存在する資源との結合のあり方について，事例研究を通して検討してみたい。

　まず，外部資源の中で，顧客のニーズそのもの，製品やサービスに対するアイディアや要求は，新製品開発において重要な役割を果たしていることが一般的である。特に，業界の中でも要求水準が高く，製品の機能や性能の良否を評価できる力のある顧客，ユーザーの存在は，新製品開発にとって貴重な存在であり，その情報や能力を内部での開発に活かすことが出来れば，新製品開発の効果と効率を飛躍的に高める可能性がある。

　つぎに，外部機関，自社以外の企業の能力や資源の動員である。いわゆるオープン・イノベーションである。その際，協力企業だけではなく，場合に

よっては特別な技術をもつ大手企業や大学などの研究機関の資源をうまく活用することが求められる。

　上記のような，顧客・市場を起点に，その要求や，アイディア，能力を活用し，外部企業や研究機関の技術を内部化することに成功した2つの企業をここではとりあげた。株式会社諸岡は，市場の要求に耳を傾け，近隣企業をはじめ，大手企業のもつ技術を最大限活かした企業である。同社は，タイヤや金属クローラが活動しにくい地域の中で，顧客ニーズを見極め，ゴムクローラのキャリアダンプで世界ナンバーワンの地位を築いた。また，安田工業株式会社は，高精度加工に対する要求が特に高い顧客に限定し，その小さな市場を対象に，量を追わず，顧客の求める高い性能をひたすら追求した企業である。精度のカギとなる構造物，部品，ソフトウエアは内製するものの，開発においては大手企業，研究機関などを活用している。

2. 事例研究3 ― 株式会社　諸岡
― ゴムクローラ・全油圧駆動キャリアダンプ主軸のオンリーワン経営。バブル崩壊後の低迷期に環境関連・林業関連機械へ展開 ―

1　会社の概要

（ⅰ）会社設立とこれまでの経緯

　同社は1958年に諸岡一雄氏（元会長。現社長の父親）が，穀倉地帯である茨城県竜ケ崎市周辺の農業用水の削井工事会社として創業した。農業用水確保のための井戸掘りや配管敷設の工事会社が株式会社諸岡の原点である。その後，1966年に株式会社諸岡鑿泉株式会社となり，1971年に株式会社諸岡の名称となった（図表5-1）。

　1975年全油圧方式（HST方式）とゴムクローラ方式を採用した不整地建設用機械（トレンチャー，ブルドーザー），不整地運搬車を開発，その製造販売を開始した。これにより現在の事業の基礎を確立，開発，製造，販売を行う機械製造業としての実質的なスタートとなった。1977年には南極昭和

第 5 章　知財開発と内外連携の戦略　131

図表 5-1　株式会社　諸岡の概要

本社所在地	茨城県龍ケ崎市庄兵衛新田町 358
設立	創業：1958 年 3 月 設立：1966 年 11 月
資本金	1 億円
経営者	代表取締役　諸岡　正美
売上高 2019 年 3 月	140.2 億円（単独），184.7 億円（連結） （国内 60%，海外 40%（欧米 38%））
従業員数	194 名（2019 年 4 月）
事業内容	建設・土木機器，環境機器，林業機器，部品サービス （売上比率：57%，15%，20%，8%）
経営特性	ゴムクローラ・キャリアダンプのオンリーワン経営 バブル崩壊後，低迷期に環境機器，農林機器開発，欧米展開に挑戦

出所：会社案内等により作成

基地向けクローラショベル，不整地運搬車の納入開始を経て，翌 1978 年にはブリヂストン社の協力のもと，大型のゴム製クローラ，ジャンボクローラの共同開発を成功させ，超湿地用運搬車を発表した。タイヤと金属クローラの利点を両立させた方式として高い評価を受けてきた。ゴムクローラ方式キャリアダンプ市場では，国内はもちろん，国外でも高シェアを誇り，トップブランドである。ゴムクローラのパイオニアとして"MOROOKA"のブランドは国内外に浸透している。

(ii) 経営の現状と特徴

　同社の売上高は単独で 140.2 億円，連結で 184.7 億円（いずれも 2019 年 3 月期）である。従業員は 194 名（2019 年 4 月）である。米国従業員は 38 名，欧州は 6 名（欧米は 2018 年 9 月）である。

　事業内容としては，主力の土木・建設機械をはじめ，環境機械，農林業機械，部品サービスなどに展開している。売上構成はそれぞれ，57%，15%，20%，8%である。国内と海外の比率は 60% 対 40% で，海外のうち欧米が 38% とほとんどである。

　具体的な製品名は，土木・建設機械ではキャリアダンプ，ショベルロー

ダ，フォークリフトで，環境機械・農林業機械では，フォワーダ，木材破砕機，自走式ロータリースクリーンなどが主力商品である。キャリアダンプの売上が全体の50%を占めており，キャリアダンプに特化した売上構造である。

ユーザーの立場に立った開発，改善によるゴムクローラ方式と全油圧方式（HST方式）を2本柱としたゴムクローラ・キャリアダンプの世界トップ企業である。

収益化特性としてはつぎの点が指摘できる。第1に，OEM供給量産志向から自社ブランドの単品受注生産への転換，第2にゴムクローラ，HST方式のキャリアダンプを主軸とした新製品開発，新用途開発の展開，第3に組立工程に徹し，周辺地域の多様な協力工場の組織化，である。

2 主力事業の特徴と新製品・新用途開発

同社の主力事業はゴムクローラと全油圧（HST）方式を中核技術としたキャリアダンプである。この製品と中核技術を基礎に，環境機器である木材破砕機等や農林業機器であるフォワーダ等へと展開して今日に至っている。

（i）中核技術としてのゴムクローラと全油圧方式

同社の中核技術はゴムクローラ，特に大型ゴムクローラとその駆動を行う全油圧方式，すなわちHST（ハイドロ・スタティック・トランスミッション）方式である。

① ゴムクローラ（図表5-2）

ゴムクローラとは，金属クローラと同様な無限軌道による駆動で，不整地の走破性に特色がある。しかし，金属製のクローラと異なり，乗り心地が柔軟であり，軽量であるため，低湿地など地盤の悪いところで重量物が埋没してしまう不整地での作業に優位性がある。また，タイヤと同様に比較的高速での走行も可能である。その意味で，タイヤの軽量・軽快性と金属クローラの走破性を兼ね備えたものである。ゴム製であるが故の弱点である耐久性と

大型化への障害をもっていたが、この難点を、まず強度の点でピアノ線による補強で解決し、1978年にブリヂストン社との共同開発で50センチ幅の大型クローラを実現している。いずれも世界初の技術であり、世界のどこへ行っても、ゴムクローラの機材といえば"MOROOKA"と認識されるほどである。

図表5-2　ゴムクローラの一例

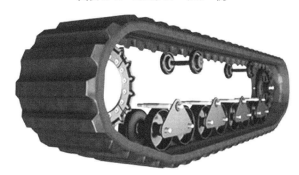

出所：株式会社諸岡会社案内より

② 全油圧駆動方式（HST）（図表5-3）

同社の駆動方式は、一般的なギアを用いる機械式のトランスミッションによる駆動ではない。クローラを駆動する際、機械式のギアによる変速では、変速ごとに走行が中断しスムーズな動作ができない。そこでエンジンの出力を油圧に変え、油圧の変化によって無段階に変速する方式（Hydro Static Transmission）を、同社独自に開発して採用している。

（ⅱ）主力製品

同社の製品リストに挙げられているものは、キャリアダンプ、フォワーダ、木材破砕機（クラッシャー）、自走式ロータリースクリーン、ショベルローダ、フォークリフトである。一部を除き、いずれもゴムクローラと全油圧駆動方式を用いている。この中で最大の売上げ（全体の50％）を示しているのは、キャリアダンプである。大型から小型までバリエーションも多彩である。

図表 5-3　HSTシステム

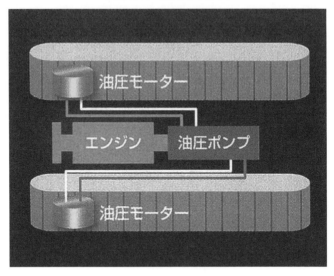

出所：株式会社諸岡会社案内より

　この不整地運搬機材であるキャリアダンプをベースに，林業現場に適応させたものがフォワーダである。これら2つが主力製品といって良い。さらに同社は，不整地作業車としてショベルローダ，フォークリフトへと展開した。また，林業現場のニーズから，木材破砕機や自走式ロータリースクリーンなどの環境機器へと展開した。

③ 主力事業の開発経緯

　同社の創業は農業用水の井戸掘りと配管敷設の事業であり，そのための作業用機材，運搬用機材としての開発がその基礎である。非効率な手作業に代わる機械化は不可欠であったが，創業当時の掘削用の米国製トレンチャーは大型で，湿地の作業環境では沈んでしまい，作業が難渋する欠点があった。これに代わる小型で不整地，湿地でも沈まない機材が必要であった。そのため，掘削用トレンチャー等の車両を自社開発することになり，これが今日の事業につながることになったのである。

その際，使用者，顧客の現場での具体的なニーズにもとづいて，湿地での走行性と柔軟な操作性を追求した結果，軽量なゴムクローラとギアを用いない駆動方式，全油圧（HST）方式を考案することにつながった。1975 年にはゴムクローラ・全油圧式トレンチャー，ブルドーザー，不整地運搬車の製造販売を開始した[1]。

この開発の前後は，日本経済は高度成長期の只中で，全国でゴルフ場造成ブームが生じ，不整地走行性，柔軟な操作性が評価された結果，同社製キャリアダンプの販売が好調であった。また，同時にタイヤで駆動する農業用トラクター，ショベルカーなど，また金属性クローラの製品を，ゴムクローラに代え，タイヤおよびクローラの利点を活かす新製品開発を展開した。

ただし，開発，製造をしても，地方の中小企業である同社の販路には制約があり，コマツ，日立建機などの大手ブランドとの OEM 契約で販路を拡大した。その結果，自社ブランドと大手ブランドで販売量は半々という状況で，順調な成長を果たした。

（i）バブル崩壊後の危機と開発・生産・販売体制の転換

1990 年代には，バブル崩壊とともに売上高が3分の1に減少し，同時に OEM の販売も激減した。そして OEM 契約解除となり，同社は経営危機に直面した。そこで，同社は，大手ブランドによる OEM 大量生産志向から転換し，自社ブランドによる単品受注生産を主流にする体制に切り替えた。すなわち使用者である顧客の声を自ら直接聴き，製品を開発生産，改良する体制に大幅な転換を行ったのである。これにより，顧客の声，ニーズに直接触れることで製品の開発，改良が飛躍的に進むことになった。

また，製品分野を，ゴムクローラ・全油圧方式のキャリアダンプ，不整地運搬車に主軸，重点を置き，新たなニーズ分野を見極め，この中核技術から派生する製品へと着実な展開を図ることとなる。

（ii）新製品・新用途開発と欧米市場開拓

近年の新製品，新用途としての代表的な分野が林業分野，環境機械分野で

1 　同社の製品性能は高く評価され，1977 年の南極昭和基地にショベルローダと運搬車を供給した。

ある。林業分野において，環境機械としての性格をもつ木材破砕機（クラッシャー），そしてキャリアダンプの技術を林業分野の用途に展開したフォワーダ，その周辺の工程で活用される自走式ロータリースクリーンへの展開である。

2000年に環境保護法の改正があり，木材破砕機の需要が拡大した。しかし海外製機械は，納期が長く，高価格で，さらに大型で複雑な構造であった。そのため日本の現場では使いにくかった。そこで同社は小型で使い勝手の良い木材破砕機を，試行錯誤の末に独自の破砕メカニズムを考案することにより，開発した。シンプルな構造と，低価格，そしてゴムクローラによる不整地での移動の容易さから，輸入品を代替して急成長することができた。

2005年に林業用運搬車であるフォワーダを開発した。林業分野における政府の振興策，補助金制度も追い風となり，2000年代初頭には，この新製品，新用途分野が拡大した。

また，国内需要の低迷の中で，2000年頃からキャリアダンプによる欧米市場の開拓に挑戦した。2003年に米国子会社（販売）を設立し輸出を開始した。2012年には米国バージニア州で現地生産（委託生産）を開始し，その後2016年に同工場を買収して100％子会社化した。

欧州は，従来の代理店販売から，2017年にドイツ・フランクフルトに販売子会社を設立して，今後のさらなる販売拡大に努力している。

4 新製品・新用途開発にみるイノベーション特性

（i）創業者時代

農業用水向けの鑿井工事，配管工事の中で作業機械であるトレンチャーのゴムクローラを考案した。一貫して創業者の意識にあったのは「人を助けたい，楽をさせたい，重労働からの解放」であった。

創業者は考案したものをまず作ってみて，その後改良していくという姿勢で取り組んでいった。創業者の強いリーダーシップのもとに開発が行われたのである。

1975年，世界初，オンリーワン製品であったゴムクローラによる不整地，

湿地用機材の開発を成功させた。1977年南極昭和基地用氷上走行車両（クローラショベル，クローラ運搬車）を納入した。1978年には大型ゴムクローラをブリヂストンと共同開発により成功させ，機材の大型化を実現し，大型キャリアダンプにつなげた。1986年には不整地運搬車を小松製作所（当時）にOEM供給を開始した。

強い思いをもつ創業者のアイディアが製品開発を推進する原動力であった。創業者がアイデアマンであり，開発プロジェクトリーダーであった。創業者個人を中心とした開発体制であった。

（ⅱ）現経営者時代

1988年，創業者が会長職に就任して，営業を担当していた長男の正美氏が33歳で経営を引き継いだ。開発体制は，会長時代と同様，顧客，使用者側の立場で機材を開発する基本姿勢を維持したものであった。会長の理念を継承し，①お客様に喜ばれる，高品質で独創的な商品の提供②道なき未知を切り拓く活力ある企業を目指す③人と自然環境の調和を目指し，豊かな社会づくりに貢献，を基本理念としている[2]。

現経営者の時代に，バブル崩壊，リーマンショックなどの危機に直面し，OEM供給から自社ブランドの単品受注生産への転換，キャリアダンプ 特化，キャリアダンプ をベースにした林業，環境分野への参入，さらにはアメリカ，欧州への展開などを進めた。使用者，顧客の立場に立つ開発は不変だが，2015年に開発体制の組織化を図り，企画会議，開発プロジェクトチーム，試作機開発などの体制を固めた。

（ⅲ）イノベーション特性（図表5-4）

同社の新製品開発，新用途開発の経緯を振り返ってみると，顧客の現場に直面し，そのニーズを本質的に理解する中で，製品や用途の開発が行われている。その意味で，第1に市場志向，顧客志向の開発である。

創業者の「人を助けたい，楽をさせたい，重労働からの解放」を志向する姿勢は一貫していた。特にバブル崩壊後，現社長体制後，OEMから自社ブ

---

[2] 2012年2月18日，79歳で創業者，会長，諸岡一雄氏逝去。

ランド主体に切り替え，自社の営業体制を強化により，顧客の生の声に接する機会が増えてから，その顧客志向，使用者の立場に立った開発という傾向が一層強まったといえよう。

　第1に，顧客と社内開発を結ぶ，内外結合に特色がある。その結節点として機能するのが，創業者時代には創業者の構想であったが，現経営者の時代に至り，それが組織化され企画会議になった。第2に，その構想をもとに，大手企業（たとえばブリヂストン）や周辺協力企業と共同開発を通じたオープン・イノベーションの展開である。その協力関係は生産段階にも維持される。

　第3に，新製品，新用途開発における内々結合の展開に注目すべきである。キャリアダンプをベースに，その応用製品としてフォワーダ，木材破砕機，自走式ロータリースクリーンへと展開する際には，きっかけは使用者のニーズにあるという点では内外結合であるが，それを実現する機器開発においては，既存のキャリアダンプの応用を図るという点で内々結合の追求である。

図表5-4　諸岡の開発フロー

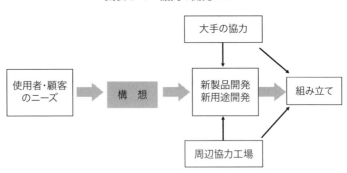

出所：インタビュー等により作成

3. 事例研究 4 ─ 安田工業株式会社
─国産初の横型マシニングセンタを開発，金型向け立て型マシニングセンタで飛躍。最大でなく最高を目指す─

1 会社概要

（ⅰ）会社設立とこれまでの経緯（図表 5-5）

同社は 1929 年安田信次郎氏（現社長の祖父）が大阪市で「ストロング商会」として創業した。日本で初めて自動車エンジンシリンダーのボーリング加工，各種ピストン製造，販売を行った。1938 年に自動車・船舶エンジン用再生加工機シリンダーボーリングマシンを製造，1939 年に株式会社ストロング商会として設立した。1944 年，戦時強制疎開により大阪市から岡山県笠岡町（現笠岡市）に移転した。

戦時一時休業後，1946 年に同地でシリンダーボーリングマシン生産を再開した。1961 年自動ホーニング盤を開発，1964 年横型精密中繰フライス盤（ジグマスター）を開発して製造開始，工作機械業界に参入した。1966 年に

図表 5-5　安田工業株式会社の概要

本社所在地	岡山県浅口郡里庄町浜中 1160
設立	・創業：1929 年 ・設立：1939 年 5 月
資本金	4050 万円
経営者	代表取締役社長　安田　拓人
売上高 2018 年 3 月	165 億円（2018 年 3 月） （国内 60%，海外 40%）
従業員数	391 名（2019 年 4 月）
事業内容	・工作機械の開発，製造および販売 　（マシニングセンタ，CNC ジグボーラ，歯車研削盤） ・産業機械の製造
経営特性	・工作機械の精密マザーマシンの供給 ・最大でなく最高を目指す

出所：安田工業株式会社会社案内等により作成

国産初の横型マシニングセンタを開発製造，1976年に，横型マシニングセンタYBM90Nを開発，製造し，現在に続く同社製品の基本形を確立した。

1986年立て型CNCジグボーラー，1988年横型機体温度制御装置搭載マシニングセンタ，1994年立て型マシニングセンタ（金型加工）により金型産業に参入，直彫加工開発を実現した。

2000年代には横型5軸，立て型5軸，により航空機部品加工，金型加工，また，高速高精度，微細加工の立て型マイクロセンタを開発製造し，大型から微細加工まで高精度加工機をラインナップした。

2006年，中小企業庁「元気なモノづくり中小企業300社」に選定された。

(ii) 経営の現状と特徴

現在，創業者の孫にあたる安田拓人氏が代表取締役社長（2009年就任）を務め，売上高165億円（2018年3月），従業員数391名（いずれも2019年3月），10年前の260名規模から着実に成長を遂げている。売上の6割が国内，4割が海外である。工作機械業界の一般的な内外比率は，国内3割，海外7割であるので，同社は国内の比重が高い。

工作機械の精密マザーマシンを供給している。量産を志向するのではなく，また中程度の精度を目指すのではなく，業界でも最高レベルの精度をもつ製品を供給することを目指している。

生産拠点は岡山県の本社所在地内に複数の工場を集中している。また営業・サービス拠点は本社の他，関東，名古屋，大阪，長野，仙台の計6か所，欧米では，米国・イリノイ州，ドイツ・デュッセルドルフに有している。アジアでは中国上海を本拠地にして，東莞，大連に事務所，またタイにサービス拠点を有している。

2 主力事業の特徴と新製品・新用途開発

(i) ターゲット市場

同社のターゲット市場はすでに述べたように精度最高レベルのマシニングセンタ市場がターゲットである。図表5-6に示したように，これらの市場は

図表 5-6　安田工業の市場・顧客ターゲット

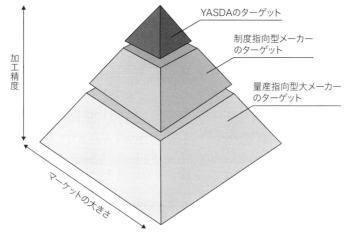

出所：安田工業株式会社（2018）

規模が極めて小さいため，同業者の廃業が世界的に続いている。現在のコンペティターは，国内では牧野フライスや三井精機等がある。海外ではスイス・デキシー・マシンやドイツ・ギルデ・マイスター社である。

海外勢の前者は，2006 年に工作機部門を森精機に売却した。後者は，2009 年に森精機と資本・業務提携，2013 年 DMG MORI に社名統一，2015 年連結グループとなっている。

(ii) 主力製品と用途分野

同社の主要製品は横型マシニングセンタ，立て型マシニングセンタ・立て型ジグボーラーである。前者の用途分野は自動車分野が主であるが，近年では航空機分野も含まれる。後者は近年拡大した分野で，その主要な用途分野はスマートフォン分野，ペットボトル金型分野という急成長した分野である。前者も後者もそれぞれの納入実績はいずれも累計 2000 台以上である。

さらに立て型マイクロセンタは，2009 年より開始しており，医療用や，超小型金型用である。この納入実績は累計 150 台以上である。また，CNC 歯車成形研削盤は，ギヤ電極やかみ合い試験用歯車の成形研削を目的とした

もので，国内顧客が主体である。

3 新製品・新用途開発にみるイノベーション特性

（i）危機に直面して進められた新用途，新製品開発（図表5-7）

同社の基礎を築いた製品は横型マシニングセンタである。これは1976年YBM90Nと呼ばれる機種で，これが同社の今日まで継続する基本形をなしていることは沿革でも述べた。その後，機体温度制御装置搭載，5軸化などの高精度を実現する性能向上が進められた。これらは顧客の要求水準の高度化に対応する形で進められてきた。

しかし，1990年代前半のバブル経済の崩壊と円高の進行は状況を一変させた。従来の高精度マシニングセンタの市場は急激に縮小し，それまで100億円程度あった売上高が3分の1にまで縮小したのである。この経営危機に直面して，一時帰休，資産売却，下請け業務拡大，そして財務体質改革など

図表5-7　安田工業の加工分野別マシニングセンタの概要

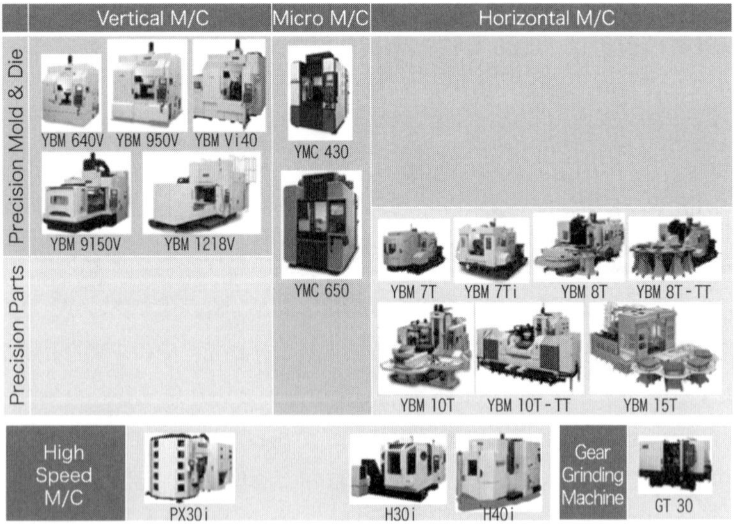

注：Vertical 立て型，Horizontal 横型，M/C マシニングセンタ
出所：安田工業株式会社（2018）

の経営改革を断行するとともに，加工事業に加え，新たな用途分野と新製品を開発に挑戦した。

　バブル崩壊後の危機に直面する中で新用途開発，新製品開発したものは，1994年に開発，製造，販売された立て型マシニングセンタYBM640Vである。この機種により金型製造用途に初めて参入を果たした。それまでの放電加工機を代替して，硬い材料の金型を直彫加工することを可能にしたものである。これらの製品が現在の売り上げの半分を占めており，現在の事業構造の基礎をなしたものである。

　さらに2008年のリーマン危機に直面して，新たに微細加工機の開発に取り組み，2009年に立て型マイクロセンタを開発，製造，販売した。これにより高速高精度，微細加工を可能にした。また，2012年には難削材加工用，2013年には航空機エンジン部品加工用5軸横型マシニングセンタへと展開したのであった。

(ii) 主要な製品開発の実態

　ここでは，同社の経営上の大きな転機となった金型用機械の開発の事例について，その開発の実態をみていこう。

　1994年に開発成功した立て型マシニングセンタYBM640Vの場合，発端は機械ユーザーがもたらしたアイディアであった。当時の金型製造での主流は放電加工機による加工であった。しかし放電加工機は加工速度が遅いというネックがあった。金型製造業者においては金型加工速度を向上させるニーズが強かった。しかし放電加工では限界があり，直彫で精度の高い金型切削加工がスピーディーにできないかというアイディアであった。しかし，直彫は確かに速度が上がるが，加工精度が落ちる難点があった。

　このようにスピードと精度のバランスをとることが，直彫では困難である。この矛盾する難問を，同社は，もち前の製品開発技術，製造技術で解決した。ユーザー側がもち込んだ難問を正面から対応して製品開発の成功に結びつけた事例といえよう。

　かつては精密金型の加工は放電加工機が主流であったが，これを直彫の立て型マシニングセンタで代替することに成功し，携帯ブームによる精密金型

需要を追い風に,販売を拡大し,業績を急回復することができた。

(iii) 安田工業のイノベーション特性(図表5-8)

同社のイノベーション特性は,第1にリード・ユーザー型開発,第2に経営者の関与とリーダーシップによる開発,第3にコアとなる精度確保の自社独特のコア技術,第4にオープン・イノベーションである。

同社の画期をなした新用途,新製品開発においてユーザーのもたらした影響は大きい。立て型マシニングセンタ,5軸横型マシニングセンタ,立て型マイクロセンタのいずれにおいても,ユーザーからもち込まれた難題への対応の中で開発が始まり,顧客のアイディアと自社のコア技術をぶつけ合う中で新製品が生まれている。その際,本社工場内のテストカット用のショウルームは,もちろん直接的には販売促進の手段である。また同時に,テストカットを積極的に請け負うことにより,加工方法,治工具,加工制度,制御プログラム,加工時間短縮など様々なユーザーの要求を聴くことになり,顧客のアイディアを取り込むことによって新製品開発を推進する機会となる。その意味で,リード・ユーザー型開発といえるだろう。

顧客のアイディアを新用途,新製品に活かす際に,経営トップの果たす役割が重要な役割をもっている。経営トップが社内各部署をまとめ,技術部門を中心とした外部との連携に関与している。

そして,大学(機体温度制御では京都大学),ファナックなどの大手メー

図表5-8 安田工業の新製品開発フロー

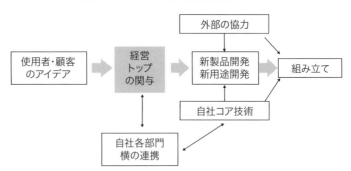

出所:経営者インタビューにより作成

カー，スケールメーカー，ベアリングメーカーの外部の協力とその組織化は不可欠である。内部のコア技術である構造物製造（キサゲ加工，恒温機械加工，恒温組立など），スピンドル製造，ソフトウエア開発も同時に強化している。

4 今後の方向

同社は今後，これまでの分野の深掘りはもちろん，航空機部品加工用，また燃料電池自動車用部品などの新用途分野の開発に大きな期待をかけ，積極的に取り組んでいく予定である[3]。

2015年に立案した中期経営計画ではつぎの目標を掲げていて，今日もその方向で進めている。①ソリューション・提案型活動の重視，②グローバル化の推進である。現在の海外売上は40％であるがこれを50％まで拡大する。また，地域も中国を中心にアジアが主体だが，欧米の強化を推進する。現在の売上は165億円だが，2割アップの実現が目安である。

工作機械は受注変動が大きいので，この変動を均すことを目指す。そのためには国内と海外，マシニングセンタと産業機械でうまくバランスを取ることを企図している。

重点課題として，常に新製品を先取り開発（模倣ではない先取り）することと欧米市場の強化である。

5 まとめ

同社は，ユーザーからもち込まれる難問を新用途，新製品開発のアイディアとして取り込みながら，時代の節目，特に経営にとって大きな危機の時代を乗り切って来ている。バブル崩壊と円高の進行の1990年代中頃は，精密金型製造用の立て型マシニングセンタを開発し，その後の携帯電話ブームによる精密金型需要の拡大に対応し，その後の金型加工分野の成長に備えてき

---

[3] すでに需要のみえている航空機部品用機械については，GEからの発注を見越して，2016年に7億円をかけて拡張した第3工場により生産台数25％工場を可能にしている。

た。また，リーマンショック後の事態にも，航空機部品分野に対応する5軸横型マシニングセンタ，さらには医療用などに対応する立て型マイクロセンタの開発に成功している。

いずれの場合も，環境の変化に直面して，ユーザーの要求を直接的に受け止め，経営者の関与により，社内の開発，生産，販売各部門の力を引き出し，社内部門と外部機関の連携をとることに成功してきたのであった。

4. 事例研究のまとめ

1 イノベーションの特性

株式会社諸岡，安田工業株式会社の両者に共通することが5点ある。すなわち，第1に顧客の複雑かつ高度な要求に直面し，それを，全力を挙げて解決しようとしている点，第2に外部企業の協力をうまく引き出している点，第3にこの内外をつなぐ結節点となる人物ないしは組織が存在する点，第4に，外部資源と結びついた時，独自の価値を発揮する模倣困難なコア技術を有している点，そして第5に，経営上の行き詰まり，あるいは危機に直面した時，第1から4の全てを動員して，新たな製品を生みだして，成長を勝ち取っている点である。

第1については，いずれも平凡な企業であれば，回避するか断念するような複雑で，高度な要求に直面した時，正面から真摯に挑戦している。株式会社諸岡の場合，作業困難な不整地における走行性，運動性の確保に正面から取り組んでいる。また安田工業株式会社の場合も，市場規模は小さいが，顧客の要求が厳しい高精度なマシニングセンタの分野で，精度と速度，精度と微細加工といった，いわば矛盾する顧客の要求に取り組んできた。

第2については，本文で述べたことを繰り返すまでもなかろう。いずれも外部の資源の動員が巧みである。第3については経営トップあるいはそれに変わる組織が，内外，内々の要素を結びつける際の結節点をなしている。諸岡では創業社長，また亡き後の企画会議，安田工業では経営トップの関与である。

第4についても，歴然としている。諸岡の場合，ゴムクローラとHSTの組み合わせについて確立したコア技術があり，安田工業の場合，精度を実現する，現場技能（キサゲ等），機械システム，加工，組み立ての工場システムのそれぞれにコアが存在する。

第5の点は，イノベーションが起こる瞬間に関する重要な意味をもっているのではないだろうか。両者とも，バブル崩壊，リーマンショックなどの危機に遭遇して，これを機会に変えている。危機に直面した時，あるいは危機感をもった時，企業は飛躍できる機会を得るのである。

2 資源連携戦略の特性（まとめ）

両社の資源連携戦略の特性をまとめると，以下のとおりである。イノベーションを効率よく推進するために，社内・社外の資源連携戦略が効果的に活用されているのである。

①**株式会社諸岡**
- 企業類型1：中小GNT
- 経営特性：創業者のベンチャー経営の時代から2代目への移行段階，オンリーワン製品の開発に強み
- 創業者経営：徹底した顧客志向経営，2代目もそれを受け継ぐ，OEMから自社製品化，ブランド戦略の強化，海外顧客の取り込み
- 内外結合：顧客志向の機動的開発，大企業も巻き込むオープン・イノベーション（ゴムローラではブリジストンと共同開発）
- 内々結合：創業者経営から組織経営へ，企画会議・プロジェクトチーム方式の活用

②**安田工業株式会社**
- 企業類型1：中小GNT
- 経営特性：3代目（2代目が実質設立），2009年に社長に（リーマン危機後の経営改革を先導）

・内外結合：①顧客主導，リード・ユーザーの活用（自動車金型），②顧客ニーズの変化を先取りした新用途開拓（自動車金型加工，携帯電話用金型加工，航空機部品用等），ショウルームによる顧客の誘導，③コア技術・部品の開発ではオープン・イノベーション
・内々結合：開発（トップの関与），営業・製造・設計の連携，コアとなる人材の継承・育成（例キサゲ加工）

◇参考文献
株式会社諸岡（2018）『新たなる未知への挑戦―創業 60 周年を迎えて』
安田工業株式会社（2018）『YASDA 会社紹介』

(井上隆一郎)

第6章

知財の収益化と内外資源の連携戦略
―大規模 GNT にみる知財収益化の形態と特性

> 第6章は，イノベーション過程においては知財の開発と共に，知財の収益化が重要である点を強調している。比較的規模の大きな日本電子（量産型電子顕微鏡），セーレン（車輌資材，ハイファッション）（いずれも大規模 GNT）をとりあげて，危機突破の経営改革，それと同時並行して実行される新成長戦略や先行投資の有効性が指摘される。また内外資源，内々資源の連携による新用途開発の重要性も明らかにされる。

1. 事例研究の位置付け
―大規模 GNT の知財収益化の特性分析

　第6章の事例研究では，比較的規模の大きな「大規模 GNT」をとりあげて，開発した知財をいかに収益化してきたかに焦点をあててみたい。知財の開発は，創業以来の歴史を背負っており，先代，先々代の経営者が開発した場合も多い。一方で研究開発型の企業の場合は，開発した知財を顧客と共に改良，改善し，主力製品に育ててきた。また顧客のニーズを先導役に，新たな新製品開発や用途開発に成功する場合もみられる。そのプロセスは，知財の連続的な改良，進化にとどまらず，質的な進化を伴う飛躍（イノベーション）が図られる場合も多くみられる。

大規模GNTにおいては知財開発とともに注目したいのは，知財の収益化における努力，工夫，新発見等の動向である。優れた知財の開発も顧客に受け入れられ持続的な収益化が図られなければ，宝の持ち腐れになる。我々の研究では知財の開発は長い歴史の産物であり，偶然性に左右される場合もあるが，知財の収益化は経営者の意思が重要である。また多くの社員が時間をかけて連携して育て上げる意思決定の産物である。またその過程で内外資源の結合や内々資源の再編成などを通じて，多くの工夫や飛躍が図られていることがわかる。

　この章では経済産業省の「GNT企業100選」に選ばれた日本電子とセーレンを事例研究としてとりあげる。日本電子は世界で初めて量産型の電子顕微鏡を開発した企業であり，同社の製品を使ってノーベル賞を受賞した研究者もみられ，高度な計測・測定機器分野のオンリーワン企業として知られている。同社は従業員数3008名，売上高1045億円の会社であり，一部上場の企業でもある。もともと知財開発には定評があるが，リーマンショックの収益悪化を背景に経営構造改革を断行すると共に，新用途開拓に向けてYOKOGUSHI戦略に挑戦し，知財の持続的収益化に成功している（図表6-1）。

　一方でセーレンは，染色加工の優良経営で知られていたが，プラザ合意後の経営危機に際し，コア技術（Viscotecs）に大規模な先行投資を実施し，世界初となる繊維の垂直統合型のビジネス・モデルを構築した。また非繊維の新用途開発を目指して自動車内装材の事業開発に成功し，持続的成長を実現している。従業員数6264名，売上高1147億円，やはり一部上場の大規模GNTに分類される企業である（図表6-3）。本章ではそれらの2社の事例研究を通じて，知財開発だけでなく知財の収益化の動向と内外資源の結合や社内の部門間の連携の戦略を点検してみたいと考えている。

　なお前川製作所は，大規模GNTに分類され（従業員数4653名，売上高1297億円），本章の中で分析すべきであるが，第7章の3つの類型比較の中で分析するため，第6章では除かれていることに注意してほしい。

2. 事例研究 5 ―日本電子株式会社
   ―コア技術の深耕と知財収益化の
   YOKOGUSHI 戦略で成長の持続―

1 会社の概要

(i) 経営の特徴

　日本電子は，世界初の量産型の電子顕微鏡を開発し，世界のノーベル賞級の研究者がこぞって同社の製品を使っており，世界的に知られた研究開発型企業である。2014 年には経済産業省より世界市場での貢献を評価され「グローバルニッチトップ企業 100 選（GNT 企業 100 選）」に選定された。同社には 11 種類の GNT 製品が開発されており，最も高いシェアの製品では世界の 70％のシェアを獲得しているのである。

　日本電子の歴史は，終戦後の 1949 年に創業者の風戸健二氏が三鷹市に「株式会社日本電子光学研究所」を設立し，電子顕微鏡の製造，販売を開始したことから始まる。創業者は海軍のエリート技師であり，海軍時代に電子顕微鏡の本に出会い，「電子顕微鏡を発展普及させて，科学の力で日本を復

図表 6-1　日本電子株式会社の概要

本社	東京都昭島市武蔵野 3-1-2
設立	設立：1949 年 5 月
資本金	100 億 3774 万円
経営者	代表取締役社長　栗原　権右衛門
売上高	1045 億 7000 万円（連結 2018 年 3 月期） （国内 43％，海外 57％）
従業員数	3008 名（連結同上）
事業内容	・理科学計測機器，半導体関連機器，産業機器，医用機器の製造・販売・開発研究 ・それに附帯する製品・部品の加工委託，保守・サービス，周辺機器の仕入・販売
経営特性	・世界初の量産型電子顕微鏡の開発 ・研究開発型のオンリーワン経営

出所：日本電子株式会社会社案内等をもとに筆者が作成

興させよう」との思いのもとで，技術者総勢10名で会社の設立を思い立ったといわれている[1]。翌1953年には電子顕微鏡JEM-5A型を開発し，1954年にはロンドンで開かれた電子顕微鏡学会で「資料加熱装置」を付けて発表し，国際的な評価を受ける。

　日本電子はのちにJEOLと呼ばれるが，設立時の日本電子光学研究所「Japan Electron Optics Laboratory」の頭文字からきた名称であり，当初から電子顕微鏡の研究，製造を中心とした研究所のような運営でスタートした。

(ⅱ) 製品，事業の構成

　日本電子は先行開発した透過型電子顕微鏡からスタートするが，次々に新製品を開発していく。1956年には核磁気共鳴装置，1958年には電子プローグマイクロアナライザー，1966年には走査型電子顕微鏡，1974年にはオージェ電子分光装置を製品化し，理科学機器・計測機器のあらゆるニーズに対応できる製品ラインを整えていったのである。

　現社長の栗原権右衛門氏によれば「世界中の研究機関や大学などのアカデミックな分野には当社の電子顕微鏡が入っています。当社の電子顕微鏡や核磁気共鳴装置（NMR）を使ってノーベル賞を受賞した研究者は大勢います」とのことで，世界最先端の研究は同社の電子顕微鏡に支えられているといっても過言ではなかろう。

　同社の2018年3月期の売上高は，連結で1045億円であり，国内の売上高が43％，海外の売上高が57％であり，海外顧客の開拓も進んでいる。従業員数は2018年3月期で同じく3008名であり，大規模GNTの企業に位置付けられる。

　日本電子の主力の事業は，3つの部門で構成される。第1の部門は，理科学・計測機器事業のセグメントである。顧客の用途に応じて多様な電子顕微鏡が開発されてきたが，同セグメントは日本電子の技術基盤そのものであり技術の先導役である。大学や研究所の研究者のニーズをもとに連携して新たな製品技術が生みだされ，新用途の開発に貢献してきた。理科学・計測機器事業の売上高は684億円であり，全売上高の65.5％を占める。

1　日本半導体製造装置協会（2011）「創造と開発　日本電子の歴史」『SEAJ　Journal』No1.34, pp.26-27.

第 2 の部門は，産業機器事業のセグメントである。近年成長が著しい半導体製造に関連した製品が有望で，電子線描画装置や電子銃などの装置や部品が中心である。部門の売上高は 167 億円であり，全売上高の 16％を占める。第 3 の部門は，医用機器事業のセグメントであり，生化学自動分析装置，臨床検査情報処理システムなどが含まれる。産業機器事業に次いで高い成長が期待されており，また機器単体だけでなくシステム，サービス，材料など多様な用途開発が期待されている。医用機器事業部門の売上高は 193 億円，全売上高の 18.5％となっている。

2 日本電子のビジネス特性

（ⅰ）主力事業の特性

日本電子は，透過型，走査型などあらゆるタイプの電子顕微鏡を開発し，世界中の研究機関や大学の研究者のニーズに対応してきた。同社の製品は標準品で 1000〜3000 万円，最高峰の電子顕微鏡では 3 億円近い価格のものもあり，付加価値の高い製品である。

近年の科学技術の振興にも支えられ，潜在成長性は高いが，高額の資本財として景気変動の影響を受けやすい。開発当初は国内の官公需の需要が先行して伸びてきたが，最近では民間企業の研究所でも需要が拡大してきている。一方で国内市場は近年成熟化傾向が出ており，今後大きな伸びは期待しにくい。

日本電子は，設立後早い段階から世界の市場を開拓してきた。2018 年 3 月期の海外売上高は 593 億円と全売上の 57％を占め，グローバル化も進んでいる。海外事業所として米国，フランス，イギリス，オランダ，スウェーデン，イタリア，ドイツに現地法人を設立した。最近では新興市場であるシンガポール，オーストラリア，ブラジル，中国にも現地法人を設立し，世界の市場に対し直販体制とサポートの体制を強化してきている。

同社の製品は，特にアカデミア分野でのハイエンドの製品において顧客ニーズへの個別の対応が求められるケースが多い。アカデミア分野における最先端の大学，研究所のニーズにきめ細かく対応する中で，新製品を次々に開発

してきた。その点で先行開発に向けてのリード・ユーザー（先導顧客）は，アカデミア分野の顧客（研究者）であり，顧客志向の研究開発がイノベーションの源泉である。最先端のニーズをもつ研究者と同社の技術ノウハウを擦り合わせて高度で差別化した技術を開発しており，他社からみれば技術上の参入障壁は高い。一方でアカデミア用途は狭い市場のため参入企業も少ない。

　海外ではシーメンス，フィリップス（FEI），GE，RCA，国内では日本電子，東芝，日立，島津製作所などが参入していたが，世界の大手企業は高成長が期待しにくいことから一部撤退する企業もあり，内外における日本電子の存在感は増してきている。

(ⅱ) ビジネス特性と成長戦略上の役割

　以上をまとめると主力事業の電子顕微鏡のビジネスは，
① アカデミア志向（高度な研究機関のニーズへの対応），
② マーケットが小さい（研究所用は工場用と異なり規模の小さなニッチ市場），
③ 技術上の参入障壁が高い（新規参入が少なく技術志向の開発），
④ 利益率が低い（付加価値は高いが研究開発の先行投資を埋める大きな利益は出にくい）
等の特徴がある。

　各事業セグメント別のビジネス特性と位置付けは，以下のようにまとめられる。
① 理科学・計測機器事業：主力製品は各種電子顕微鏡。用途は大学，研究所向け。注文生産品が多くロットは小さい。高付加価値であるが多大な利益は出にくい。先端技術の塊で，他のセグメントに対する技術波及効果は大きい。
② 産業機器事業：主力製品は電子ビーム描画装置，電子銃など。用途は半導体製造向けで，中量産品でロットは大きい。マルチビーム方式では高い競争力を獲得する。収益の拡大，成長が期待される。
③ 医用機器事業：主力製品は血液自動分析装置，臨床検査情報処理システムなど。用途は病院，医療検査機関。国内は自社ブランドが中心，海外はOEM。ハード（装置）以外のサービス・メ

ンテナンス，材料などストック型の売上が可能である。新たなビジネス・モデルの開発に結びつく可能性がある。

3 コア事業の深耕と新たな用途開発の挑戦

（i）環境脅威とコア技術への資源集中

　電子顕微鏡の市場は，予算は国や企業の研究開発予算から捻出されるため，景気など外部環境の変化を受けやすい。経済の不況期には予算が絞られ，同社の受注，売り上げが減少し，景気変動の影響を受けやすいという問題点が挙げられる。また国内市場が成熟化する中で，設立後早い段階から海外の顧客（研究者）を開拓し，輸出中心のグローバル化を推進してきた。そのため，為替環境が円高・ドル安に振れるたびに，主力製品は収益が大きく変動する傾向がある。

　1985年のプラザ合意以降は，急激な円高，ドル安が進み，海外市場での競争が激化し，収益が悪化するだけでなく，国内の価格・性能面での競争が顕在化してきた。栗原社長によれば，「これらの課題を克服するためにコア技術である電子線収束技術に資源を集中し，技術ニーズ，市場の出口を意識した製品開発を徹底した」ということである[2]。

　電子顕微鏡には透過型，走査型などがあるが，世界の大学，研究機関の研究者のニーズは多様である。無機物・有機物，各種の波長，機器の種類等のニーズの違いを考慮して多様な製品を開発してきたが，それらの過程でコア技術の内製化も図ってきた。同社のコア技術は，電子銃，電子線の制御，電子線収束技術などであるが，コア技術に関わる要素技術は内製化し，独自の生産方法で差別化していく。また電子線の種類，波長などに応じた制御ノウハウは社内に十分蓄積されてきており，データーベース化して技術ノウハウの共有を図れば，新たな製品開発の可能性が生まれてくるのである。

　それに加えて内外の連携も同時に強化していった。顧客との関係では国内外の大学の研究者との共同プロジェクトへの参画も進め，世界最高性能の製

---

[2] 経済産業省「グローバルニッチトップ企業100選（GNT企業100選）」2014年3月のGNT企業概要（詳細版）による。

品開発を強化した。また社外の取引先との連携も進めていく。それらが引き金となり，従来の製品という枠にとらわれないオンリーワン製品が次々に生まれ，電子顕微鏡のさらなるハイテク化と新たな用途の底上げ，開発が進んでいったのである。

（ⅱ）リストラの断行と収益化の促進

2008年6月には栗原権右衛門氏が社長に就任したが，年末にはリーマン危機が起こり，日本電子の経営は設立以来の危機に直面することになる。また2009年から11年期にかけて円高が急伸したため赤字が拡大し経営の危機は顕在化していった。栗原社長は就任早々，抜本的な経営改革を迫られることになったのである。

同社の赤字の原因は，リーマンショックによる世界的な同時不況による受注，売上の急減が直接の原因であるが，研究開発型企業にありがちな技術志向，収益化軽視の構造的な問題も横たわっていた。そこで栗原社長は人員削減を行うと共に，お金を生まない内部取引のみの子会社5社を本社に統合し，抜本的な固定費の圧縮を伴うリストラを断行していった。

栗原社長は，3年間の中期計画に合わせて対策を打った。2010年には「CHALLENGE5」を策定し経営の構造改革を断行すると共に，2013年には「Dynamic Vision」のもとで新たな成長戦略に挑戦していく。基本の方向はイノベーションの出口として顧客に対するソリューション力を強化することであり，知財の収益化の意識を徹底させることであった。2012年にはソリューション展示場を設置し，横串セミナーの開催による顧客開拓を強化していった。栗原社長は技術でなく営業の出身であり，日本電子の技術の圧倒的な強みは十分理解していたが，一方で技術の強みが収益化に反映されていない。全社一体となり新規顧客の開拓や知財の収益化に結集されていないことが問題であると考えていたのである。

栗原社長が特に重視したのは経営風土面の問題である。社員は世界一流の研究者に対応しており，自信とプライドは高い。それはややもすると技術開発優先で収益化を軽んじる風土に陥りやすい。また部門間の連携が薄れ，タコつぼ型の研究体制，事業体制が出来上がると，部門最適の閉鎖主義に陥

り，日本電子の技術力，総合力が活かせない危険が出てくることが問題であった。

4 知財の収益化の重視とその戦略── YOKOGUSHI 戦略

（ⅰ）コア技術の連携と新用途開発

日本電子では，技術志向の企業風土をもち，11 の事業ユニットの独立性，縦割り志向が強く，部門最適のタコつぼ型の事業開発を推進する傾向が出ていた。アカデミア分野で培った電子顕微鏡の高度な要素技術，顧客対応の中で蓄積してきた技術ノウハウを共有し，顧客志向の用途開拓が推進できれば知財の収益化の機会が広がるはずである。

日本電子では，2010 年の「CHALLENGE5」の収益拡大戦略の中でソリューション・ビジネスの強化をうたい，ソリューション展示場を設置し，顧客が展示場の中で同社の製品の良さを実際に試し，販売促進に役立てる。それと並行して「横串セミナー」を開催し，同社の全製品群を集結し「ソリューション」の一例を紹介し，新たな用途開発を提案する活動を始めた。

2013 年の「Dynamic Vision」では，それまでの成長戦略を前進させるために製品開発力，ものづくり力，ブランド力の 3 つの UP を掲げる。また顧客価値の創造に向けてソリューション・ビジネスをさらに強化するため「YOKOGUSHI」戦略を本格稼働させている。11 の事業ユニットが過去の延長で狭い領域の中で独立し，縦割り型の製品開発を続けがちであるが，「7 割は深掘り，3 割は横展開」とし，事業ユニットを越えた部門横断型の用途開発を推奨していく。そのためには事業ユニットの壁を越えた，また開発・製造・販売の機能部門の枠を越えた「内々連携」が重要なのである（図表 6-2）。

「Dynamic Vision」の中では，開発（製品開発力）の UP のために，事業ユニットを越える YOKOGUSHI・共通化戦略を策定し，同社の強みを共有し市場志向の用途開発を強めていく。また販売（ブランド力）の UP では YOKOGUSHI 販促戦略により顧客の求める「ソリューション・ビジネス」の創成を重視し，新たな用途開発と収益の拡大に挑戦している。

たとえば内々結合による用途開発の例として，日本電子にはフラッグシッ

プ製品の JEM-ARM200F をもっており、走査透過像は 0.08nm にも達している。その技術を中心に、従来の顧客を超えた観察・分析装置が提案できれば多様な用途開発が可能であろう。また部門横断型の「YOKOGUSHI」戦略により顧客ニーズに即したソリューションが提案できれば同社の知財の収益化にも貢献するはずである。

また同社の製品技術を組み合わせた新用途の事例として、2013年07月に東京大学の小林修教授(大学院理学系研究科化学専攻)の研究提案が挙げられる。複数の同社の装置を効果的に活用することで新規の金属ナノ粒子固定化触媒の開発に成功した事例である。この成果は、日本電子の「Dynamic Vision」の「YOKOGUSHI」戦略の象徴となる開発といわれている[3]。

図表 6-2　Dynamic Vision と YOKOGUSHI 戦略

出所:日本電子株式会社ホームページによる。

3　日本電子株式会社ホームページ「核磁気共鳴技術と透過電子顕微鏡技術を活用した＜YOKOGUSHI＞研究成果」https://www.jeol.co.jp/news/detail/20130716.521.html (2018年10月1日閲覧)。

これらの事例をみると事業ユニットを越えた連携から新たな製品開発，用途開拓が生まれることがわかる．またリード・ユーザーとなる先端技術に関わる研究者との連携は，新たな用途開拓や顧客価値の創造の原動力であることも理解されよう．

（ii）知財の開発・収益化と内外連携の活用

上記の事例からは，YOKOGUSHI 戦略を効果的に推進するためには，社内における内々連携やリード・ユーザーとなる先導顧客との内外連携の重要性が理解できる．一方で YOKOGUSHI 戦略を効率よくスピーディーに遂行するためには社外の取引先との連携や産学官連携の効果的な活用がまた重要となることがわかる．2010 年中計の際では，成長戦略の一環としてソリューション・ビジネスの強化を掲げ，ソリューション展示場を本社工場や大阪支店に設置し，ショウウインド効果をもたせ，新製品を実際に使ってもらいながら，企画提案型ビジネスを展開してきた．

さらに新用途開発を促進するために，顧客との連携はもちろんであるが，ソリューションの提供上不足する外部企業との連携が必要である．この社外資源を活用した「内外連携」はソリューションの充実，スピードアップのためにも必要である．

日本電子は，2014 年 2 月に新たな電子顕微鏡の開発のため，ニコンと資本業務提携して電子式と光学式の顕微鏡を融合した製品開発に本格的に乗りだした．最先端のバイオ研究や材料開発に使える画期的な微細構造解析用機器の共同開発を目指した内外連携の事例であり，注目が集まる．また産業機器の分野では，半導体マスク製作用マルチ電子ビーム描画装置の開発，製品化においてはオーストリアの IMS と共同開発を推進中である．

一方で医用機器の分野では，多くのソリューション・ビジネスの開発に挑戦中である．この分野は潜在成長性が高く，また日本電子の単独の展開には限界がある．海外では装置の OEM ビジネスで限定してきたが，国内では自社製品ビジネスを考えており，社外連携による新たなソリューション・ビジネスの開発が必要である．たとえば国内の病院や医療検査機関に対しては同社の装置を中心に，他社と連携して分析測定，臨床検査のビジネスを開発す

る動きも出ており，ハードだけでなくサービス，材料補給などの新たなビジネス・モデルの開発に結びつく可能性もある。

医用機器事業では，2010年7月から中国・アジア向けに自社ブランドの生化学検査用自動分析装置の販売でシスメックスと契約する。また2011年8月にはシーメンスと先進的生化学自動分析装置の開発，製造，販売でパートナーシップを結んでいる。2016年2月には堀場製作所と欧米地域における生化学自動分析装置の販売提携を結んでいる。また国内では2016年4月に臨床検査会社の富士レビオと連携して，生化学・免疫分析一体型装置を開発し，ソリューション・ビジネスの開発を推進中である。ソリューション・ビジネスの開発には内外の連携が不可欠であり，新たな知財収益化のビジネス・モデルの開発に結びつく可能性があり，注目される。

知財の開発における内外連携は，オープン・イノベーションであり，知財の収益化における内外連携はビジネス・モデル・イノベーションと呼べる方法であろう。いずれにしてもソリューション・ビジネスの開発には，社内資源の連携や社外資源の活用を前提とした知財の開発，収益化が必要であり，効果的な内々連携・内外連携が持続的な成長を生む条件なのである。

3. 事例研究6 ― セーレン株式会社
― 原糸から最終製品までの世界初の一貫生産体制，Viscotecsによる企画・製造・販売のビジネス・モデルを構築 ―

1 会社の概要

(ⅰ) 経営の特徴

セーレンは，連結ベースの売上高が2018年3月期で1147億円，従業員数が6264名であり，1部上場の繊維の大規模GNT企業である[4]。2014年3月17日には，経済産業省の「グローバルニッチトップ企業100選（GNT企業

---
4 本事例は，拙稿（伊藤・土屋（2009）『地域産業・クラスターと革新的中小企業群─小さな大企業に学ぶ』学文社．）をもとに，2018年9月11日のインタビューによって補足修正した事例である。

100選)」の「消費財他」の中堅企業として選定されている優良経営の企業である。

同社の歴史をみれば衣料テキスタイルの染色加工企業として，1923年に福井市で設立された。「セーレン」の由来は，絹糸の繊維から不純物を取り除くこと（精錬）からきており，福井県内の精練加工企業5社が輸出振興を目指して統合された。創業100年の歴史をもつ福井県の名門企業である。染色加工で高い技術力をもつ企業であるが，アパレル，合繊メーカーの委託賃加工が主力ビジネスであり，下請け企業の地位にあった。しかし同社は，下請け経営から脱却し，一貫生産体制の構築を目指して，2005年には大手多角化企業カネボウの倒産に際して繊維部門を引き継ぎ，原糸の製造から編織，染色仕上げ加工，縫製の一貫生産メーカーの地位を築き現在に至っている。

セーレンは，染色技術にIT技術を融合させたビスコテックス（Viscotecs）を開発し，総合繊維メーカーとして繊維（ハイファッション）から自動車内装材（車輌資材），インテリア・ハウジング（環境生活資材）などの分野に多角化し，持続的な成長を獲得している。

(ii) 主力事業の位置付け

同社の売上高のセグメント情報をみれば，ハイファッション248億円（22％），車輌資材671億円（59％），環境生活資材75億円（7％），エレクトロニクス83億円（11％），メディカル63億円（6％）など多くの分野に多角化していることが分かる。

近年繊維産業では，日本はアジア新興国などに対して比較優位を失い，大手の繊維企業は繊維部門から撤退し，原糸の生産や合繊事業から多角化する企業が大部分であろう。それらの中で，同社は撤退部門の原糸生産をM&Aで買収し，川中の染色加工から上流，下流の繊維関連部門を取り込み一貫生産型のビジネス・モデルを構築した。また繊維技術を最大限活かして新用途開拓により，持続的な成長を続けているユニークな企業でもある[5]。

---

[5] 衣服の小売業では，ユニクロやH&M，ZARAのように製造小売業（SPA）のビジネス・モデルがみられるが，セーレンは製造部門も内製し，注文生産方式をとるユニークなビジネス・モデルを構築している。

図表 6-3　セーレン株式会社の概要

本社	福井県福井市毛矢 1-10-1
設立	・創業：1889 年 ・設立：1923 年
資本金	175 億 2025 万円
経営者	代表取締役会長兼最高経営責任者　川田　達男
売上高	1147 億円（連結 2018 年 3 月期） （国内 59%，海外 41%）
従業員数	6264 名（連結同上） （国内 3000 名，海外 3264 名）
事業内容	・総合繊維業 （車輌資材 59%，ハイファッション 22%，エレクトロニクス 7%，環境・生活資材 7%，メディカル 6%）
経営特性	・原糸から最終製品までの世界初の一貫生産体制，カネボウの買収で完成 ・Viscotecs 技術を中核とした新用途開拓で持続的成長

出所：セーレン株式会社会社案内等をもとに筆者が作成

　同社の海外展開は進んでおり，成長戦略にとって重要な課題の 1 つである。海外の売上高は現在連結売上高の 41％を占めているが，同社のグローバル化は，主として自動車内装材の事業拡大と共に成長してきたものである。主要な取引先は日系自動車メーカーであり，自動車の海外展開と共に売上高が拡大してきた。主要な販売地域は，アジア 22%，北米 16%，その他 2％であり，海外 7 か国に生産工場をもっている。海外の従業員数は，全従業員 6264 名の半分強 3000 人を占めるが，日本・米国・アジア（中国）にデザインスタジオをもち，日本・北米（アメリカ）・中米（メキシコ）・アジア（タイ，中国，インド，インドネシア）・南米（ブラジル）に生産拠点を抱えている（図表 6-3）。

2　環境脅威と経営改革

（i）委託賃加工ビジネスの問題

　セーレンは，100 年近い歴史をもち，絹製品の輸出用染色加工を手掛けてきた企業である。染色加工の工程は，原糸の生産と縫製の中間工程に位置し

ており，総合繊維ビジネスの要の技術であり，高付加価値のビジネスである。一方でビジネスの形態は下請け賃加工で，川下のアパレルメーカー，合繊メーカーからの注文にもとづく委託賃加工のビジネスであり，自立性に乏しく多くの問題点を抱えていた。

まず最終顧客とは直接接することがないため顧客のニーズを的確に反映することが難しい。また直接顧客に接していないため景気変動の影響にも直接対応できず，過大なしわ寄せを受けやすい地位にある。さらにいえば，繊維業界の慣行として大量生産と在庫処分を繰り返す非効率なシステムが出来上がっており，自動車業界と比較すると「ムダ・ムラ・ムリ」の典型のようなシステムが出来上がっており，その延長線上にはセーレンの目指すべき方向がみいだせないのも事実であろう。

(ii) 経営の危機と経営改革―川田達男社長の就任

セーレンは，現在では世界オンリーワンの事業の創生に向けて独自のビジネス・モデルを創成し，順風満帆のようにみえる。また最近はグループ経営が軌道に乗っており業績も安定しているようであるが，その道のりは決して楽なものではなかった。

1970年代にはオイルショックが発生し，資源多消費型産業の存続に黄色信号がともっていた。また1985年のプラザ合意後の円高，ドル安が急進したことから繊維産業はアジア新興国に対する比較優位が一気に低下することになる。戦後経済をリードしてきた繊維産業は輸出産業から輸入産業に転換し，また急激な価格破壊にも見舞われることになった。同社も決して例外ではなかった。先代社長の黒川誠一氏の後を受けて，1986年に若手の川田達男氏が社長に抜擢され，同社の存続のための抜本的な構造改革を託されることになる[6]。

同社は，構造改革に向けての基本戦略として3つの重点事項を掲げた。「非衣料・非繊維化，流通のダイレクト化，グローバル化」の3つがそれであり，総力を結集して構造改革に着手することになる。「非衣料・非繊維化」は経営多角化であるが，同社が重視したのは，繊維企業の大手が志向した

6　セーレン株式会社編（2015）『セーレン経営史―希望の共有を目指して』p.183.

「脱繊維，多角化」の推進ではなく，強みである本業の技術，強みを徹底強化することであった。つまり染色加工技術を中核に，IT化で武装した「流通ダイレクト化」を武器に顧客志向による用途開発，新事業開発を推進し，繊維技術を活かした「非衣料・非繊維化」の用途開発に挑戦する戦略である。

そのための顧客から開発・製造・販売に至るプロセス改革は，「流通ダイレクト化」により突破することがねらいであった。日本経済は当時米国に次ぐ第2の経済大国であり，ものも豊かになり消費者のニーズは高度化，多様化している。良いものを大量に提供する時代は終焉を迎えつつある。同社は繊維の染色加工技術を提供する中間工程の会社ではあるが，製品を提供するには糸と消費者を結ぶ重要な技術の担い手であり，結節役の位置にある。つまり多品種少量生産時代を迎え，消費者の多様なニーズにきめ細かく応える技術は同社がもっており，それを活かせば「流通のダイレクト化」が可能となる。同社は，ビスコテックスの開発に向けて大規模な先行投資を行い，「流通のダイレクト化」に挑戦していったのである。

3 環境脅威をバネにした資源集中

(ⅰ)「流通のダイレクト化」への先行投資

ビスコテックスは，開発がスタートしたのは1980年からといわれているが，それ以前から進められてきていた。1980年に本格的な開発がスタートし，川田社長のもとで大規模投資が行われ，1990年に量産工場が建設され「非衣料・非繊維化」に向けて新事業開発の基盤が整ったといえよう。ビスコテックスは，IT技術を活用し，市場，顧客と開発・生産を直結する「流通のダイレクト化」のための手段である。

川田氏が社長に就任した時期，セーレンは年商にすれば500億円程度の中堅規模の会社であった。経営資源も決して大きくなく，またリスクをとれる範囲も限定されていた。その会社が経営の構造改革にあたって，生産のキー工程である染色プロセス改革のために売上高の半分程度にあたる累積投資200億円の大規模投資を次々に実行していく。結果としては，その投資がその後の同社の飛躍的な発展を支えることになり，川田社長の戦略は大いに的

を射たものであったことが分かる。一方で当時は，大きなかけであったことは間違いなかろう。

「流通のダイレクト化」に向けて同社がとった戦略は，内製による一貫生産体制の構築と少量・短納期・カスタマイズ生産・供給の2つである。一貫生産体制の構築は，「非衣料・非繊維化」にとっても重要であり，自動車内装材をはじめとする工業資材分野への用途開拓の中核技術である。また染色加工工程を中心にしてその前工程（糸，織編）及び後工程（裁断，縫製）を付加し，一貫生産体制を整備していけば，大量生産型と在庫の無駄を改革し少量多品種・短納期生産はもちろんのこと，注文生産，カスタマイズ生産が可能である。ビスコテックスは，それを可能とするシステムであった。

川田社長は今後も繊維を有望事業とみており，中長期の持続成長のためには繊維の高度化，高付加価値化により「衣料事業」の改革が必要であり，その技術をもとに「非衣料事業」の創造を同時に進めることで，新事業の創造が可能である。単なる脱繊維，多角化ではなく，本業そのもの高度化と事業領域の拡大を実現するためにも，ビスコテックスへの投資は必要であると考えたのである。

(ⅱ) 中核技術ビスコテックスの開発

「流通のダイレクト化」のシステムは，ビスコテックス（Viscotecs：Visual Communication Technology System）と呼ばれており，長年蓄積してきた染色加工技術，衣料生産管理技術の延長線に位置している。ビスコテックスは，ITを利用した独自のディジタル・プロダクション・システムで，複数のデザインCAD，インクジェットプリンターを使ったCAM，それに染料，顔料などのインク材料，ネットワークなどから構成されている。個別注文生産（BTO）を効率良く行う多品種少量，短納期型の生産体制であり，今後の事業開発の要となるシステムなのである。

同社は，染色加工技術，衣料管理技術のもとで独自のディジタル・プロダクション・システムを開発したことで，小ロット・短納期・在庫レス・オンネット・低コストを同時に実現したことが強みである。衣料品の多品種・小ロット・カスタマイズ生産の事例としては，カスタムオーダーの「make

図表 6-4　Viscotecs システムの生産面の特徴
（Viscotecs：企画・製造・販売トータルシステム）

	従来染色方式	Viscotecs
表現できる色数	10〜20 色	1670 万色
デザインサイズ	1×2M	無限大
生産ロットサイズ	2000M	1M〜1 着分
時間の概念	6 か月〜1 年	5 時間〜2 週間
資源	膨大な用水 膨大なエネルギー 在庫ロス	1/20〜1/30 1/5〜1/20 バーチャル在庫
環境	公害	無公害
職場	水と蒸気・臭気・長靴	ホテルファクトリー

出所：セーレン株式会社会社説明資料による。

your brand」が挙げられよう。商品の価格は，1〜2 割高に抑えられ，しかも 2 週間以内で手元へ届くことができる。さらに 1 週間以内を目指して短納期化を推進中であり，過剰在庫のような資源の無駄遣いもなく，現代社会の多様化したニーズにもマッチした優れものである。

　ちなみにビスコテックスによる生産を従来の方式に比べると，その強みは一層明らかになる（図表6-4）。表現できる色数やサイズは，無限大に近い。また従来は生産のロットサイズは，2000M が最小規模であったが，1M または1 着分からの生産が可能である。リードタイムも 6 か月から 1 年ぐらい必要とされていたが，5 時間から 2 週間に縮めることができた。資源の効率化にも寄与するエコロジカルなシステムを開発したことになる[7]。

4　持続的成長に向けての新用途開発の挑戦

（ⅰ）非繊維・非衣料化の戦略―自動車内装材の開発

　1970 年代のオイルショック以降日本の繊維産業が比較優位を失い，景気の好不況の中で黒字と赤字を繰り返す状況の中で，セーレンも新たな顧客の開拓や新規事業の開拓は緊急課題であった。川田達男氏は入社以来，本業が

---

[7]　セーレン株式会社「会社情報・Viscotecs」による。

好調な時期から委託賃加工，下請けからの脱皮を提案し，またその解決策の1つとして非繊維の顧客開拓に熱心に挑戦してきたのである。

1970年代は，ニット（編み物）を活用した非衣料分野の開拓が行われ，靴の中敷き，傘の布地，乳母車の生地等の用途開拓の事例も出ている。その一環として1974年には，自社企画品ナイロンジャガード・ジャージーを利用し，いすゞジェミニの天井材への用途開拓に成功しているが，自動車分野での車両資材としての用途開拓の嚆矢となる事例であろう[8]。

また1977年には，ナイロンエステル交編トリコット起毛製品を使った自動車内装材がトヨタのコロナやマークⅡに採用され，現在の車輛資材用途の本格的な事業化の道が開かれたのである。

トヨタが自動車内装材に採用したことを契機に，日産，三菱の高級車のシート材にも採用され，自動車内装材の事業は本格的な軌道に乗ることに成功する。自動車内装材向けの売上高は，現在では671億円，全売上高の59％のシェアを占めるまで成長してきている。また自動車内装材は，グローバル成長の中核を担う事業であり，今後の成長戦略の要の事業といえよう。

（ⅱ）カネボウの原糸製造部門の買収―垂直統合モデルの完成

繊維は，戦後の日本の産業発展を牽引してきた重要な産業ではあるが，労働集約的な工程が多く，韓国，台湾，中国，ベトナムなどの発展途上国の企業が比較優位をもちつつある。日本の大手の繊維メーカーは，アジアなどの低賃金国に生産部門を移転するとともに，多くの企業は生き残りをかけて脱繊維，多角化事業の開発を推進している。中には繊維の大手名門企業のカネボウのように，多角化経営に失敗し，繊維事業をはじめとする多くの事業を売却して生き残りを図る企業も現れている。

セーレンは，大手企業のカネボウの原糸部門を買収して，原糸，織物，染色，縫製の世界初の垂直統合モデルを構築した企業である。日本国内では繊維はむしろ縮小撤退の対象となっており，繊維の大手企業は，脱繊維を掲げている企業が多く，繊維からの多角化こそ企業成長の道であると考えている企業が一般的である。

8　セーレン株式会社編（2015）『セーレン経営史―希望の共有を目指して』p.123.

それに対してセーレンは、繊維を同社の成長戦略には欠かせない重要事業と考えている。名門大手のカネボウが倒産の危機に直面して、不採算部門から撤退し、収益力のある事業に集中するため経営のリストラ、再建が断行された。労働集約型の繊維部門は、国内では撤退事業とみられ、買収する企業は現れなかった。しかしセーレンは、カネボウの原糸事業は、一貫生産体制を構築するうえで必要なビジネスであり、新たなビジネス・チャンスととらえたのである。

セーレンは、2004年5月にカネボウが合繊事業と天然繊維事業を営業譲渡すると発表すると、それらの事業を譲り受け2005年7月に「KBセーレン株式会社」を設立することになった。大企業が国内では立ちいかなくなり撤退した繊維事業を、中堅の委託賃加工から発展した「セーレン」が買収するのは意外な展開であろう。セーレンにとっては、原糸の開発生産部門は重要部門であり、自動車の内装材はもちろんのこと非衣料・非繊維化の差別化したビジネスの創造の要の1つとなる工程である。

同社にとって繊維の賃加工からの脱皮、一貫生産体制の構築は、長年の夢である。最近では糸や織物の製造までアジアの合弁会社に移すか、撤退し多角化経営に特化する会社も多い。その中で同社は、逆に繊維の開発から製造・販売までのプロセスを一貫して行う独自の会社を作りあげてきた。また繊維の一貫生産の強みを活かして、多くの用途開拓に成功し、持続的な成長を続けている「世界オンリーワン」の企業である。

4. 大規模GNTの事例研究のまとめ
　　─知財の収益化と資源連携戦略

1 日本電子

日本電子は2018年3月期の従業員数3008名、売上高1045億円の一部上場企業である。世界初の量産型の電子顕微鏡を開発し、現在では11のGNT製品をもつ研究開発型のオンリーワン企業である。計測・測定機器分野における知財開発では圧倒しているが、知財の収益化面では問題を抱えていた。

その背景には研究開発優先主義，収益志向の軽視，タコつぼ型組織の弊害など多くの問題を抱え，知財収益化の面では課題を抱えていた。リーマンショック後の赤字をバネに固定費の圧縮を図ると共に，コア技術の強みを全社で共有し，開発・製造・販売の部門間および市場分野横断型の「YOKOGUSHI戦略」を強化する。

また顧客に対する問題解決・提案型の「ソリューション・ビジネス」を重視し，新用途開発に挑戦し，知財の収益化の持続に成功している。

資源連携戦略の特性（まとめ）
- 類型3：大規模GNT
- 経営特性：研究開発型，顧客（研究者）志向の開発に強み（11のGNT製品をもつ），新用途開発とソリューション・ビジネスによる成長戦略
- 環境脅威と経営改革・新成長戦略：輸出比率57％，プラザ合意，リーマンショック後の経営危機をバネにした経営構造改革とYOKOGUSHI戦略で危機の突破と持続的成長に成功
- 内外結合：①ノーベル賞級の研究者と連携した電子顕微鏡の先行開発，②コア技術活用の部門横断型の新用途開発（産業機器・医用機器に次ぐ新事業開発），③ソリューション・ビジネス型の事業開発
- 内々連携：内々連携では2つのYOKOGUSHI戦略の展開（①11事業ユニットの市場横断型連携，②開発・製造・販売の部門間連携の強化）
- 内々・内外の擦り合わせ：①内外連携から内々連携の再編へ，②顧客志向の内々資源活用のシステム作り，③ソリューション・ビジネス開発とYOKOGUSHI戦略の体系化

2 セーレン

セーレンは，2018年3月期の従業員数5148名，売上高1081億円の一部上場企業である。

優れた染色加工技術をコア技術に，繊維の上流（製糸），下流（ファッションアパレル）に進出し，世界初の垂直統合型のビジネス・モデルを構築

し,非繊維の用途開発を展開している。

プラザ合意以降の円高局面で,ディジタル・プロダクション・システム (Viscotecs) への大規模な先行投資を実行した。また繊維の垂直統合型の強みをバネに非衣料・非繊維の新用途開発に挑戦し,自動車内装材の用途開発に成功した。また自動車のグローバル化に合わせ,海外売上を拡大し持続的な成長に成功したのである。資源の結合戦略としては,以下のような特徴があり,内外資源の連携を促進する技術部門 (TPF) が組織されている。

資源連携戦略の特性（まとめ）
・類型3：大規模 GNT
・経営特性：経営者主導の迅速な意思決定,繊維の開発・製造・小売のビジネス・モデル,非繊維の新用途開発
・環境脅威と成長戦略：環境脅威（プラザ合意,円高の危機）,社長交代,コア技術（Viscotecs）への大規模投資,製糸部門の買収（カネボウ）,新用途開発（自動車内装材）とグローバル戦略の強化
・内外結合：①委託賃加工の下請けビジネスの転換（顧客の直接開拓,提案ビジネスへの転換）,②分業体制から一貫生産体制への転換（M&Aを含む外部資源の取り込み,組織間融合）,③新ビジネス・モデル（BTO 方式）の構築
・内々結合：①組織改革（各工程の開発部門の統合（TPF）と横串連携,合併会社の融合）,②開発戦略（短期開発（顧客志向型）,中期開発（部門横断型,シーズ/ニーズの連携）,長期開発（オープン・イノベーション））

5. 知財の収益化と内外連携の特性

知財の収益化には,①ビジネス・モデルの創造（知財の開発と収益化）,②専有可能性の維持・拡大の2つの側面がある（榊原（2005）,土屋他（2012））。以下のまとめでは①の側面に重点を置いて整理している。

なお②は,特許の取得,コア技術や製法のブラックボックス化などの知財

戦略の領域であるが，インタビューした GNT の知財戦略は，自社で開発した知財の「事業における有効活用」が基本であり，自社の知財の先行開発と「デファクト標準化」をベースに防衛的な対策をとる場合が一般的である。国内の対コンペティター対策やグローバル化の対策は，各国で特許を取得すると共に，コア技術や製法をブラックボックス化し，知財の専有可能性を高める戦略がとられている（土屋他（2015））。

1 顧客志向型の製品技術開発

（ⅰ）顧客志向のカスタマイズ戦略が基本

本章では研究開発型 GNT の中で，従業員数が 3000〜5000 名，売上高が 1000 億円を超える規模の大きな企業を選定して，知財の開発から収益化のプロセスや成長ベクトルの特徴をまとめてみた。

研究開発型の経営の基本は，規模を越えて共通している。顧客との取引関係の中から関係的技能を蓄積し，顧客と連携して製品技術の開発を行う顧客志向型の開発である。顧客の求めるニーズに応えるだけでなく，一歩・二歩進んだ独自の技術を先行開発し，自社製品化する技術力は一級品である。一方でこのクラスの企業は，開発した知財の収益化にも熱心に挑戦し成功している。日本電子は，ノーベル賞級の研究者の高度なニーズに応える中で多様な電子顕微鏡を次々に開発してきた。事業のプロセスは，アカデミア分野における研究者ニーズをもとに計測・測定機器を開発する特注品ビジネスが基本であるが，その領域にとどまっていない。透過型・走査型等多様な用途に対応する電子顕微鏡を開発し，研究者の求めるニーズをもとに「ソリューション・ビジネス」を提案し高い付加価値を上げているのである。

セーレンは，繊維の染色加工では高い技術力をもつ会社であったが，設立当初は繊維，アパレルの下請け賃加工の会社であった。しかし染色加工の技術は一流であり，技術ノウハウを体系化しディジタル・プロダクション・システム（Viscotecs）を開発する。Viscotecs は汎用性があり，非繊維ビジネスでも中核技術になると考え，大規模な投資を行い，独自の個別注文生産（BTO）方式のハイファッション事業を開発した。またこのコア技術は，自

動車内装材の用途開発でも重要な役割を担い，非繊維に向けて新たなビジネス開発に成功したのである。

（ⅱ）顧客多様化の戦略―グローバル化の動向

事例研究では，ほとんどすべての企業が海外顧客の開拓，グローバル化が進んでいる。グローバル化は，現有製品による新規顧客の開拓であり，顧客の多様化戦略の一環でもある。グローバル化は，国内市場が成熟化する中で海外進出が進められるのが一般的であるが，大規模 GNT では国内市場の開拓と相前後して，海外に進出する事例も多くみられる。中堅 GNT でも竹内製作所は売上の 97％を海外で上げているユニークな企業であり，国内向けの OEM 生産ビジネスの限界に気づき，早い時期に欧米を中心に海外に経営資源を集中した事例もある。

大規模 GNT の海外売上の割合は，日本電子が 57％，セーレンが 41％，前川製作所が 50％であり，特定の製品，用途では世界的な競争力をもち，国内だけでなくグローバルに市場で活動している企業が一般的である。

大規模 GNT の事例研究では，グローバル化は販売のグローバル化が中心であるが，セーレンでは自動車内装材を中心に生産の現地化も行われている。

- 日本電子：海外販売子会社（米州（米国，メキシコ，カナダ），欧州（英国，仏，オランダ，ドイツなど 6 か国），アジア・オセアニア（シンガポール，台湾，オーストラリア，韓国））
- セーレン：海外販売子会社（北米，南米，欧州，南アジア，東アジア，東南アジア），および自動車内装材の海外生産拠点（米国，メキシコ，ブラジル，中国，タイ，インドネシア，インドなど）
- （参考）前川製作所：海外販売子会社（北米，南米，欧州，中東，アフリカ，アジア），および産業用冷凍装置の海外生産（米国 2，メキシコ，ブラジル，ベルギー，韓国など）

研究開発型企業としては，海外生産以上に重要なのは「販売・サービスのグローバル化」である。事例研究の各社は，販売・サービス体制は世界主要

地域，主要国をもれなくカバーし，高度なネットワークを構築している。研究開発型では，顧客志向の開発が基本であり，顧客からの情報は製品開発にフィードバックされる必要がある。したがって各国の販売体制の整備にあたっては，自社の直営店や直営代理店を組織し，顧客からの情報のフィードバックには細心の注意を払い，顧客志向型の連携開発の仕組みが整備されている。なお現地生産を行っている事例では多くの技術者が工場に駐在しており，販売・サービスと開発・生産の部門連携は一層緊密に情報のフィードバックが行われることになる。

2 新用途開発戦略

（ⅰ）効率の良いマスカスタマイズ戦略

特定顧客，重要顧客とのカスタマイズ戦略の徹底は，研究開発型の基本行動であるが，特定顧客の取引を多様化し，「マスカスタマイズ」により効率の良い収益化を獲得する事例も多くみられる。セーレンは，繊維の注文生産システム（Viscotecs）をもとに自動車用内装材の製品開発に挑戦し成功した。当初はいすゞのジェミニに納入し，その後トヨタのコロナ・マークⅡの内装材に採用されたが，製品開発だけでなく生産，品質保証等の面で多くの飛躍（ブレークスルー）が行われた。トヨタの主力製品に採用されると，日産自動車，三菱自動車工業といった各社の高級車にも採用され，同社の自動車内装材の事業開発のきっかけとなった[9]。

日本電子は，アカデミア分野の研究者をリード・ユーザーにして多様な電子顕微鏡を開発してきた。研究者のニーズは物理，化学，生命科学，医薬品，自動車材料など多様であり，多くの共同開発の経験，技術ノウハウがデーターベース化され，共有されているのが強みである。それらの共同開発の中から，多様な電子顕微鏡（透過型，走査型，イオンビーム型，核磁気共鳴型など）が開発され，理化学・計測のあらゆる用途に適応できる装置を生みだしてきたのである。日本電子は，カスタマイズ戦略で培ってきた多様な知財を体系的に共有・活用して，効率の良い「マスカスタマイズ」戦略を展

---

[9] セーレン株式会社編（2015）『セーレン経営史―希望の共有をめざして』p.125.

(ⅱ) 部門横串の新用途開発—コア技術の活用による収益化

日本電子は、リーマンショック後の収益悪化の危機の中で、電子顕微鏡で蓄積した技術ノウハウを全社で共有活用し、多くの顧客の潜在的な価値を実現する提案活動を推進している。同社ではアカデミア分野で長年蓄積してきた電子顕微鏡を使った理化学・計測機器の技術ノウハウ（知財）は他社を圧倒している。それらの知財を有効活用し、収益化に結びつけることができれば、知財の開発から収益化への好循環が働くはずである。今までは各市場・機能対応の部門が分断され「タコつぼ型」の体制が構築されていたが、全社を挙げて「YOKOGUSHI 戦略」による提案型の顧客開拓を推進し、顧客の求めている潜在価値の実現に注力した。

日本電子のYOKOGUSHI 戦略は、顧客分野別、開発・製造・販売の機能部門別に分かれていた部門主義の弱点を是正し、顧客志向の「ソリューション・ビジネス」を開拓する試みでもあり、本社のショールームには各種の計測・理化学機器がおかれ利用方法や使い勝手を試行できるようになっている。現在では材料解析、食品分析、リチウムイオンバッテリー材料評価、バイオソリューションなどの分野で成功事例が出ている。

一方でセーレンの事例は、繊維の個別注文生産システムの技術をもとに自動車内装材の用途開発に成功したことである。また繊維のコア技術を全社で共有し、自動車内装材、住宅内装材などの新用途開発を行っていくが、合併会社や子会社・関連会社の開発部門を統合し生活科学総合ステーション（TPF 事業所）に一体融合させた効果が出ている。

コア技術は、多様な顧客とのカスタマイズ取引の中で生まれたものであるが、多様な技術ノウハウを知財として全社で共有し、分野を越えた用途開発に挑戦する「部門横串の用途開発」は知財の収益化の戦略として有効である。また顧客の潜在ニーズをもとに垂直統合型の「ソリューション・ビジネス」を開発すれば、バリュー・チェーンの幅を広げ、高付加価値ビジネスの開発にもつながることになる。

◇**参考文献**

伊藤正昭・土屋勉男（2009）『地域産業・クラスターと革新的中小企業群―小さな大企業に学ぶ』学文社.

榊原清則（2005）『イノベーションの収益化』有斐閣.

セーレン株式会社編（2015）『セーレン経営史―希望の共有をめざして』

土屋勉男・井上隆一郎・竹村正明（2012）『知財収益化のビジネス・システム―中小の革新的企業に学ぶものづくり』中央経済社.

土屋勉男・金山権・原田節雄・高橋義郎（2015）『革新的中小企業のグローバル経営―差別化と標準化の成長戦略』同文舘出版.

（土屋勉男）

第7章

企業の成長戦略と資源連携の戦略
―中小・中堅・大規模GNTの比較と持続的成長の条件

本章では，規模の拡大，持続的成長に向けてのイノベーション特性を分析するため，昭和真空（水晶デバイス装置／中小GNT），竹内製作所（ミニショベル／中堅GNT），前川製作所（産業用冷凍機／大規模GNT）の3つの事例をとりあげ比較，差異分析を行う。規模が拡大する中で共有する要因，規模拡大，飛躍に伴い必要とされる要因を識別し，危機突破の成長戦略や内外資源の連携関係の両面から新製品開発やビジネス・モデルの進化，飛躍の要因を明らかにする。

1. 事例研究の位置付け
―中小・中堅・大規模GNTの比較分析

　本章では研究開発型GNTの知財開発や収益化と内外資源の連携の特性を，中小・中堅・大規模の3つの類型を比較することにより分析してみたい。事例研究では中小GNTの昭和真空（従業員数235名，売上高118億円），中堅GNTの竹内製作所（従業員数715名，売上高943億円），大規模GNTの前川製作所（従業員数4563名，売上高1297億円）の3社をとりあげて，知財の開発，収益化の特性や類型間の差異，規模拡大による影響等を分析する。
　昭和真空は，世界初の水晶デバイス製造装置を開発し，当該装置の世界シェアが80％のオンリーワンの会社である。また竹内製作所は，2Tクラス

のミニショベルを世界で初めて開発し,売上高の97%を海外市場で稼ぐユニークな経営で知られている。さらに前川製作所は産業用冷凍機,ガスコンプレッサーでは世界的に高いシェアをもち,GNTを代表する企業の1つである。いずれも研究開発型GNTであるが,規模の違いを考慮し3社を選定し,比較分析を通じて企業規模の拡大や組織の専門分化の中で失われていく企業家精神やイノベーション能力をどのような対策で補完し,活力のある知財の開発,収益化を持続しているかを分析している。

　研究開発型の成長過程を分析すると,2つの点で質的な変化が起こる場合が出てくる。まず創業者経営から2代目,3代目に代替わりし,後継者経営の時代に移行する局面である。創業者経営の時代には,経営者が主導して顧客のニーズを取り込み,顧客ニーズ対応型の方法で自社製品の開発に成功するのが一般的である。自社製品の開発に成功すると多様な顧客のニーズに対応する中で,開発・製造・販売部門の英知を結集し,主力事業に育て上げる段階である。今回の事例研究では,竹内製作所を除くと2代目,3代目に引き継がれており,創業者の優れた企業家能力の時代が終わり,つぎの局面に移っている。一方で創業者経営のDNAを引き継いで顧客主導の研究開発型の経営は継続している。

　創業者経営の時代が終わり,企業規模の拡大と共に組織の専門分化が進むと,活力のある経営を持続させるためには,成長戦略の軌道修正が行われる。主力事業を開発する中で蓄積したコア技術をもとに,新規の用途開拓を行う,国内事業の成熟化の中で海外市場に積極的に参入するなどの新たな成長戦略がとられる。事例研究ではコア技術を内製化して垂直統合型のビジネス・モデルを開発する,コア技術の底上げを図るため海外の同業者を買収し顧客志向の開発を強化するなどの事例がみられる。

　本章では昭和真空,竹内製作所,前川製作所の事例研究を通じて,創業者経営から後継者経営への移行や規模の拡大対応する知財の開発・収益化の戦略,およびそれらの戦略を有効に活かす内外資源の連携の実態や特性を分析していきたい。

2. 事例研究 7 —株式会社昭和真空
　　—顧客志向の開発で世界初の製品を連発，
　　　水晶デバイス製造装置で世界シェア 80％の
　　　オンリーワン経営—

1　会社の概要

(ⅰ) 設立の動向

　昭和真空は，1953 年に初代社長の小俣守正氏が小俣真空機器研究所を設立したことからスタートした。研究所とはいっても高度な技術者集団というより，職人集団の会社であった。創業の当初は，「油回転真空ポンプ」の修理をしていたが，1955 年に真空ポンプの設計開発に成功し，月間 10 台程度の生産からスタートする。1 分間に 250ℓ の排気量を有する油回転真空ポンプ（MP-250）だったという[1]。1958 年には川崎市宮内に工場用地を取得し，昭和真空機械株式会社を設立するが，これが現在の母体の会社である。

　1960 年には，「水晶振動子用真空蒸着装置」の第 1 号機が完成する。1961 年には光学用真空蒸着装置を開発し，光学メーカーに初めて納入し，開発型企業としての第 1 歩を踏み出す。またそれ以降は時代と共に多くの電子機器が普及していくがそれを先取りする形で，キーデバイス用の真空装置を開発してきた。常に顧客である電子機器メーカーと共に，時代に先駆けて真空装置を開発し，成長を続けてきたのである。

　昭和真空は，2000 年には株式を JASDAQ（店頭）市場に上場している。また 2006 年には経済産業省「元気なモノづくり中小企業 300 社」に認定され，明日の日本を支える企業として表彰を受けている。2018 年 3 月期の連結売上高は 118 億円であり，従業員数は 235 名である。同社は，現在では水晶デバイス製造装置で世界シェア 80％のオンリーワン企業に成長しており，中小の研究開発型 GNT に位置付けることができよう。

1　株式会社昭和真空編（2014）『昭和真空 50 年史―更なる先端技術を求めて』p.24.

(ⅱ) 経営，事業の特性

水晶振動子は，水晶の圧電効果を利用して高い周波数精度の発振を起こす際に用いられる受動素子の1つである。クォーツ時計，無線通信，コンピューター，デジタル家電，携帯電話など現代のエレクトロニクスには欠かせない重要部品であり，「産業の塩」と呼ばれている。

昭和真空は研究開発型の企業であるが，真空中で特定の基板に薄膜を形成させる真空蒸着装置，スパッタリング装置など「真空技術応用装置」が主な製品である。顧客である電子機器メーカーの様々なニーズに合う水晶振動子，水晶発振器などの製造装置を開発し，世界オンリーワンの地位を獲得してきた。主な顧客は電子機器，部品メーカーであるが，同社の製造装置は用途別にみると水晶デバイス装置，光学装置，電子部品・その他装置の3つに大別される。

水晶デバイス装置は，水晶振動子，水晶発振器などの製造装置であり，同社の創業以来の主力製品である。このセグメントの売上高は，2018年3月期で35億円であり，エレクトロニクス製品の普及と共に先行開発してきた製品群である。それぞれ用途先の市場はデバイス・機器ごとに細分化されており，年間数10億円の狭いニッチ市場の中で用途開発を進めてきた。

図表7-1　株式会社昭和真空の概要

本社	神奈川県相模原市中央区田名3062-10
設立	・創業：1953年9月 ・設立：1958年8月
資本金	21億7710万円
経営者	代表取締役　執行役員社長　小俣　邦正
売上高	118億2000万円（連結2018年3月期） （国内41%，海外59%）
従業員数	235名（連結同上）
事業内容	・水晶デバイス装置，光学装置，電子部品・その他装置，部品販売・修理その他 （売上高比率：29%，32%，21%，18%）
経営特性	・真空技術をキーテクノロジーとした電子部品用薄膜装置の研究開発型企業 ・高品質・短納期・低コストでオンリーワン経営を持続

出所：株式会社昭和真空会社案内等をもとに筆者が作成

水晶デバイス装置以外では，光学関連装置（デジタル家電・光通信のオプトエレクトロニクス部品）が38億円，電子部品装置（リアプロジェクションテレビの光学エンジン部品など）が25億円の売上となっている。また部品販売・修理他の売上高が21億円であり，合計売上高が118億円である。セグメント別の売り上げ構成は，水晶デバイス装置用が29％，光学装置用が32％，電子部品・その他装置用が21％，部品販売・修理その他が18％となっており，用途開発も進んでいる。

2 製品開発の動向と特徴

（i）顧客志向の製品開発で時代をリード

同社の主力製品は水晶デバイス用の製造装置である。顧客は電子機器メーカーであり，成長市場であるが，ニッチな領域である。電子機器の技術は微細化，デジタル化，ネットワーク化など常に進化を続けており，同社としても新たな製品開発と先行投入が求められる。

顧客である電子機器の業界は1960年代，1970年代，1980年代ヒット製品の交代はあるが，日本経済の牽引役として成長を続けてきた。一方でキーデバイスの装置メーカーは，基本的には成長市場に対応しているが，資本財特有の景気変動，好不況の波を受けやすく，不安定な経営になりやすい。

昭和真空の主力製品の開発動向をみてみると時代をリードする電子機器が必要とする水晶デバイス用製造装置を開発し成長してきたことがわかる。

たとえば1960年代，1970年代は米国を中心にトランシーバーブームが起こる。トランシーバーには安定した発信周波数を有する水晶振動子が使われるため，同社は精度の良い製造装置を開発し急成長のきっかけをつかんだ。特に1970年代の第2次トランシーバーブームでは米国向けの輸出が急増するが，1971年に三生電子と共同開発した水晶振動子周波数自動調整装置（SC-4SA）を投入し，いち早くブームに対応することができたという[2]。

1976年には，水晶振動子市場一辺倒から光学部品分野への進出を目指して，光学用多層膜真空蒸着装置（SGC-14SA）の開発に成功する。このころ

2　昭和真空編（2014）『昭和真空50年史—更なる先端技術を求めて』p.35.

は時計が機械式からクォーツ式に切り替わる時期であり，水晶振動子の用途は拡大するが，1980年頃にピークを迎えたのである。

その後1980年代に入ると，VTR，パソコン，カラーテレビ等と時代は変わるが，その都度時代をリードする電子機器が投入されていく。同社はそれぞれの用途に対応した水晶デバイス製造装置を先行開発し，オンリーワンの地位を確立していったのである。

(ⅱ) 危機が生みだす革新的製品の開発

同社の成長パターンは，「顧客のニーズに応える製品開発」が基本であり，時代を先取りした製品を開発し顧客の新たなニーズにタイムリーに応えてきたことが成長につながった。またブームが終焉すると，同社の売上高は落ち込み，不況局面に突入する場合が多い。トランシーバーブームとその後の不況，クォーツ式時計のブームとその後の停滞など，多くの不況に直面したことも事実である。

一方で不況局面において危機，脅威が引き金になって先行開発が行われ，新たな製品開発に成功し，つぎの成長，飛躍のための先行開発が行われた点にも注目すべきであろう。たとえば，

① 1994年：ミニインライン方式高周波・高精度水晶調整装置SRC-01の開発（1990年代のバブル不況後のニーズの変動と先行開発が生んだ成果。1990年代後半からはゲーム機，携帯電話が成長期に入り，携帯電話の軽量化にも貢献）

② 1999年：波長シフトレス対応多層膜真空蒸着装置SGC-22SA－RFの開発（光学部品業界への浸透拡大に貢献し，顧客に感銘を呼び起こした）

③ 2002年：インライン式周波数調整装置SFEシリーズの開発
（真空蒸着からエッチング方式へ転換する中で，イオンガンの開発に成功。ユビキタス社会をリードする装置であり，効率の良いコア部品としてその後の製品開発にも貢献）

以上の3つの新製品開発の事例は，1990年のバブル崩壊後の日本経済の低迷，1999年から2000年の米国のIT不況など，エレクトロニクス業界の

不況,顧客ニーズの変動を背景に新製品が開発されたことに注目すべきであろう。コア技術の開発,内製化,技術基盤の底上げ,強化を通じて,つぎの飛躍につながったことを示している。

3 イノベーションの特徴

(ⅰ) コア技術の内製化,底上げ

ここで昭和真空のコア技術をみておこう。「真空技術応用装置」の市場は,デジタル情報化社会の急速な発展とともに進化しており,昭和真空のコア技術がその進化を支えている。同社のコア技術は,創業以来「真空をつくる鍛冶屋的技術」から成り立ち,真空中で効果的な「薄膜を形成する実践的な技術」に強みをもっている。

昭和真空の技術力を支える要素技術は,真空状態を作り出すためのハード技術,真空中におけるロボット搬送技術,自動化制御技術,成膜形成のソフトウエア技術の4つに分けられる。創業の当初は,真空装置の開発・設計・組立の会社であり,ファブレス経営がとられていた。顧客の要望に応じて開発・設計した装置は,主要部品をアルバック,エフ・イー・シー等を含む多くの取引先から外部調達し,開発・組立・調整で顧客の求める機能を獲得し

図表7-2 技術力を支える4つの要素技術

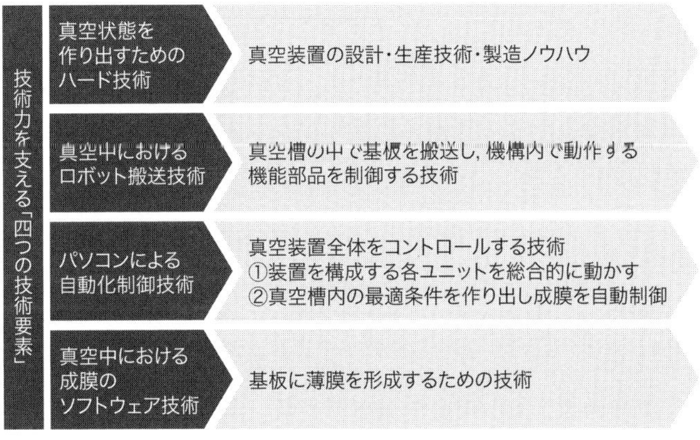

技術力を支える「四つの技術要素」	要素技術	内容
	真空状態を作り出すためのハード技術	真空装置の設計・生産技術・製造ノウハウ
	真空中におけるロボット搬送技術	真空槽の中で基板を搬送し,機構内で動作する機能部品を制御する技術
	パソコンによる自動化制御技術	真空装置全体をコントロールする技術 ①装置を構成する各ユニットを総合的に動かす ②真空槽内の最適条件を作り出し成膜を自動制御
	真空中における成膜のソフトウェア技術	基板に薄膜を形成するための技術

出所:株式会社昭和真空「株主・投資家情報」(当社が取り組むマーケット)

てきた。
　一方で真空技術装置を数多く製品開発する中で，コア部品の内製化を図ってきた点も重要である。特に2010年には，社内開発した光学薄膜成膜時に使用する「イオンガン」（イオン源ユニット）を完成し，内製化が進められた。イオンガンは，真空蒸着装置に搭載し，屈折率の安定した光学薄膜の形成するための重要なコア部品である。それらのコア部品の開発，内製化をきっかけに，製品開発力が向上した。またコア部品の外販により収益の安定にも寄与しているのである。
　2002年にはIT不況により営業停止に陥った米国トランサット社の特許権，技術を買収している[3]。トランサット社は周波数調整装置市場では世界3位のシェアをもっていたし，同社の技術と昭和真空の技術の融合により，新たな製品開発が可能となったのである。

（ii）同社のイノベーションの特性

　昭和真空のイノベーションの特性をまとめれば，「顧客ニーズ適応型」の製品開発が基本であろう。時代のニーズに応じて電子機器メーカーの新製品投入に合わせて，独自の水晶デバイス装置を開発，投入してきたのである。
　その製品開発の戦略は，①成長するニッチ市場への集中，②技術による差別化と独自性，③徹底したコスト削減，の3つ目標を掲げ，狭い市場で高い市場競争力を目指す「グローバルニッチトップ（GNT）」の戦略であった。
　そのため，電子機器メーカーの求めるニーズへの徹底対応，「カスタム化戦略」の徹底追求という方向を明確にしている。小俣社長のお話によれば，①今後必要となる真空加工技術，装置を知る，②顧客との共同開発，③顧客価値の高いカスタムメイドの真空装置，④技術革新の推進と製品品質の安定・向上，⑤アフターサービス，ユーザーサポートの充実，を特に重視するとのことである。
　一方で昭和真空はその技術力の進化，発展により，1990年のバブル崩壊とそれに続く失われた10年の中で，1994年のミニインライン方式高周波・高精度水晶調整装置SRC-01の開発が行われ，携帯電話の小型化，軽量化に

---

[3] 昭和真空編（2014）『昭和真空50年史―更なる先端技術を求めて』p.143.

対応することができた。また1999年の波長シフトレス対応多層膜真空蒸着装置SGC-22SA-RFの開発では，光学部品業界への浸透拡大に貢献しており，バブル後の経営危機，電子機器の技術の変化を先取りして画期的な新製品を開発している。

さらに2000年代の初めには，米国のIT不況など，経営の悪化，危機の局面で，時代を先取りする新製品の開発やコア部品の開発などが行われてきた。特に2000年の米国IT不況による経営危機の局面でコア部品のイオンガンや米国の周波数調整技術の買収が行われ，昭和真空の総合技術力の底上げ，飛躍が実現した点も注目すべきであろう。

(ⅲ) 技術部，営業部の連携が基本

以上の技術の進化，飛躍を支える昭和真空の組織をみておこう。「技術の昭和真空」では，技術力，開発力は会社発展の原動力であり，それらは技術部が担当している。これは同社の技術力のベースであり，「食材」にたとえられよう。一方で「塩」にあたるのが営業部である。同社の営業部は単なる御用聞きではない。技術に経験をもつ人材が顧客の立場で考え，技術部にも指示できる人材が配置されている。当然技術と営業は一緒になって，顧客の問題解決に対応し，顧客のパートナーとしての役割をもつ。同社の顧客ニーズに対応した製品開発活動は，食材と塩が連携して顧客のパートナーになり，連携してソリューションをみつけることになるのである。

一方で個々の営業対応のプロジェクトだけでなく，環境脅威や社会ニーズの変動への対応では大きな製品開発やコア技術の開発が行われてきた。そのような事例では3年程度の期間で10名程度がプロジェクトチームを構成し，対応してきた。もちろんトップの明確な関与のもとで，技術部（開発／設計，制御／機械等）と共に営業部が連携して対応することになる。

4 今後の発展に向けての課題

小俣邦正社長は，2000年12月にJASDAQ市場への上場を決意している。昭和真空の場合は，経営の基本スタンスとして「大きな市場は狙わない，顧

客ニーズを知る,タイミングを外さない」との考えをもっており,大きな市場,大きな成長,そのための大きな資金需要とは無縁の経営を目指してきた。それでも1986年に父親の先代社長の突然の死を受けて10年以上に渡り経営を続け,多くの危機や顧客ニーズの変化を乗り切ってきた中で,将来の発展と従業員に夢を与えたいとの考えのもとで,描いてきた上場の構想でもあった。

現在は,携帯電話向けを中心に水晶デバイス製造装置は好調に推移している。携帯電話は技術進歩のスピードが速く,常に次世代技術への対応が課題となる。昭和真空は長年にわたり顧客のニーズに真摯に向き合い,顧客と共同で製品技術の改良,改善を図るだけでなく,脅威や危機をバネに画期的な製品を開発し持続的な成長を実現してきた。その点でも次世代技術への積極対応は同社の求めるところであり,そのための人材育成には心を配っている。

一方でグローバル人材の育成はもう1つの課題である。昭和真空の地域別売上高は,時期により変動があるが,2018年3月期で国内41%,海外59%であり,海外の方が多い。地域別には,台湾,中国,韓国などアジア市場のウエートが高く,特に最近では中国市場の成長が大きい。したがって当面の課題としては成長市場の「アジアへのグローバル化にいかに向き合うか」ということが重要であり,そのための人材の育成が課題である。

中国では,上海に真空技術応用装置の製造会社,貿易会社を設立している。製造会社は従業員20名で,ミドルエンドの真空技術応用装置の組立を行っている。一方で貿易会社は従業員30名で,仕入れ部品の販売,アフターサービスを担当している。同社は,人材育成に熱心な会社であり,アジア地域を中心に海外で活躍する人材の育成には熱心に挑戦している。

3. 事例研究8 ── 株式会社竹内製作所
── 世界初のミニショベルを開発，国内市場を捨て
グローバル市場を開拓，海外販売比率97％の
超グローバル経営で成長 ──

1 会社の概要

（i）設立の動向

代表取締役社長の竹内明雄氏は坂城町に生まれ，地元のホンダ系の自動車部品メーカーに14年間勤務した。「小さくとも自分で工場をやってみたい，部品でなく完成品を作りたい」との思いをもち，独立を決意する。慰留してくれた社長から退職金代わりに旋盤を譲り受けて創業したという[4]。

1963年には，資本金300万円で部品加工の工場を設立する。独立当初は自動車部品の加工が中心であったが，少しずつ顧客も広がり，小さいながらも，アセンブリーまで引き受け，納品するメーカーに育っていったのである。

竹内製作所の経営に転機が訪れたのは1970年のことである。知り合いの土木事業者から「日本の狭い道路，置き場のない狭い土地に合うミニショベルが開発できないか」の引き合いが舞い込んできた。当時は大型のショベルカーが中心で，狭い土地では使い勝手が悪く用をなさない。それまではツルハシ，スコップを使った手作業が中心であったが，時間ばかりかかり効率が悪く，また作業者にも大きな負担がかかっていた。しかしそれに代わる小型の機械はなかったので，土木業者が困ってもち込んだのである。

当時のショベルは45度旋回のタイプが多く，90度旋回，ボディ全体を回転し，狭い土地で効率よく作業できるショベルはなかった。そこで竹内社長はトラックに積みどこでも移動できる全旋回型「ミニショベル」の開発に挑戦する。その結果，1971年に世界初となる2トンクラスの全旋回型ミニショ

---

[4] 長野県中小企業団体中央会（2003）「信州の企業人―株式会社竹内製作所代表取締役竹内明雄」『月刊中小企業レポートNo.319』, http://www.alps.or.jp/chuokai/organ/200306/index.html （2018年9月12日閲覧）

ベル「TB1000」の開発に成功するのである。

同社が開発したミニショベルは，開発期間がわずか3か月，航空機用タラップモーターなどの部品を寄せ集めて作った機械ではあったが，地域の建設土木業者に圧倒的な支持を得たという。

1972年には工場（現・本社工場）を新築し，その後1975年にはヤンマーディーゼル（現ヤンマー㈱），石川島播磨重工業（後のIHI建機㈱，現㈱加藤製作所）などにOEM生産を開始し，生産規模を順調に拡大させていった。

（ⅱ）経営の現状と特徴

竹内製作所は，1978年には米国向けにミニショベルの輸出を開始している。また1986年には海外の声を聴き，雨降りの現場に強い「クローラーローダー」を開発し，米国や欧州の顧客のニーズに応える製品投入に成功する。米国では，粘土質の土地が多く，雨が降ると現場は泥んこになり，通常の車輪式では1週間以上使えないこともある。そのためクローラーローダー式は，現地の事情に合った優れた製品だったのである。こうして，米国や欧州の顧客に支持され，海外の顧客を獲得し成長していった。

図表7-3　株式会社竹内製作所の概要

本社	長野県埴科郡坂城町上平205
設立	設立：1963年8月
資本金	36億3294万円
経営者	代表取締役社長　竹内　明雄
売上高	943億4200万円（連結2018年2月期） （国内3％，海外97％）
従業員数	715名（連結同上）
事業内容	・建設機械の開発，製造および販売 ・主力製品：ミニショベル（6トン未満），油圧ショベル（6トン以上），クローラーローダー，クローラーキャリア
経営特性	・世界初のミニショベルの開発 ・海外売上高97％のグローバル経営

出所：株式会社竹内製作所会社案内等をもとに筆者が作成

竹内製作所は，その後海外市場を中心に独自の成長，発展を遂げ，2018年2月期の売上高は，943億円，従業員数715名の中堅企業に成長する。同社の経営の特徴を挙げれば，2トンクラスのミニショベルを世界で最初に開発したパイオニアである。販売市場としては97％を海外で販売しており国内は3％と少なく，ほとんどの製品を海外市場で販売するグローバル経営の会社である。同社の製品は海外の顧客から品質や性能の高さを広く支持され，「建機のベンツ」の愛称で呼ばれており，研究開発型のGNTにふさわしい企業といえよう（図表7-3）。

2　主力事業の開発動向

（ⅰ）OEM事業の展開と挫折

　竹内製作所は，1971年に2トンクラスの「ミニショベル」の生産を開始するが，自社で販売するチャネルがなく，当初は建設機械の大手メーカーの「OEM生産」から始めている。1975年5月にはヤンマーディーゼル（現ヤンマー㈱）へミニショベルのOEM生産を開始し，11月には石川島播磨重工業（後のIHI建機㈱，現㈱加藤製作所）にもOEM生産を行っている。ピーク時には5社の農機，建機メーカーの販売チャネルを通じて，共同ブランドを付けた同社のミニショベルが全国規模で販売されていたという。

　一方でミニショベルの市場が普及，拡大されていくと大手メーカーは自社生産に切り替えるようになり，受注は激減する。OEM生産には限界があることが明らかになった。同社はミニショベルのパイオニアであるが，「自社のブランドで，自社の販路で売っていかなければ終わってしまう」との強い危機感をもつに至ったのである[5]。

（ⅱ）海外市場開拓に向けての資源集中

　竹内製作所は，1979年からアメリカに現地法人を設立し，ほぼ同時期に

---

[5] 長野県中小企業団体中央会（2003）「信州の企業人－株式会社竹内製作所代表取締役竹内明雄」,『月刊中小企業レポートNo.319』, http://www.alps.or.jp/chuokai/organ/200306/index.html（2018年9月12日閲覧）

海外での販売網作りを進めていった。山崎鉄工所（現ヤマザキ マザック㈱）の機械を4台購入したことから，それを契機に「シカゴ・ショー」に連れて行ってもらい，同社の展示場の一角に全旋回型のミニショベルを展示した。欧州ノルウエーの業者が部品を注文し，同社のミニショベルを販売してくれることになった。当時海外ではミニショベルの市場が確立されていなく，手探りで用途開拓を進めている時代の出来事であった。

　1980年代は自社の販売先として海外市場を重視し始めた時期である。現地の顧客の求めるニーズに対応した機能を次々に取り込み，海外顧客の開拓に挑戦した[6]。1985年には「パーキングブレーキ」を搭載し，安全性の向上を図る。そして1986年には肘を付けたまま操縦できる「ジョイステックレバー」を搭載，操作性の向上を図り，1988年には狭い現場での使い勝手を高めるため，ショベルの足回り幅を狭くできる「クローラ幅伸縮機構」を搭載する。1989年には油圧機器のメンテナンス向上のため「フロアアップ機構」を搭載するなど，大型ショベルに劣らない機能を次々に搭載し，海外の目の肥えた顧客の求める品質や機能を徹底追求し，TAKEUCHIブランドの確立に成功したのである。その結果欧米のユーザーからは，同社の高品質，高機能のミニショベルに「建機のベンツ」の愛称がつけられるようになったという。

　1990年代に入ると為替レートの100円時代が到来するが，同社はむしろ海外市場に経営資源を集中させる戦略をとった。「1993年1ドル100円を超える円高期であったが，逆風に耐えながら販売促進に取り組み」，竹内社長の陣頭指揮のもとで海外市場の開拓に取り組んでいった[7]。1996年には英国，2000年にはフランスに現地法人を設立し，米国，欧州を中心に「直販とサービス」の体制を整備し，開発・販売の好循環メカニズムを作り上げていったのである。

　2018年2月期現在の売上高は943億円であるが，海外売上高は919億円（97%）である。地域別売上高をみれば，米国が454億円（48%），欧州が

6　日経ビジネス編（2018）「建機のベンツが躍進―竹内製作所」『日経ビジネス』pp.66-69.
7　長野県中小企業団体中央会（2003）「信州の企業人―株式会社竹内製作所代表取締役竹内明雄」，『月刊中小企業レポート No.319』http://www.alps.or.jp/chuokai/organ/200306/index.html（2018年9月12日閲覧）

435億円（46%），アジアが9億円（0.9%），その他が22億円（2%），日本が24億円（3%）である。日本は一部のOEM生産が残るが，全売上高の大部分の売上高は海外（97%）であり，しかも米国，欧州の先進国が中心である。

3 同社のイノベーションの進め方

（ⅰ）同社の強み―販売・開発・生産の循環体制

　竹内製作所は，新規開発したミニショベルを販売するにあたって販売チャネルがないため，最初は大手建機メーカーへのOEM生産からスタートした。ただ販売を他社のチャネルに頼った販売方式には限界があり，並行して海外市場の開拓に取り組んでいる。1978年にはミニショベルの輸出を開始し，米国，欧州に自力で輸出する方式に切り替えていくが，これが同社の強みである開発力をさらに高めることになった。現在では，一部ヤンマー向けOEM生産が残るが，97%が海外向け販売に特化しており，ほとんどの売上を海外向け輸出で稼いでいるのである。

　上述したように1980年代に米国，欧州市場を開拓するにあたり，顧客の声をきめ細かく反映し，品質の向上と機能の充実に積極的に取り組み，独自の勝ちパターンを生みだしている。まず欧米ではミニショベルの稼働時間は年間1000時間程度の日本と異なり，2000時間稼働が普通であり，部材の板厚を見直し耐久性の向上を追求した[8]。またショベルの滑らかな動き，作業精度の向上にもこだわった。上述したように，顧客のニーズを反映して世界初の「機能」を次々に導入し，安全性，操作性の向上に努めると共に，快適性の機能まで取り込んでいったのである。それらの地道な努力が欧米で高く評価され，同社のミニショベルはベンツ並みの評価を受けることになったという。

　同社の製品は，基本的に「売値では勝負しない」という。むしろ顧客のカスタマイズ・ニーズへの徹底対応を通じ「顧客の真のニーズに徹底的に向き合う」ことを基本方針にしている。それを可能にするのは効率の良い個別注

---

[8]　日経ビジネス編（2018）「建機のベンツが躍進―竹内製作所」『日経ビジネス』p.67.

文生産（BTO）の体制を構築したことである。フリーフローの組立ラインは，スピード，部品点数等の違いはあるが自動車の組み立てラインと類似な混流ラインが構築されており，フレキシブルな生産体制で運行されている。

つまり「販売・開発」の連携が，顧客志向型開発を有効にしているだけでなく，個別受注生産体制を加えた販売・開発・生産の好循環システムが構築されていることが強みである。その結果海外では高いシェア（米国では5位，欧州では2位）を獲得し，高い競争力を持続させる要因となっている。

（ⅱ）製品開発の進め方（図表7-4）

竹内製作所の製品開発は顧客ニーズへの対応から生まれており，顧客志向型の経営が確立されている。海外市場を開拓するにあたり，各国1社のディストリビューター（代理店）を設立していった。社長は常に「自分で現地のディストリビューターを回り，顧客のニーズに徹底的に向かい合ってきた」という。社長の現場主義は徹底しており，エンドユーザーに直面している各国のディストリビューターの声を重視し，連携して品質，機能を向上させてきた。「開発・生産・販売」の各部門を社長が統括することにより，顧客の声を素早く反映する仕組みを作り上げてきたことになる。

現在同社では，エンドユーザーの声を製品開発に活かすために，年間数回「ディストリビューター会議」が開催されている。ディストリビューター会議は，代理店やディーラーを通じて，真の要望を吸い上げる仕組みであり，極めて重要な場である。

そこでは，
①顧客ニーズの収集体制：海外子会社，ディーラー，ディストリビューター網の整備
②トップ主導の製品開発：顧客の声を素早く感知し，設計・製造・販売の各部門が連携して対処

する仕組みが構築されている。

ディストリビューター会議で顧客からの情報をフィードバックし，仕様変更・製品開発に反映する仕組みが出来上がっている。また定期会議以外でも現地で問題が起これば，「開発／営業」のスタッフが現地に出向き，顧客の

図表 7-4　顧客主導型の製品開発―ディストリビューター会議

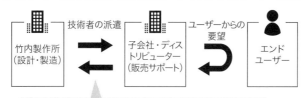

出所：竹内製作所「製品情報」による。

声をとりこみ改善・改良する体制が徹底されているのである。

　海外の販売子会社は，米国，英国，フランスにあり，各国内のディーラーを統括している。開発は製品ごとにチーム制が出来上がっており，チームは各設計部位別にメンバーを選抜し編成されるため，技術面での垣根はないとのことである。

（ⅲ）生産方式―個別注文生産（BTO）方式の強み

　竹内製作所は，日本国内の2工場（本社工場，戸倉工場）で集中生産している。一部の部材に関しては2005年4月に同社初の海外生産拠点となる「竹内工程機械（青島）有限公司」を設立している。部材の供給や販売拠点としての役割が期待されている。

　本社工場には，部品加工工場と共に，3つの組立工場が併設されている。ミニショベル，クローラーローダーがそれぞれ別々の工場で組み立てられている。よく整備されたフリーフローの組立ラインが構築されている。組立工場は生産ロットが小さく，自動車の生産ラインのようなスピードはないが，世界各地の多様なニーズに対応できるフレキシブルな生産システムが構築されている。各国のニーズの違いを反映し，BTO方式による効率の良い運営が行われている。管理棟や工場棟など，工場内のすべての棟をネットワークでつなぐ情報環境が整備されており，将来はIoT活用も見据えたシステムが構築されているのである。

　同社の製品は，顧客のきめ細かなニーズに応えることを優先しており，各

地域国をパターン化，モジュール化，共通化などでまとめて生産しているわけではないという。むしろ現地の声を反映しきめ細かく対応することを優先し，BTO方式で個別の注文にフレキシブルに生産するシステムが構築されてきたといえよう。

4 経営の特徴と強み─まとめ

　竹内製作所は，2トンクラスのミニショベルを初めて開発し，世界に先行投入したオンリーワン企業である。当初は国内の建機メーカーのOEM生産からスタートするが，1990年代以降は販売を海外に集中し，現在では売上高の97%を海外で販売しているGNT企業である。売上高は943億円，従業員数715名の中堅規模の企業に成長してきた。

　竹内製作所は，「顧客ニーズ対応型」の製品開発に特徴をもつが，社長がトップダウンで先導しスピードと俊敏性を兼ね備えた体制を構築してきた。また国内から海外への段階的な成長ではなく，早い段階から欧米を中心とした顧客開拓に資源を集中し，海外市場で成長してきた戦略も特筆すべきであろう。

　同社は国内生産，輸出の会社であるが，製品開発はグローバルに構築した子会社・ディストリビューター体制を活用している。定期的に世界のディストリビューター会議を開催し，顧客の要望にきめ細かく対応する中で，新製品の開発を持続させる方法がとられてきた。

　一方で同社の強みを点検すると，開発・販売の基本循環体制が整備されているだけでなく，BTO方式で顧客にフィードバックする体制がとられている。そのための情報ネットワークが整備され，フレキシブルな生産体制が構築されていることが強みである。開発・生産・販売の各活動が「顧客対応型」のもとで一体連携して支えている強みが特徴なのである。

4. 事例研究 9 ─株式会社前川製作所
─産業用冷凍装置の研究開発型，
顧客共創と社員一体化で持続的成長─

1 会社の概要

（i）企業の特徴

前川製作所は，1924 年に前川喜作氏が氷の販売を手掛ける町工場「前川商店」を創業したことから始まる。その後冷凍機の開発に取り組み，1934 年に冷凍機の国産化に成功した。製造企業として前川製作所の誕生である。

1958 年にはレシプロ圧縮機の自社ブランド化に成功し，会社発展の基礎が確立する。同社のグローバル化の歴史は古く 1964 年にはスクリュー圧縮機を開発したことを契機に，メキシコに初めての海外拠点を設立する。米州の各国を回り，日本に近いものづくり風土をもつメキシコを輸出の拠点として選定したのである。

現在では，前川製作所は産業用冷凍装置の世界 3 大メーカーの 1 つに位置

図表 7-5　株式会社前川製作所の概要

本社	東京都江東区牡丹 3-14-15
設立	・創業：1924 年 ・設立：1937 年
資本金	10 億円
経営者	代表取締役社長　前川　真
売上高	1600 億円（連結 2017 年 12 月期） （国内 50%，海外 50%）
従業員数	4563 名（連結同上） （国内 2479 名，海外 2084 名）
事業内容	・産業用冷凍機並びにガスコンプレッサーの製造販売 ・エンジニアリング（農畜・水産・食品・飲料関連） ・省エネシステム等のコンサルティング
経営特性	・共創の理念にもとづくカスタマイズ戦略 ・社員一体化による知財創造の志向

出所：株式会社前川製作所会社案内等をもとに筆者が作成

付けられており，研究開発型のオンリーワン経営でも知られている。2017年12月期の連結売上高が1600億円であり，従業員数は国内2479名，海外2084名，合計で4563名の大規模GNT企業としての評価は高い。

国内の事業所は60か所の販売サービスの拠点をもち，国内の工場はマザー工場である守谷を中心に，東広島（鋳物・制御盤・エコキュート），佐久（トリダス・ハムダスの食品機械工場）の3工場体制で運営されている。一方で海外売上高は，50％とグローバル化も進んでおり，海外43か国102事業所に営業メンテナンスの拠点をもつ。また生産拠点としては，米国2工場，ブラジル，メキシコ，ベルギー，インド，韓国の7工場体制を構築しており，グローバル化も進んでいる。

同社は，産業用冷凍装置を中核に世界各国にソリューション型ビジネスを展開し，世界シェア35％，国内シェア60％をもち，研究開発型の大規模GNT企業として持続的な成長に成功しているのである。

（ii）同社経営の特徴—共創の精神

前川製作所は，1958年に自社ブランドの圧縮機を開発し，世界トップクラスの産業用冷凍装置メーカーに位置付けられる。同社の主要な顧客は，低温物流・冷蔵倉庫，冷凍食品，水産・農産，ビール・飲料，乳業，自動車，船舶用など多様な用途に使われている。特に冷凍運搬船用冷凍機では世界シェアの80％を同社の製品が占めており，海運業者に高く評価されている。また冷凍冷蔵分野とは異なるが，食品，食肉分野におけるユニークな食品加工用ロボット（トリダス，ハムダスなど）を開発し，顧客の経営効率化に貢献している。

同社のビジネスは，BtoBの取引であり，顧客志向の開発が基本であり，創業以来歴代の経営者は「顧客の求めるニーズ」を大切にしてきた。同社には創業以来の「共創」の精神が浸透しており，「一番ほしいものは何かを顧客と共に考え，顧客の価値を創造する」ことで製品技術を開発し，事業を伸ばしてきた歴史をもつ。同社のビジョンの中には，「「場所」に焦点をあてながら，お客様とすり合わせを行うことを通して市場の中にある潜在的なニーズを掘りあて，さらに共同体化して一緒に問題解決を図っていく」という顧

客価値創造型の経営の考え方が明確にうたわれている[9]（図表7-5）。

2 主力事業の特徴と新製品・新用途の開発動向

（ⅰ）同社の事業構成

　前川製作所の特徴は，国際展開にも積極的で1960年代の早い時期から海外市場の開拓を推進してきた。当初は冷凍機の基幹部品を日本から輸出し，南米地域を中心に販売メンテナンス拠点を設立していった。

　1964年にはメキシコ，1968年にはブラジルなど米国メーカーの牙城に挑戦する形で海外市場を開拓していく。日本で培った24時間対応の修理，アフターサービスを売りに，高価な冷凍機が故障してもすぐ修理することをうたい文句として，米国，欧州の市場に浸透していったのである。

　同社の売上高は，国内，海外を合わせて1600億円（2017年12月現在）であるが，そのうち国内が800億円，海外が800億円とほぼ同規模であり，近年は海外市場が成長の牽引役となってきた。従業員数も国内2479名，海外2084名であり，グローバル経営は，軌道に乗りつつある。

　同社の競争力の原動力は，国内を中心に顧客との共創による先行開発であるが，国内だけでは限界があり，市場開発はグローバルな視点からの開発が基本戦略である。同社が強みをもつ「省エネ・高効率・自然冷媒型」の冷凍機のニーズは，国内だけでなくグローバルに広がっている。米国，欧州の市場開発が先行してきたが，今後はアジア新興国の市場開発が，成長のカギを握るものと思われる。

（ⅱ）主力事業の開発動向

　同社の主力製品としては，高効率自然冷媒冷凍機「ニュートン」と鶏骨付きもも肉全自動脱骨ロボット「トリダス」が挙げられ，いずれも累計販売台数が1000台に達するヒット製品である。

　それらの開発動向をみてみよう。

9　前川製作所「会社情報」http://www.mayekawa.co.jp/ja/info/vision（2018年9月22日閲覧）。

①高効率自然冷媒冷凍機「ニュートン」の開発

ニュートンの開発は，2005年〜2007年の3年間で開発した製品であり，主要な要素技術はすでに開発された技術を組み合わせ，開発された製品である。フロンがオゾン層を破壊し地球環境面での利用が制限され，自然冷媒への転換が求められた局面で，高効率自然冷媒冷凍機を他社に先駆けて提案したものである[10]。

2005年当時は，「国内市場は飽和しており，いかに海外に出ていくか」が焦点になっていた局面で，50歳代の技術者5名がそれに疑問を投げかけ，ベテラン層（50歳以上：同社では「静の世代」と呼ぶ）が中心になり，国内顧客にターゲットを絞った開発であった。

国内の顧客として冷蔵倉庫会社にターゲットを絞り，自社で使える最高の技術をすべて採用，圧倒的な競争力をもつ製品開発を目標にした。開発チームは，通常進められる営業部門との擦り合わせではなく，製造部門のメンバーが中心になって提案してみようということになった。

既存新技術の最大限活用を前提に技術の棚卸を行い，自然冷媒の利用，過去に蓄積のあるアンモニア冷媒の利用，国内冷蔵倉庫向け専用機の開発などのコンセプトがかたまって行った。脱フロン，自然冷媒へのこだわり，冷媒を極力減らす，アンモニアの中でモーターを回すなどの考えがまとまり，すでに開発された技術を顧客のニーズに即して組み合わせることにより，3年間という短期間のうちに開発が成功した。新規技術としてゼロから開発した技術はIPMモーターのみとのことである。

開発の過程で顧客がフィールドテストに協力してくれた効果は，絶大であり，開発も一気に進むことになったという。その他の要因として，営業部門もたとえ高くても世の中にないものを作ってくれと積極的に協力してくれた点，自然冷媒の利用が環境省のニーズにマッチし，競争的資金獲得に成功した点も大きかった。

開発の成果は，2008年から販売を始めるが最初は数台売れるに過ぎなかった。トラブルを地道に改善し，シリーズ化により，きめ細かな用途開発を

---

10 永井竜之介・恩蔵直人（2016）「共創するイノベーション」『マーケティング・ジャーナル』Vol. 35 No.4, pp.141-145.

行っていった．迅速なメンテナンス対応，改良改善のフィードバック，用途別のきめ細かなラインナップ化等となにより顧客の省エネ効果の実感により，2013 年累計 850 台，20016 年末には累計 1000 台のヒット製品に成長したのである．

②鶏骨付きもも肉全自動脱骨ロボット「トリダス」の開発動向

鶏骨付きもも肉全自動脱骨ロボット「トリダス」は，主力製品の産業用冷凍装置の成功ではなく，食肉加工自動化システムの成功事例であり，ニュートンの事例とはやや異なるが，ニュートン並みの累積販売台数を記録している[11]．また注目されるのは，ニュートンと同じ 50 歳代の「静の世代」が中心になって開発した製品でもある．

トリダスは，鶏骨付きもも肉の脱骨加工用ロボットである．食肉業界では，鶏もも肉の脱骨加工は熟練職人による労働集約的な工程であり，重労働な職場でもある．従来は，機械化，自動化が難しい工程と考えられており，最初は冷凍機の開発の際に，顧客の食肉業者から付随的に相談を受けた案件でもあった．工場の衛生管理や人手不足の解消のために相談されたもので，顧客サービスのため対応したものである．

トリダスの開発は，1980 年にスタートするものの，10 年以上かけて開発が完了したプロジェクトであり，途中で一度挫折した案件でもある．最初失敗した理由は，「肉を切り，骨を取り出す」という発想で開発を進めるがうまくいかなかったという．そこで発想を転換し，現場の職人と共に作業して学ぶことからやり直した．現場の職人の動きをつぶさに観察すると，職人はまず骨付きもも肉の「筋を切る」ことから進めていることがわかり，ロボット化のプロセスが一気に進んだという．

1994 年には鶏骨付きもも肉全自動脱骨ロボット「トリダス」の開発に成功する．トリダスというネーミングは，「鶏と骨を取り出す」を掛け合わせた造語である．トリダスの能力は最大処理能力が時間あたり 1000 羽のスピードで処理し，食肉加工の熟練職人の処理速度を大きく超える優れもので

---

11 日経ビジネス編 (1998)「前川製作所―食肉加工ロボット大ヒット，自主性育む分社経営が奏功」『日経ビジネス』1998 年 6 月 15 日

ある。1998年には，世界でも例をみない鶏胸肉自動脱骨ロボットを開発し，米国最大の鶏肉加工業者（タイソン）への納入にも成功している。またその後は鶏から豚へ展開し，豚肉の加工用のハムダスを製品化している。

2010年頃からは，国内だけでなく海外も含めて販売台数が伸び，現在では国内シェア80％，世界12か国に販売し，シリーズ累計販売台数が1000台に達成しているのである。

③ 共創の精神を活かす組織の変革

（i）共創の精神

創業者前川喜作氏が製氷・冷凍事業を起こして100年近くを迎え規模が大きなグローバル企業に発展したが，前川製作所は今でも創業期に形成された町工場の強さにこだわってきた。その精神は顧客のニーズにきめ細かく対応し，顧客と共同で問題解決を図る「共創の精神」であり，顧客との共創が研究開発型のオンリーワン経営の原動力となってきた。

顧客との「共創」という考えは，顧客のニーズに親身に向き合い，共同で問題解決に挑戦していくことであるが，そこには2つの含意が読み取れる。第1は，顧客のニーズを把握し，同社の技術と擦り合わせ，顧客と共に問題を考え新たな解決策をみつけていく徹底した「カスタマイズ（特注品）戦略」の志向がある。そこにはオーダーメイドで顧客の求めるニーズと同社が蓄積したコア技術をすり合わせ，世の中にない差別化した製品を生みだすことにより新たな価値を創造してきた町工場以来の伝統に裏付けられている。

共創という考え方のもう1つのポイントとしては，社員が一体となって問題解決に向けて部門や世代を越えて英知を結集し問題解決を図ってきた町工場の機動的な経営である。前川製作所は，町工場から発展し中堅企業に発展しても設立時のベンチャー経営のような精神が脈々と息づいている。設立以来，経営者と社員が一体となり解決を図ってきた経営であり，人間尊重，全員参加の経営の考えが底流に流れているのである。

同社には原則として定年制がない。創業以来人材を活かし，顧客のニーズをもとに関係的技能を構築し，コア技術の蓄積と進化を図ってきたが，共創

を実現するためには会社内部の少ない人材の活用が必要である。共創による顧客価値の創造を実現するには，営業・開発・製造などの機能間の連携や，ベテランや若手の世代間の連携も必要である。同社では若手・中堅層を「動の世代」（20〜40歳代），ベテラン層を「静の世代」（50歳代以上）と呼んでいるが，「静の世代」の技術ノウハウも重要であり，「動の世代」と「静の世代」のコラボレーションが重要なのである。

前章で紹介したが新製品（ニュートン，トリダス）の開発は，ベテランと若手・中堅の世代間の連携や営業・開発製造の機能間の連携が有効に行われていることが明らかになっている。顧客との共創をもとに，社内の機能間，世代間の連携，共創が同社の強みの原点である。

(ⅱ) 組織改革の歴史―機能別からグループ制，独法制そして一社化へ

前川製作所は，経営規模が拡大し組織が複雑になると共に，顧客との「共創」による研究開発型の経営が機能障害を起こす問題に直面してきた。創業者経営の時代は，町工場の強みが最大に発揮された時代である。経営者主導で顧客と対置し，開発，製造，営業の各部門は連携して顧客のニーズの解決にあたることから，機動的な顧客価値の創造が可能であった。

その後は，規模が拡大すると共に，顧客との共創，社員間の共創の関係や社員一体のベクトルは変化した。「共創の経営」を求めて4つの段階で，組織の改革を実行していく。改革の方向は，規模が大きくなっても共創の精神のもとで創業者時代の機動力と，そして顧客価値創造型の経営をいかに実現していけるのかということである。

その組織改革を求めて，①部課制（1950年〜1970年），②グループ制（1971年〜1983年），③独法制（1984年〜2006年），④一社化（2007年〜）の4つの組織の改革を行っている[12]。

①**部課制（1950年〜1970年）**：企業規模の拡大に伴い多くの企業がとる組織形態。製造部，営業部のような部を作り技術・製造・営業などの機能別組織により専門性を追求する狙い。各部門が独自に専門性を追求するため，機能間の横串連携が弱くなる。

12　前田陽（2005）「前川製作所・独法の研究」『産業経理』Vol. 64, No.4 pp.83-92.

② グループ制（1971 年〜1983 年）：同社のものづくりの理念を活かすために市場ごとのグループ制により顧客との共創関係を明確にすると共に、技術・製造・営業の一体連携をしやすい小集団のグループ分けを採用。
③ 独法制（1984 年〜2006 年）：各組織単位を商法上の法人として登記し、事業に対する責任体制を明確化すると共に、より市場との密着化を図るため独法制を採用する。当初は3社の独法からスタートするが、技術研究所を除くすべてのグループを独法化し、最盛期には100社程度が独法化されている。
④ 一社化（2007 年〜）：独法化は機能の重複など多くの無駄もあるが、創業者時代のベンチャー企業のような迅速かつ活力のある組織であり、共創の精神を発揮するにはもってこいの体制である。一方でグローバル化が進み、市場のニーズは製品単体からトータルシステムで対応すべき課題が増えてきた。世の中のニーズは変化し、独法単独で対応するのが難しくなり、技術・製造・営業など部門間の連携や、技術ノウハウの世代を越えた連携の必要性が増してきたのである[13]。そこで業界ごとに関連する独法を

図表 7-6　革新的経営の発展過程―顧客との共創を活かす組織改革

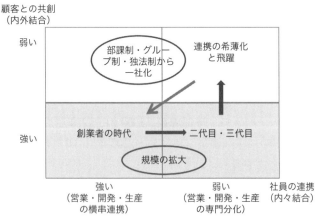

出所：筆者作成

13　山見博康（2015）『勝ち組企業の広報・PR 戦略』PHP 研究所、p.119.

統合し1つの組織にまとめ，総合力を発揮する体制にシフトした（図表7-6）。

4　研究開発型経営の成功要因

（i）顧客との共創が原動力〜内外結合が基本

　研究開発型経営の原動力は，顧客の求めるニーズに顧客と共に対応することである。顧客に対するカスタマイズ戦略により顧客の求める差別化した製品技術を開発し，製造は顧客ニーズに合わせた完全注文生産方式で対応する。顧客のニーズに真摯に対応する「共創」の経営が基本である。

　2000年代に入ってからは冷凍機器の製造・販売は，単体ビジネスからプラント受注にビジネス・モデルを変えてきている[14]。すなわち冷凍装置の製造だけでなく，他の冷凍倉庫用装置と組み合わせてパッケージ化し，施工，メンテナンスを一括して請け負うビジネス方式である。ニュートンの成功は，前述したように脱フロン，自然冷媒利用の社会ニーズを先取りし，顧客の問題解決に寄り添う一括請負志向のビジネス開発である。技術的には同社に蓄積された既存の技術の組み合わせが中心で，まったく新しい技術は一部に限られている。一方で業界や顧客のニーズをもとに，きめ細かいパッケージ化やライン化を行い，累積販売台数1000台に近いヒット製品に仕上げている。

（ii）社内の部門間，世代間の連携〜内々結合の必要性

　顧客との共創に加えて，社内の販売・技術・製造の部門間連携や社員の世代間連携は，創業以来のベンチャー経営の精神を引き継ぐために重要な要因である。企業規模の成長に伴って，内々結合の強みが発揮できない危険性が出ると，組織改革を行ってきた。1984年から2006年まで独法制を続けてきたが，売上高1000億円，従業員数3000人を超える大規模GNTになると，独法企業の集合だけでは適応できないニーズが現れてきており，独法化の精神を活かした「一社化」の改革を実行している。

14　永井竜之介・恩蔵直人（2016），前掲注10に同じ。

顧客側も単体製品からプラント受注，機器製造から工場全体の冷蔵冷凍の設計・施工・メンテナンスを組み合わせたソリューション・ビジネスに変化し，前川製作所の技術ノウハウの総合力をいかに有効に組み合わせるかが重要である。

主力事業の開発でみてきた過去の成功例（ニュートン，トリダス等）からは，環境変動の先取りや顧客共創は開発の出発点であるが，組織の壁を越えた技術ノウハウの組み合わせもまた重要であることがわかる。ニュートンの場合は，世代を越えたプロジェクトチームの構成，特に「静の世代」（50歳代以上）の技術ノウハウの活用，技術研究所（要素技術）と製造技術の連携など機能や世代の壁を越えた内々連携が効果を発揮している。

5. 類型別の事例研究のまとめ
─知財開発・収益化と資源連携戦略

1 昭和真空

昭和真空は，水晶デバイス製造装置では世界シェア80％の中小GNTの企業である。水晶デバイスは電波発信機，クォーツ時計，携帯電話など電子機器のコア部品であり，電子機器技術の進化（微細化，デジタル化，ネットワーク化など）と共に，それらに適応する新製品の開発を推進してきた。

特に1990年代のバブル不況期には，現在の主力事業に結びつく製品技術（ミニインライン方式高周波・高精度水晶調整装置，波長シフトレス対応多層膜真空蒸着装置等）を開発し，持続的成長を実現してきた。また2002年にはコア部品（イオンガン）を開発，内製化し，技術の底上げにも成功している。

昭和真空は，顧客志向型のカスタマイズ戦略を基本にしている。一方で米国社の特許権，技術を買収し，社外資源と社内資源の連携を図ることや，コア部品を内製することにより開発した知財の収益化の持続に成功した企業である。

資源連携戦略の特性（まとめ）
・類型1：中小GNT
・経営特性：2代目，後継者による合意形成型，JASDAQ上場への挑戦
・環境脅威と製品技術の開発：1990年代の失われた10年の中で1994年ミニインライン方式高周波・高精度水晶調整装置SRC-01，1999年波長シフトレス対応多層膜真空蒸着装置SGC-22SA-RFの開発。2002年コア部品「イオンガン」（イオン源ユニット）を開発し，内製化。
・内外結合：顧客志向型のカスタマイズ戦略が基本。2002年米国のトランサット社の特許権，技術を買収。コア技術を底上げし，開発力をアップ。
・内々連携：顧客志向を前提とした技術部，営業部の連携。コア部品の内製化による新ビジネス・モデルの開発（ファブレスから垂直統合型へ）
・内々・内外の擦り合わせ：技術基盤の底上げ（コア技術の内製，米国の周波数調整装置メーカーの買収など），その後の技術力の底上げ，開発へのフィードバック。

2 竹内製作所

　竹内製作所は，常に「人まねはしない，先取り開発を重視する」することで，ミニショベルを中心に新製品開発をリードしてきた。販売先は当初国内建機メーカーのOEM生産が主力であったが，1990年代のバブル不況期に自社製品化に切り替え，経営資源をグローバル市場開拓に集中した先見性の高い戦略であった。

　同社の売上高は，海外への輸出が97％であり，販売地域は欧米が中心とその点でもユニークな成長を追求してきた。海外販売では世界ディストリビューター会議を組織し，顧客のニーズ対応の開発を促進し，「建機のベンツ」として高く評価されている。

　創業者の社長が陣頭指揮を執っており，顧客志向のもとで開発・製造・販売の部門連携が効率よく働く強みをもっている。一方で2代目経営，組織的経営への代替わりの時期を迎えており，効率の良い創業者経営の強みを活かした体制作りが求められている。

資源連携戦略の特性（まとめ）
・類型 2：中堅 GNT
・経営特性：創業者経営，高い企業家精神，徹底した顧客志向の開発，規模が大きく組織化への移行期
・環境脅威と新成長戦略：国内 OEM 生産の限界，1990 年代のバブル不況，海外市場への資源集中，海外売上 97％のグローバル経営
・内外結合：顧客志向の製品開発，世界ディストリビューター会議を組織，ユーザーからの要望・クレーム等への徹底対応，建機のベンツ（高品質・高操作性）と呼ばれる。
・内々結合：社長の先導，開発・販売の迅速対応，生産のフレキシブル化への投資（BTO 方式），開発・生産・販売の部門の横串連携，社内ネットワークの構築

③ 前川製作所

　前川製作所は「共創の経営」をうたい，大規模 GNT に成長しても創業以来の町工場（ベンチャー）の強みを保持するユニークな経営を展開してきた。同社の製品である産業用冷凍機，ガスコンプレッサーは国内市場で高い競争力をもち，また海外販売も 50％を占め，グローバル化も進んでいる。

　前川製作所は，規模が拡大するにつれて創業者が追求してきた「顧客共創にもとづく町工場の強み」を基本とする経営にこだわってきた。そのため部課制，グループ制，独法制などの組織改革を行ってきたが，それらは創業当初の共創の精神のもと，活力のある研究開発型の経営を活かすための組織上の工夫であった。

　2000 年代に入り顧客が問題解決，ソリューション・ビジネス型のニーズを強めてきた。またシーズ側でも省資源・無公害，微細化技術，ICT の進化，要素技術のハイブリッド活用などの動きも出ており，独法化の精神を活かした部門連結，総合化の要請が出てきたことから，一社化に向けて組織の改革に乗り出している。

　同社の製品開発をみると顧客共創の精神のもとで，社内技術ノウハウの融

合が行われてきた。開発・製造・販売の部門間連携,「動の世代」・「静の世代」の世代間連携などが試行されており,知財の開発・収益化に貢献してきたことがわかる。

資源連携戦略の特性（まとめ）
・類型3：大規模GNT
・経営特性：顧客共創による研究開発型経営,独法化による自律的な大規模ベンチャー体制
・環境脅威と組織改革・新成長戦略：環境脅威を乗り越える活力のある組織改革の追求（内外・内々の2つの共創の追求),組織改革（部課制・グループ制・独法制から一社化へ),新製品開発の挑戦と成功（1994年トリダス（鶏骨付きもも肉全自動脱骨ロボット),2008年ニュートン（高効率自然冷媒冷凍機))
・内外結合：顧客共創の重視,カスタマイズ戦略の徹底,ソリューション・ビジネスの開発
・内々結合：①あるもの探しの製品開発（既存技術の組み合わせ),②営業・製造・技術の横串連携（独法化以来の伝統),③世代間連携（「静の世代」・「動の世代」）による総合力の結集

6. 類型別の知財開発・収益化と資源連携戦略

研究開発型GNTの3つの類型に注目して,経営特性,強み,知財開発・収益化の特性,資源連携戦略の違いを比較してまとめてみると以下のとおりである（図表7-7）。

1 類型1（中小GNT）

規模が比較的小さな類型1（中小GNT）は,創業者主導の経営に強みをもっており,顧客志向の先行開発を基本に,新製品技術や主力事業の開発に成功してきた。また製品事業の開発のプロセスを点検すると,プラザ合意,

バブル不況，リーマン危機等の局面で，売上の急減，赤字の危機に直面した事例が多く，それらの危機を克服する過程で大きなリスクを賭した先行開発，投資が行われていることにも注目したい。危機の局面で大きな投資を伴う新製品開発，コア技術の開発，内製化などが行われ，新たな成長事業の開発と飛躍が行われているのである。

経営の強みをまとめると，経営者主導，顧客主導開発，危機をバネにした製品技術の開発，収益化の持続という特徴がある。また資源連携戦略のコンセプトとしては，顧客と連携した関係的技能の蓄積，顧客主導の開発が一般的にとられている。また顧客をリード・ユーザーに先行開発を持続すると共に，初期の頃はコア部品を社外から調達する「ファブレス」経営もみられ，取引先企業（大企業も多い）と連携したオープン・イノベーションも活用している。いずれの企業も危機をバネにした先行投資により知財の開発だけでなく収益化に成功する場合が多い。

2 類型2（中堅GNT）

類型2は，類型1より規模が大きくなり，創業者主導の経営からの転換が図られ，組織経営への移行の局面に来ている企業である。この類型は年間売上高が500〜999億円の規模をもち，上場企業が一般的である。

今回の事例研究では，竹内製作所，内山工業の2社であるが，今までのGNT研究の中では，アリアケジャパン（従業員884名，売上高464億円），アイダエンジニアリング（従業員1951名，売上高755億円）などがこの類型に含まれる[15]。

この類型の強みは，類型1と同じく経営者主導が貫徹しているが，企業によっては2代目，3代目の経営者に移行している企業もみられる。顧客志向の開発は，類型1とも共通しており，景気不況の経験の中から資源集中の先行投資が行われ，それを契機に新たな競争優位が生まれ持続的な成長を実現してきた経験をもつ。

---

15 土屋他（2017）『事例でみる中堅企業の成長戦略―ダイナミック・ケイパビリティで突破する成長の壁』同文舘出版, p.124.

資源連携戦略のコンセプトとしては，顧客・用途・地域の差別化と集中，コア技術の徹底強化，危機をバネにした先行投資が基本戦略となっており，それを遂行する手段として経営者主導の部門間の連携，その後の用途開拓，差別化したビジネス・モデルの開発などが行われ，持続的成長が生まれている。

3 類型3（大規模GNT）

類型3は，売上高1000億円以上，従業員数3000～5000名の規模の大きな研究開発型の企業である。対象企業は，日本電子，前川製作所，セーレン，日本パーカライジングが含まれている。設立以来の危機や脅威を乗り越える過程で，複数の主力事業を開発し，長期の持続的成長を実現している。顧客

図表7-7 研究開発型（GNT）の類型別特性

	<類型1> 中小GNT	<類型2> 中堅GNT	<類型3> 大規模GNT
経営特性	・創業者経営の強み ・研究開発型経営	・創業者経営の強み ・組織経営の転換期	・研究開発型経営 ・革新経営の持続
対象企業	昭和真空，安田工業，諸岡	竹内製作所，内山工業	日本電子，セーレン，前川製作所，日本パーカライジング
規模	・従業員300～499名 ・売上高100～499億円	・500～2999名 ・500～999億円	・3000～5000名 ・1000億円以上
強み	・顧客志向開発 ・経営者主導の統合 ・危機対応の資源集中	・顧客志向開発 ・経営者主導の統合	・顧客志向開発 ・コア技術の先行投資 ・垂直統合型体制
知財の開発・収益化の特性	・カスタマイズ戦略の徹底 ・ニッチ顧客への集中 ・差別化製品／国内外	・カスタマイズ戦略の重視 ・ニッチ顧客への集中 ・差別化製品／海外	・マスカスタマイズの成長戦略 ・部門横串の新用途開発 ・ソリューション型の高付加価値モデル
資源結合（内外・内々）	・顧客リード・ユーザー ・オープン・イノベーション活用 ・開発・販売の緊密体制	・顧客リード・ユーザー ・販売・開発の部門連携（海外ニーズの取り込み） ・BTO（個別注文生産）体制	・顧客共創（対顧客） ・垂直統合体制 ・開製販の部門横串連携 ・社員世代間の連携

出所：筆者作成

志向型の開発・設計力は健在であるだけでなく，コア技術への積極投資により垂直統合型のビジネス・モデルを構築し，高付加価値事業を展開している。コア技術，コア部品の例としては，日本電子の電子顕微鏡のコア技術（電子線収束技術）の内製，セーレンのディジタル・プロダクション・システム（Viscotecs）への先行投資とカネボウ（製糸部門）の買収，前川製作所の環境にやさしいものづくり技術など特徴のある技術，部品を内製化しており，付加価値の高い垂直統合型の体制を構築しているのである。

　また規模は大きくなったが，規模の拡大に見合った内外結合（顧客共創，取引先との連携），内々結合（技術・営業連携，部門横串連携）により創業以来の研究開発志向と収益化志向を両立させ持続的成長を続けている。特に知財の収益化の面では，顧客志向のカスタマイズ戦略を基本に，効率の良いマスカスタム化，開発・製造・販売の部門横串戦略による新用途開拓，ソリューション型のビジネス・モデルなどにより規模の拡大に見合う高収益化の持続に成功している。また研究開発型では，タコつぼ型の弊害を考慮して，組織改革・社員のベクトル合わせなどを重視する傾向もみられる。

◇参考文献

株式会社昭和真空編（2014）『昭和真空50年史—更なる先端技術を求めて』
土屋勉男・金山権・原田節雄・高橋義郎（2017）『事例でみる中堅企業の成長戦略—ダイナミック・ケイパビリティで突破する成長の壁』同文舘出版.
山見博康（2015）『勝ち組企業の広報・PR戦略』PHP研究所.

（土屋勉男）

第4部

効率の良いイノベーションと資源連携の戦略──総括と提言

　第4部は，第1部〜第3部の分析結果を総括するとともに，「効率の良いイノベーション」の提言を行っている。まず第8章では，第2部のものづくりの2大分野エレクトロニクス，自動車メーカーの成功・失敗プロジェクトの比較分析を通じて，状況変化や自社のポジションに適応したイノベーションの重要性や持続的成長に向けての深化と探索をミックスした「両利き経営」の有効性が指摘される。また「効率の良いイノベーション」のベンチマークとして「研究開発型GNT9社」の事例研究を通じて引き出されたイノベーション特性，内外資源の連携の在り方を評価し，そこから得られた含意や教訓をまとめている。

　つぎに終章では，企業が失敗しやすい非効率なイノベーションを克服し，「効率の良いイノベーション」に向けて，どのような事業開発を推進したらよいかを，イノベーション戦略や資源連携，組織化の視点からまとめ提言している。

第8章

効率の良いイノベーション特性
──本研究のまとめと含意

本章では，第2部の大企業の製品事業開発の成功・失敗分析や第3部の研究開発型GNTの効率の良いイノベーション分析から得られた特性や成功要因を整理し，その含意を明らかにする。特に規模の拡大や持続的成長に向けて，垂直連携型のビジネス・モデルへの進化の有効性を指摘し，内外資源の連携・組織化・統合の意義を明らかにしている。

1. 日本のものづくり企業の課題

　バブル崩壊後1990年代の「失われた10年間」，そして2000年代初めに続く「失われた15年」は企業の経営変革や新たな競争優位の構築にとって重要な期間であった。バブル崩壊とその後の円高の進展の中で，日本の成長を支えてきたグローバル企業は大きな転機に直面していたのである。グローバル化，ICT化，材料革新などの環境変動の脅威を受けてものづくり企業は，収益悪化によるリストラを断行すると共に，リスクを賭した成長戦略や新たな競争優位の構築に挑戦していたことが，今回の事例研究でも明らかになっている。トヨタのプリウスは1993年に豊田英二氏から起案され，1997年に製品化に成功したのも，まさにこの局面であった。

　日本のものづくり企業は，この間環境変化の脅威を背景に経営改革を断行

した企業とそれ以外で，二極分化したといえるであろう。高度成長期を牽引してきた多くの企業の中に状況変化に適応した経営改革を先送りし，その後低成長や経営危機に陥った企業との格差が拡大しているのである。近年株主志向のもとで各社が重視してきた「コーポレート・ガバナンス」経営は，守りの経営として問題を先送りしてきた可能性がある。本来は，激動する環境変化に適応し，企業内部の資源・能力の再編成や企業内外の資源結合・連携を通じて製品開発や事業開発を推進すべきであった。それが株主志向の統治を優先し，経営の構造改革やイノベーションを先送りしてきたことが問題であった。

　大企業の新規事業開発の成功・失敗の事例分析からは，市場環境が激変する中で適応に失敗し，危機が顕在化したシャープの事例をみてきた。またトヨタのグローバル戦略の成功・失敗事例を比較する中で深化と探索をミックスした「両利き経営」の必要性が指摘され，開発における顧客価値志向の重要性や部門，グループを越えた資源の共有，連携の必要性が示唆された。

　一方で中小・中堅 GNT の中には，企業の内外の資源の結合や内々資源の再編成を通じて，「効率の良いイノベーション」を遂行している企業がみられる（土屋他（2017））。それらの企業は小規模であるがゆえに数々の経営危機に見舞われ，危機対応の DC 戦略の遂行能力が磨き上げられていた。今回の GNT の事例研究9社は，「効率の良いイノベーション」の「ベンチマーク」になる企業であり，環境脅威の感知，危機突破の成長戦略，企業内外の資源の連携戦略などの面で成功要因と教訓が抽出されている。

2. 大企業の成功・失敗分析の教訓

1 シャープの対応と問題

　まずシャープの経営の失敗の要因は，第2章の分析で明確に示されている。シャープは強みを発揮した 2000 年代初め（～2009 年）とそれ以降で主力事業（液晶パネル）をめぐる環境が大きく変動しており，DC 戦略による経営の構造改革と新成長戦略が必要であった。それにもかかわらず，大型液晶パ

ネルの技術上の優位を過信し，従来の延長線上で戦略を遂行し，顧客不在の収益減の状況に陥ったのである。顧客環境，競争環境が激変しているにもかかわらず，経営構造改革や新成長戦略を断行しなかったことが問題であった。

たとえば環境変動に着目すれば，①大型液晶パネルの自社向け市場は今後の成長が期待しにくい，②今後の成長市場は中小型液晶パネルのタブレットやスマートフォン向けに変化する，ことが想定された。③それらの環境激動下で，従来のプロダクトアウト志向，連続的な深化中心の開発を続け，市場，顧客変動を考慮した開発がとられてこなかった。特に④顧客／市場構造が自社向け（薄型テレビ）中心からグローバル顧客（携帯・パソコン）に変化する中で，新市場・新顧客の開発が遅れてしまった。また環境変動に合わせた「探索」型のイノベーションを遂行するためには，⑤社外の資源・能力を有効活用した「効率の良い開発」に転換すべきであったが，社内中心の開

図表 8-1 環境の激変とシャープの対応（液晶パネル）

	2000年代前半 （2000年〜2009年）	2010年代 （2010年〜）
主要な用途	・薄型テレビ ・ノートパソコン	・タブレット ・スマートフォン
主力製品	・大型液晶パネル	・中小型液晶パネル
主要な顧客	・自社向け（薄型テレビ） ・一部・OEM製品向け	・自社向けの限界 ・世界の携帯，パソコン会社の顧客開発
自社のポジション	・国内薄型テレビでNo.1シェア ・次世代技術開発で先行（第4〜10世代） ・ニッチ（韓国・台湾に対する低いシェア）	・ジャパンディスプレイに対するチャレンジャー ・グローバル市場開発の遅れ ・ニッチ
シャープの イノベーション特性	・プロダクトアウト志向 ・コア部品の先行開発 ・クローズド開発の志向 ・知財のクローズド化	・同左（「深化」中心の開発） ・「探索」型の新市場・顧客開拓の欠如 ・マーケットイン志向，資源・能力の社外連携の必要性
戦略転換の必要性	・大型液晶パネルの成長の限界（アジア新興国の追い上げ） ・新成長戦略の必要性（新用途／新顧客の開発）	・用途の変化，グローバル化の対応，社内顧客の限界等 ・DC戦略の必要性

出所：第2章をもとに筆者作成

発と資源投入を続け倒産の危機に陥ってしまったのである。

リーマンショック後，環境変動を先取りしたDC戦略により危機突破の新成長戦略の断行が課題であったが，それができず鴻海工業の資本出資，構造改革により，新たな成長戦略を探索することになってしまったのである（図表8-1）。

2 大企業の成功・失敗分析—トヨタの新興国の製品開発

第3章ではトヨタの新興国の製品開発の成功，失敗分析としてIMV，エティオスの比較を行った。新興国製品開発においてIMVは成功事例，エティオスは失敗事例であるが，それらの比較から以下の教訓が得られる。

IMVは，タイのハイラックス（ピックアップ），インドネシアのキジャン（ミニバン）の顧客情報（ニーズ），既存の基幹部品，既存の車体構造を前提にしながらも，旧製品とは異なる革新的な製品群の開発とものづくりシステムの構築に成功した事例である。開発段階では，タイのTMAP-EMを拠点として，日本および現地サプライヤーとの連携の下でグループを越えて開発・製造が進められた。製品面では，統一フレームに多様なボディをのせる新規のコンセプトが構築され，そのもとで各国のニーズを取り込んだ多様な完成製品シリーズが生みだされた。また開発・製造面で効率性を追求し，従来のグループを越えた補完体制が構築された。さらに各国での成功をもとに，ASEAN域内で開発・製造の広域資源結合が構築され，グローバル輸出拠点化にも成功しているのである。

IMVの成功事例は，①社内中心，要素技術中心の技術志向の「探索」による突破ではなく，②顧客志向の立場から熟知した要素技術を組み合わせて最適な製品・システムを考案し，③統一プラットフォームから生みだされる製品体系とその基幹部品の集中生産により，顧客ニーズの多様性とQCDを効率良く「深化」させた。また④従来のグループ中心の資源連携にとどまらず，ローカル企業を加え社外連携によりQCDを深化させるだけでなく，⑤ASEANの国境を越えた補完関係を活用し新製品を生みだす「ものづくりイ

ノベーション・システム（プラットフォーム）」を構築し，深化と探索の「両利き経営」を実現させたのである。

他方でエティオスは，市場優位のないインドで，要素技術中心の技術志向の「探索」が重視され，アジア新興国の経験と強みをベースとした顧客志向の開発がとられなかった。また社内外資源の連携面ではグループ技術・社外技術などの資源連携の意識が弱かった。そのためトヨタのアジア新興国市場における競争優位や技術ノウハウを活かし，環境変動局面に応じ深化と探索を使い分ける効率の良い開発がとられなかったことが問題であった。

3 大企業の成功・失敗分析の教訓―まとめ

以上のシャープ，トヨタの成功，失敗事例の分析からはいくつかの教訓が読み取れる。まずイノベーションや経営改革の前提として，そのプロジェクトが置かれている環境変化や危機・脅威の認識が出発点であり，危機突破の成長戦略の目標を間違えないことが重要であろう。また新製品や新事業開発の成功事例としては，社内資源に集中し技術志向の開発に集中すると成功確率が低下する。むしろ顧客志向の開発を目指し，社内資源の部門を越えた共有，連携や社外資源の連携が有効であることがわかる。

イノベーションというと技術突破型のプロジェクト探索が行われやすいが，長期的な持続のためには「深化と探索」の 2 つの開発が段階的に繰り返される必要がある。顧客志向の立場から深化型の開発を続けることが基本であるが，同時並行的に探索型の開発も進め，特に環境変動や危機の局面では全社を挙げて探索型の開発に挑戦し，新たな飛躍を獲得することが必要なのである（図表 8-2）。

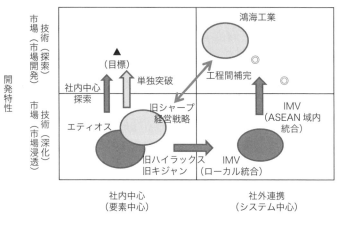

図表 8-2 イノベーション（経営改革）の特性
―大企業の成功・失敗（図表 2-13, 図表 3-14）のまとめ

注：▲〜失敗，◎〜成功，○〜シャープ，●〜トヨタ
出所：筆者作成

3. 研究開発型 GNT のイノベーション戦略
   ― DC 戦略の発動

1 状況の変動とイノベーションのきっかけ

　日本の成長を牽引してきた大企業は，新製品・新事業の開発が喫緊の課題である。一方で新製品・新事業開発に当たり画期的な新「技術開発」に焦点があたり，「ないものねだり」の袋小路に陥っている企業が数多くみられる。またそれらの企業では，研究所や開発部門など社内の資源・能力を過信し，シーズ側から他社にない製品技術を提案しようとする志向が強く，顧客との関係が希薄になっているのである。

　他方で事例研究の対象としてとりあげた中小・中堅・大規模の「研究開発型 GNT」の場合，環境脅威や危機の局面で経営構造改革と並行して，危機突破の成長戦略が探索される傾向がみられる。遊休資源の再編成にとどまら

ず，危機突破の先行投資や新製品，新事業開発が探索され，新たな成長に向けての知財開発が行われているのである。また知財の開発だけでなく，開発した知財の「収益化」のために経営者が率先して取り組んでいることを強調したい。それらの企業は規模もそれほど大きくなく，環境変動の局面で赤字や存亡の危機に陥ることも多いが，リスクを賭した先行投資が行われ，コア技術の内製化投資，情報化投資，海外工場のM&A等が断行され，新たな持続的成長の基盤が生まれている。

②　環境脅威と危機の突破―知財の開発・収益化は危機の局面で生まれていた

　事例研究をみると，現在の成長の原動力となっている主力製品，主力事業の開発は，環境変化の激動期，経営の危機の局面で生まれていたことが明らかになった。1つは，プラザ合意による円高の急伸局面（1985年～1987年），バブル崩壊後の失われた10年不況（1990年～1999年），リーマンショックによる世界同時不況（2008年）などの危機や環境変動が新製品技術の開発やコア技術への投資を決断させ，それがつぎの成長の牽引役になっていることである。特に1990年代初めの日本経済のバブル崩壊と失われた10年（環境激変期）は単なる不況ではなく，地球温暖化，グローバル化，ICT化，材料技術革新など環境の激変期であり，経営構造改革と共に積極的な投資やDC戦略が必要な局面であった。

＜新製品開発・コア部品投資の事例＞
・セーレン：1986年～1989年ビスコテックスへの投資
・日本電子：2009年～2011年のリストラと新用途開発YOKOGUSHI戦略
・前川製作所：1994年トリダスの開発，2008年ニュートン開発等
・昭和真空：1994年ミニインライン方式高周波・高精度水晶調整装置，1999年波長シフトレス対応多層幕真空蒸着装置の開発
・竹内製作所：1990年代の海外市場への資源集中　など

たとえば染色加工で高い技術をもつセーレンは，1986年に川田達男氏が社長に就任したが，プラザ合意以降の円高の急伸で，繊維産業は瀕死の重傷であった。大手の繊維メーカーが脱繊維の多角化戦略を強化する中で，セーレンは繊維の個別注文システムのための中核技術であるディジタル・プロダクション・システム（Viscotecs）の開発に向けて200億円の大規模な設備投資を断行し，脱繊維の用途開拓にも積極的にも挑戦した。そのことが，車

図表 8-3　危機突破の新成長戦略（中小・中堅・大規模 GNT）

類型	企業名	主力事業	環境脅威・危機	危機突破の経営改革・先行投資	新成長戦略
中小GNT	1. 昭和真空	水晶デバイス製造装置	・失われた10年（1994年・1999年）の先行開発	・新製品開発 ・コア技術の内製化投資	・垂直統合型BM ・持続的成長
中小GNT	2. 安田工業	工作機械(MC他)	・1990年代前半の不況	・縦型MCの開発 ・金型市場の開拓	・2000年代の液晶製造組立
中小GNT	3. 諸岡	キャリアダンプ	・1990年代不況 ・OEMの激減	・ゴムクローラ，全油圧機構式の開発	・自社製品化，新用途開発
中堅GNT	4. 竹内製作所	ミニショベル	・1990年代不況とOEM製品の打ち切り	・海外市場への資源集中	・海外売上高94%の超グローバル経営
中堅GNT	5. 内山工業	自動車用ガスケット他	・1996年のGNT製品の開発	・海外ベアリングメーカーとの共同開発	・ABS用エンコーダーシール開発，グローバル化の推進
大規模GNT	6. 前川製作所	産業用冷凍機他	・1994年・2008年の新製品開発	・独法制と一社化の組織改革	・顧客共創，社内共創のソリューション・ビジネス開発
大規模GNT	7. 日本電子	量産型電子顕微鏡他	・2009年（リーマンショックの不況）	・業績赤字と経営構造改革	・YOKOGUSHI戦略による新用途開発
大規模GNT	8. セーレン	車輌資材，ハイファッション	・1986年～1989年（プラザ合意，円高不況）	・情報化投資（Viscotecs），カネボウの買収（原糸部門）	・新用途開発（自動車内装材）
大規模GNT	9. 日本パーカライジング	表面処理剤総合事業	・1990年代の環境ニーズの高まり	・PULSの製品化（1994年） ・次世代化成剤の採用（2000年）	・外部技術導入 ・多品種製品の開発とブランド化

出所：事例研究をもとに筆者作成

輛資材とハイファッションの2大事業を生んだことになる。

　また日本電子は，電子顕微鏡のオンリーワン企業であり，世界の研究者のニーズをもとに最先端の顕微鏡を開発してきた企業である。一方で2008年のリーマンショックの局面では設立以来の赤字となり，大規模なリストラが必要であった。日本電子は新社長栗原権衛門氏のもとで雇用の削減を伴う経営構造改革を断行すると共に，社内の技術ノウハウを結集し開発・製造・販売のYOKOGUSHI戦略により，新用途開発に挑戦し新たな成長を創出しているのである。

　研究開発型のGNTでは，企業の成長，飛躍の契機は，経営の危機の局面で起こるケースが多い。危機の局面で，ただ単にリストラが行われるだけでなく，リスクを賭した大規模な投資が敢行され，それが新たな製品開発やコア技術の開発を呼び込んでいる。またM&Aを伴う外部技術の導入が図られ，新事業の開発，コア部品の内製化など知財の開発，収益化の飛躍が行われているのである（図表8-3）。

4. 研究開発型GNTのイノベーション特性

1　持続的成長に向けての基本要因

（ⅰ）研究開発型における知財開発―顧客ニーズ志向型が基本

　研究開発型のGNT企業では，新製品技術の開発にあたって「顧客ニーズ志向型」の開発が行われる場合が多い。今回事例研究した企業は，資本財，生産財を主力事業にしているメーカーが多く，顧客である自動車，電子機器，生産工場，建設業界などの企業向けの製品が多い。したがって顧客向けのカスタマイズ戦略が基本戦略であり，顧客の厳しいニーズを「リード・ユーザー」として製品開発戦略が行われている。

　日本電子の電子顕微鏡の開発では，ノーベル賞級の研究者の多様なニーズを先導役に，共同開発が行われ，透過型，走査型等の技術開発が進められてきた。顧客の研究者をリード・ユーザー役にして，顧客ニーズ主導型の開発が常時遂行されてきたといえよう。

一方で前川製作所は，創業者経営の時代から町工場の企業家精神を重視してきた会社である。「顧客との共創」を経営理念にうたい，顧客と共同で新製品技術の開発を行う風土を尊重してきた。また経営の規模が大きくなり，顧客との共創関係が弱体化するようであれば，組織を変えてまで顧客共創型の開発体制にこだわってきたのである。

今回の事例研究では，資本財，生産財の最終品メーカーが中心で，一般の消費者向けのメーカーの場合は，資本財，生産財のカスタマイズ戦略とはやや違いがある。一方で顧客の中で感度の良い，難しい注文を発する顧客をリード・ユーザーにして，新たな製品開発に挑戦する消費財メーカーもあり，顧客関係はやはり重要である。

(ⅱ) 社外資源・能力の有効活用―オープン・イノベーションで突破

研究開発型 GNT の知財開発の特徴をみると，顧客志向型の開発と共に自社の製品化にとって重要となる部材やコア部品の調達に際して，調達先との共同開発が行われていることも特徴の1つであろう。部材調達におけるオープン・イノベーションの活用でもある。

特に規模が小さな中小 GNT は，初期の段階は開発・組立・調整に特化した「ファブレス経営」をとる企業もみられる。部材やコア部品の開発まで，自社で内製する余裕はないのも事実であろう。一方で調達にあたっても，それらの部材を一般購入部品として調達するのでなく，自社のニーズを特定しきめ細かい擦り合わせを行っている場合が多い。材料，デバイス等の調達先は，大企業も多く，大企業にとっても用途先ニーズを特定化するうえでメリットがあり，ウイン・ウインの関係になる。

つまり知財の開発段階では，顧客のリード・ユーザー利用だけでなく，部材やデバイスなどのコア技術，部品の調達の面からも，外部の技術ノウハウを活用したオープン・イノベーションの活用が行われている[1]。なお企業の規模が大きくなる場合には，基礎研究のウエートが増し，大学や公設研究所

---

1 中小の革新的企業はファブレス経営も多く，コア部品の調達の際に取引先との共同開発（オープン・イノベーション）が行われている（土屋勉男他 (2011)『現代日本のものづくり戦略―革新的企業のイノベーション』白桃書房，p.202）。

との連携が必要となる。

(iii) 知財の収益化戦略－先行開発と多種製品・ブランド化

知財の先行開発は，研究開発型の成功条件の1つではあるが，事例研究をみると主力事業として長期的に収益を生みだすためには，画期的な新製品の単発の開発では不十分である。事例研究をみれば新製品の開発は重要であるが，持続的な成長の必要条件に過ぎない。また開発の過程には偶然性が作用することもままあるのである[2]。

一方で知財の収益化は，経営者の意思と時間をかけた努力が必要である。また開発だけでなく製造，販売の部門を越えた連携がないと，優れた知財も顧客のきめ細かいニーズにマッチせず単発で終わってしまう。むしろ新製品の開発をきっかけに顧客の多様なニーズに対応し改善，改良がなされ，精度・機能・用途別に仕分けしたきめ細かい品揃えが行われる。それらの製品群の中からドミナントデザイン（主力製品）が決まり，持続的な成長に向けての条件整備がなされることになる（アッターバック（1998））。

(iv) 知財収益化と成長戦略ベクトル─製品開発・グローバル化・マスカスタム化

知財の収益化の方向は一般の企業と大きな差があるわけではない。アンゾフの成長戦略に準じて，研究開発型GNTの知財の収益化の戦略ベクトルを見てみよう[3]（図表8-4）。

第1の方向は「製品開発」である。GNTの場合は，顧客志向の製品開発を常時展開しており，顧客のニーズの高度化に合わせて新たな「製品開発」を追求していく志向が強い。その際に顧客のニーズを超える画期的な新製品の開発に成功する場合も起こる。

日本電子は世界初の量産型電子顕微鏡の開発で知られている。同社はノーベル賞級といわれる研究者の高度なニーズに対応する中で数々の新製品を生

---

2 根本特殊化学のN夜光の開発の事例（土屋勉男他（2017）『事例でみる中堅企業の成長戦略─ダイナミック・ケイパビリティで突破する成長の壁』同文舘出版，p.40）
3 アンゾフ（1969）『企業戦略論』産業能率大学出版部，p.137。

みだしており，同社では合計11におよぶGNT製品を商品化しているという。また昭和真空は，電子機器の発展と共に，変化を先取りする中で水晶デバイス装置の新製品を商品化し，世界シェアが80％のオンリーワン企業に発展している。

第2の方向は「グローバル化」であり，アンゾフの「市場開発」に該当する。国内と同じ製品を使って海外市場の開拓に経営資源を集中した竹内製作所の事例が参考になろう。同社は自社が開発したミニショベルを最初，国内の建機メーカーにOEM生産で納めていた。しかしOEM生産は好不況の影響を受けやすく，また生産規模が拡大すると相手先が内製化するリスクがあった。そこで1990年代のバブル崩壊後の円高の脅威の中で，あえて海外市場に経営資源を集中し，今では97％を海外市場で稼ぐ超グローバル経営を実現している。

第3の方向は，自社のコア技術，先行開発の強みをもとに，新たな顧客に向けて「新用途開発」を推進することであり，主力事業の多角化戦略にもつながっている。規模の大きな大規模GNTは，多くの場合複数の主力事業（セグメント）に多角化している場合が多いが，技術基盤，コア技術は共通

図表8-4　知財収益化の3つの方向―アンゾフの成長戦略ベクトルによる

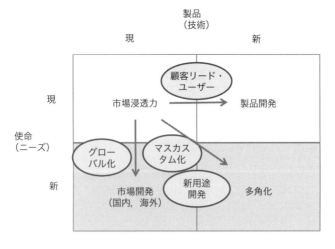

出所：アンゾフ（1969）をもとに筆者作成

している場合が多い．自社のコア技術を活かして，新用途の顧客を開拓する．また利用側の技術ノウハウをデータベース化すれば，多様な用途開発に対応することができる．

なお自動車，電子機器等のサプライヤーの場合には，市場開発の1つとして「マスカスタム化」の戦略がある．トヨタに納入していた部品加工を日産，ホンダと展開する方向である．マスカスタム化するには，メーカーを圧倒するものづくり能力が必要であり，同時に複数のメーカーの差別化したニーズに対応できる効率の良い「擦り合わせ能力」が必要である（赤羽他（2018））．

日本電子は，高性能の電子顕微鏡技術（電子銃，電子線制御，電子線収束などの技術）がコア技術であるが，アカデミア以外の用途開発を進め開発・製造・販売のYOKOGUSHI戦略を展開し，安定収益化に成功している．またセーレンは，繊維の染色加工の強みをもっていたが，プラザ合意後の円高不況の局面でディジタル・プロダクション・システム（Viscotecs）の開発に大規模な先行投資を行い，注文生産型のハイファッション事業を立ち上げる．それと共にコア技術を活かした「非衣料・非繊維化」の新用途開発に挑戦し，自動車用内装材を開発し，主力事業に育て上げることに成功した．

なお新用途開発にあたっては，コア技術は共有しているものの，個々の用途によって製品技術の差別化が行われ，技術，市場が新規の「多角化」戦略に位置付けられる場合も起こる．

(v) ビジネス・モデルの進化・発展― OEM 生産からの脱皮

研究開発型GNTの企業は，規模の小さな中小GNT段階では開発した製品の事業形態は，個別注文生産品に近く，周辺の顧客に細々と販売している場合が多い．注文の量を増やし売上高を上げるためには，ブランドや販売チャネルをもつ大手企業向けにOEM生産で販売する場合もみられる．竹内製作所や諸岡の創業初期の事業においては，建機や農機メーカーのOEM生産が売上高の主要な割合を占めていた時期があった．

一方でOEM生産は，好不況の影響を受けやすく，また量がまとまってくるとメーカー側の内製への切り替えにより生産量が激減してしまう場合が起こる．したがってGNTの企業は，自立経営の意識も高く，自社の販売網を

組織し，自社ブランド品で販売する道を探索することになりやすい。たとえば竹内製作所の場合は，国内が大手メーカーの参入障壁でシェアアップが難しいと考え，独自開発した2Tミニショベルを海外の市場開拓に資源を集中していった。諸岡も，1990年代までは売上高の半分は国内の建機，農機メーカーのOEMに依存していたが，1990年バブルの崩壊以降生産が激減し，直接顧客を回り販売する方式に転換する。それと共に用途開発や，海外の顧客の開拓に真剣に取り組み，持続的成長に成功したのである。

(ⅵ) ファブレス経営から垂直統合型

中小の研究開発型（GNT）の場合，設立からかなりの期間，「ファブレス経営」を行う企業もみられる。開発・営業及び組立・調整に特化し，コア部品を含めて部材を社外から調達し，開発・組立・調整に特化したビジネスを展開する（図表8-5）。

研究開発力の強みが原動力であるが，資源制約のもとでは「開発への特化集中」により機動性の高いビジネスを展開することが狙いとなる。今回の事例では，水晶デバイス装置の昭和真空は当初ファブレス経営であり，コア部品を社外調達してきたが，米国のIT不況による業績の悪化の局面でコア部品のイオンガンを開発し，内製に切り替え垂直統合型のビジネス・モデルにシフトしている。

前書（土屋他（2017））の中で9社のGNT企業の成長戦略を分析したが，規模が比較的小さな資本財メーカーのフロイント産業（製剤機械），マスダック（自動どら焼き機）の2社は，研究開発型のファブレス経営の会社であり，外部からの調達部品をもとに効率の良い研究開発型の経営を構築している[4]。

本研究の竹内製作所は，ミニショベルの完成品メーカーであるが，エンジン，油圧機器，コントロールバルブなどコア部品は外部から調達しており，類似の性格をもつ。諸岡は，キャリアダンプの完成品メーカーであるが，コ

---

[4] フロイント産業は，従業員数382名・売上高190億円，マスダックは従業員数266名・売上高125億円の中小GNT（類型1）のタイプに該当している（土屋勉男他（2017）『事例研究でみる中堅企業の成長戦略―ダイナミック・ケイパビリティで突破する成長の壁』同文舘出版. p.15）

図表 8-5　研究開発型 GNT の垂直統合型への進化―コア部品の開発・内製化―

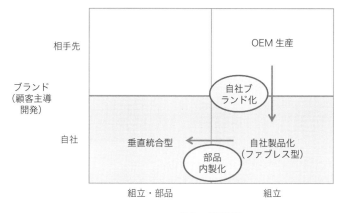

出所：筆者作成

ア部品のゴムクローラはブリジストンとの共同開発部品である。多くの部品は外部からの調達部品である。コア部品は調達先との共同開発で独自の機能を付加する体制であり，規模が大きくなるとコア部品の一部を内製化する企業も出てくる。

いずれにしても研究開発型 GNT 企業の場合，規模の小さな段階では，部品材料を社外から調達するビジネスが一般的であるが，規模が大きくなるにしたがってコア部品の内製化のための投資が行われ，コア部品を中心に差別化戦略をとる企業も出てくる。

(vii) コア技術の投資，内製化―技術基盤の底上げと飛躍

主力製品や事業を開発するプロセスで，一部の部材の生産を内製し，技術基盤の拡張や深化を図る事例がみられる。設立初期の経営規模が小さな段階では，多くの部材を社外から調達し，研究開発型のファブレス経営がとられる場合をみてきた。たとえば中小 GNT の昭和真空は，創業後かなりの期間は「開発と組立，調整」機能に特化し，コア部品はもっぱら社外調達に依存する「ファブレス経営」がとられていた。しかし同社の場合は，企業規模が

大きくなるにしたがい，コア部品の「イオンガン」の開発と内製化に向けての投資が決断される。またその後はイオンガンの社外販売にも乗り出し，収益化の幅を広げている。

また大規模 GNT のセーレンは，ディジタル・プロダクション・システム（CAD/CAM/CAE）をコア技術と定め，Viscotecs の開発に向けて当時の売上規模に近い巨額の先行投資を敢行した。またカネボウの製糸部門が売りに出されると買収に打って出て，製糸からハイファッションの注文生産体制を構築した。その後はコア技術 Viscotecs を活用し非繊維の事業開発に挑戦し自動車内装材の新用途開発に成功する。

この傾向は，研究開発型企業に多くみられ，企業規模の拡大と共に自社のコア技術を明確化し，コア技術の内製化に向けての戦略的な投資を行い，研究開発型の技術基盤の底上げが図られることがある。コア技術を強化し，コア部品を内製化することによって，新たな用途開発に向けて研究開発能力を高めるだけでなく，部品ビジネスを加え高付加価値型のビジネス・モデルを開発することができる。研究開発型企業にとっては垂直統合型のビジネス・モデルは１つの目指すべき方向であろう。

(viii)「垂直連携型」ビジネス・モデルへの発展―「垂直統合型＋社内外資源の連携」

研究開発型 GNT は，経営規模が中堅から大規模成長するにつれて，「開発・組立・調整」の経営からコアとなる部材を内製化し，垂直統合型のビジネス・モデルに進化，発展する傾向がみられる。

研究開発型 GNT のビジネス・モデルは，バリュー・チェーンでは「開発・製造組立・販売」の垂直統合型が志向される。その一方で製品，事業の開発においては社外の資源・能力を有効活用するオープン連携型の事業開発が追求される傾向をもつ。製品技術開発，事業開発では顧客との共創や材料メーカーとの共同開発が行われ，中央研究所による内生的な開発とは異なっている。この研究開発型 GNT のビジネス・モデルは，垂直統合型を基本に外部資源・能力を積極的に取り込んだ研究開発型 GNT にみられる特性といえよう。つまり一般にいわれる「垂直統合」と事業開発における社外資源の

連携をミックスしており「垂直連携型」と呼ぶことにする。

図表8-6は，研究開発型GNTの事例研究をもとに，規模の大きなGNTの知財の開発，収益化のビジネス特性，戦略を図式化したものである。横軸はものづくり企業の活動，機能がバリュー・チェーンの川上（開発）から川下（顧客）にかけて配置されている。規模の大きな研究開発型GNTは開発，製造組立，販売を内製した垂直統合型が基本である。縦軸は企業活動に必要な資源・能力を社内，社外のいずれから調達し，生産的活動を遂行するかを示している。この軸からみれば製品技術開発，事業開発においては，社外の資源，能力を連結したオープン連携体制がとられている。

たとえばセーレンは，繊維の中流工程にあたる「染色加工」を中心に上流（カネボウの製糸部門の買収），下流（ハイファッション）の工程を統合し，世界初の垂直統合型のビジネス・モデルを構築した。その後自動車メーカー

図表8-6　研究開発型GNTと垂直連携型ビジネス・モデル
―垂直統合型＋社外・社内資源の連携―

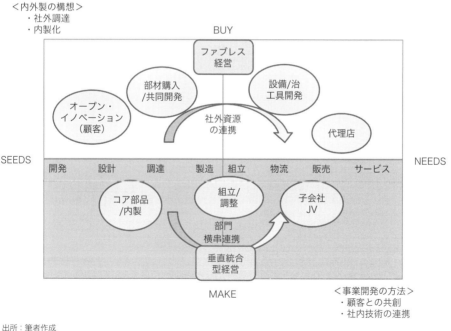

出所：筆者作成

と連携して,内装材の開発を行い,知財の持続的収益化に成功するが,事業開発においては顧客との共同開発が行われている。前川製作所は大規模GNTであるが,やはりコア技術,コア部品を内製した垂直統合型のビジネス・モデルをとっている。一方で顧客との共創を基本に,顧客志向のソリューション・ビジネスを開発すると共に,効率の良いマスカスタム化で持続的収益化に成功している。さらに日本電子は高度な電子顕微鏡のコア技術を理化学・計測分野以外に活用し新用途開発を促進するため,部門横串連携のもとで新たな成長事業を開発している。

　研究開発型GNTの経営は,規模が大きくなるにつれてコア部品の開発や内製化が行われるだけでなく,底上げされて基盤技術を活用した成長戦略が追求される。その際には社外の資源,能力を有効に統合した垂直連携型の成長戦略がとられていることになる。

2 持続的成長と資源連携の戦略

(i) 社外資源の連携の特質

　研究開発型GNTの事例研究をもとに,①で知財の開発・収益化や持続的成長における成功要因をまとめてみたが,それらを実行するためには内外資源,内々資源の連携や結合による組織化,統合の戦略が必要である(図表8-7)。

①資源・能力の内外連携の経路

　研究開発型GNTが「効率の良いイノベーション」を展開するには,社外資源・能力の効果的な結合,連携が行われている。社外の資源・能力としては3つの点に注目すべきである。

　第1は,顧客との関係であり,研究開発型では顧客志向の開発は一般的であり,顧客ニーズに密着し,顧客リード・ユーザー型の製品開発が行われる場合もある(安田工業,竹内製作所,前川製作所,日本電子,日本パーカライジング)。第2にはコア部品に関連した部材の調達先との連携,共同開発であり,部材の調達に関わるオープン・イノベーション活動は製品差別化戦

図表8-7　危機突破の成長戦略と資源の連携・結合──内外結合から内々結合へ

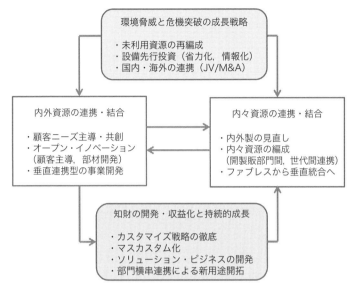

出所：筆者作成

略の要になることもある（諸岡，昭和真空，安田工業，内山工業）。一般に材料，デバイス・メーカーは大企業が担当している場合が多く，とりわけ中小・中堅GNTによる大企業の開発力の連結は注目すべきである（土屋他(2011)）。第3に研究開発型（GNT）は，国内だけでなく海外でビジネスを展開する機会が多く，顧客主導型の開発を推進するためには，自社の営業所，代理店を通じての情報のフィードバックが重要となる（竹内製作所，内山工業，前川製作所，日本電子）。

②顧客関係の重要性と情報フィードバック体制

ここで研究開発型における顧客関係の重要性を再確認しておきたい。研究開発型の経営では，顧客志向の開発，顧客ニーズ対応型の開発が基本である。その点からみれば顧客ごとのカスタマイズ戦略を重視し，顧客価値を創生していくことが基本である。

したがって顧客からの情報をいかに開発・設計へフィードバックするか

が，品質や機能の向上，更には新たな製品開発の第一歩でもある。厳しい顧客からの情報は，品質改善や機能の向上にとって重要であり，顧客のニーズを先取りすることにより新製品開発に結びつけることができる。

特に GNT はグローバル化が進んでおり，海外顧客からの情報のフィードバックは重要である。事例研究の各社は国内だけでなく，グローバルな視点で顧客情報の収集体制を整備しており，海外販売の体制も自社の直営店，専属代理店を組織し，定期的の顧客情報のフィードバックに努めている。

③提携・合併の有効活用―連携後の統合過程の重要性

また海外ビジネスや多角化事業を展開するにあたり，現地の顧客開発やニーズ等の掌握のため有力代理店や製造業者を買収（M&A）する事例も出ている（昭和真空，セーレン）。

その際に重要なのは，買収は事業や機能の結合に向けての第一歩に過ぎないことである。外部資源を M&A により買収した場合，異文化の組織を統合するのに多くの資源や時間が必要になる事例が多い。今回の事例研究では，昭和真空が米国の周波数調整装置の世界3位の会社の特許権，技術を買収している。またセーレンはカネボウの倒産を受けて製糸部門を買収しているが，統合に向けて構造改革・体質改革（五ゲン主義，整流管理，成果主義人事制度等）を時間をかけて行い，異なる組織の融和・統合を実現していったのである（セーレン編（2015））。

外部資源の合併，統合の機会は多いが，合併以降の統合のプロセスが重要であり，有効な統合には，多くの時間と資源の投入が必要なことも忘れるべきではなかろう（土屋他（2017）[5]）。

（ⅱ）内外連携を活かす内々連携の有効活用
①研究開発型の組織改革

研究開発型 GNT の経営では，創業者時代の活力のある組織，イノベー

---

[5] 中堅 GNT の成長戦略の研究で，フジキンが米国の同業者を買収した事例が参考になる。異文化組織の融和には10年近くかかり，フジキンの理念を理解する欧州の幹部が社長になってから融合が一気に進んだという（土屋勉男他（2017）『事例でみる中堅企業の成長戦略―ダイナミック・ケイパビリティで突破する成長の壁』同文舘出版，p.80)。

ション力を維持したいと考えている企業が多い。事例研究の企業の経営理念をみると,「イノベーション」促進型の項目が並んでおり,地球環境との共生,顧客と連携した製品技術開発などがうたわれている。

前川製作所は,大規模 GNT に成長していく中で「顧客との共創」の精神を重視し,創業者経営時代の活力のある経営を目指し,独自の組織改革を断行してきた。創業者経営の時代は研究開発型のベンチャー経営の会社であり,顧客共創の精神のもとで顧客価値の創造を最優先に,社内一体の「俊敏な経営」が展開されてきた。ところが規模が大きくなるにつれ,営業・開発・生産の専門分化が進み,顧客との共創にもとづく社内部門の一体経営の強みが失われていったのである。

同社は,顧客との共創(内外結合)と社内の部門連携(内々結合)の一体運営による活力のある顧客価値創造型の経営にこだわってきた。その経営方式のもとで,「部課制」,顧客市場別の「グループ制」,自立・ベンチャー型の「独法制」がトライされてきた。独法制は 10〜20 人規模の独立した小集団であり,最盛期には 100 社を超える独法が設立され,ベンチャー型運営とネットワークによる独創的な経営方式がとられてきた(前掲図表 7-6)。

ところが 2000 年代に入り地球環境問題の悪化,顧客の問題解決の複雑性,技術の複合化の進展などにより,顧客を取り巻く状況が大きく変化してきた。更にグローバル化の進展により,総合一体化の運営の必要性が高まり,今まで蓄積してきた要素技術を総合的に集約化し,顧客共創の「ソリューション・ビジネス」を展開する必要性が高まったのである。

研究開発型(GNT)の経営では,顧客志向の開発のもとで社内の部門間連携による効率の良い製品開発を行う必要があるが,規模の拡大と共に専門分化,部門主義の弊害を突破する効率の良い組織が探索される必要がある。

②内々連携の再編成―部門間の緊密連携の見直し

研究開発型 GNT では,顧客志向の開発が行われているが,販売,開発部門が連携して行う提案営業方式が基本である。研究開発型では,社員は単能工ではなく,多能工として育成される。したがって営業部門は単なる御用聞

きではなく，開発・製造・販売の多機能を理解したうえで，提案営業できる人材として育て上げられる。たとえば前川製作所では，入社後1年間は，ものづくり拠点の守谷工場を中心に技術・製造・サービスの研修を受け，その後に配属先が決定される。その際にはベテラン，中堅，新人の世代間の連携による研修も試みられるという。

竹内製作所は，顧客志向型の開発が徹底されている企業である。同社の場合97％が海外の顧客であり，海外の場合は国内以上に顧客の生の声をフィードバックする難しさがある。同社の場合は，本社（設計・製造），各国（子会社・ディストリビューター），エンドユーザーの体制が敷かれ，本社の中で年間数回ディストリビューターとの「開発会議」が行われ，品質・機能の改善，進化が進められている。

研究開発型では，顧客志向のカスタマイズ戦略が新製品技術開発の原動力である。顧客のニーズ，クレームなどは重要であり，それらの情報が社内の部門間にフィードバック，共有され，各部門が一体となり問題解決に貢献することが重要であろう。顧客との内外連携は，社内部門間の一体連携のもとで効果を発揮し，顧客に対するソリューション解決の成功要因となる。

③コア技術による新用途開発―部門横串の知財連携

大規模GNTの成長戦略は，顧客志向の問題解決型の開発が基本であるが，垂直統合型のビジネスがとられる。自社のコア技術をもとに上流，下流の諸活動・機能を結集して，顧客と共にソリューションをみつけるかが重要となる。また，サービス・メンテナンス，部品補給等を加えた付加価値の高い事業を創造することも必要である。

一方で規模や成長を飛躍させるためには，自社のコア技術を活用して新たな用途開発に挑戦することも重要である。新用途開発の事例としては，日本電子のYOKOGUSHI戦略が代表的である。同社は，電子顕微鏡や分析機器の開発で得られたコア技術を活かして，半導体製造装置，医用分析装置，創薬分野向けの分析装置，およびサービス等の事業セグメントを開発してきた。今後は同社が開発してきたコア技術，知財を総結集し，販売・開発・製造の横串連携を強化し，成長分野で新用途開発に挑戦することが課題である。

前川製作所の新用途開発は，産業用冷凍装置の新たな使い方を探索することである。食品冷凍装置の分野では「パスカル」の大ヒットがある。そこでは同社が開発してきた既存の技術を中心に，食品メーカーと共同でソリューション・ビジネスを開発した成功事例である。技術研究所の要素技術をもとに，開発・製造・販売の部門連携，「動の世代」・「静の世代」の世代間連携など「内々連携」を駆使して，新たなソリューション型の用途開発を推進することが求められる。

　セーレンの繊維のコア技術（Viscotecs）を活用した非繊維用途開発は，自動車内装材，住宅内装材など多くの成功事例を生んでいるが，繊維の個別注文生産（BTO）方式のコア技術を中心に用途先の利用技術を結集した成果である。

5. 研究開発型 GNT のイノベーション戦略
―各段階における戦略と組織のまとめ

　研究開発型 GNT のイノベーション特性を分析するにあたり，イノベーションの各プロセス（能力構築・知財の開発・知財の収益化・新たな競争優位）における「コアとなる要因」に注目して，事例分析をまとめてみた。

　本書で分析した「イノベーション（革新（飛躍））」は，単なる発明，特許，技術開発だけではなく，開発した知財の収益化が達成された状況と考えている。すなわち事例研究では主力事業，GNT 製品の開発に注目し，イノベーションの種類としては「技術革新」に限定することなく，シュンペーター（1977）の新結合（製品開発，生産革新，販売革新，部材革新，組織革新）を広く分析対象に置いてきた。

　イノベーションは資源・能力・関係における飛躍を伴う変化と定義している。補論の後掲図表補-5 の「サプライヤーの能力構築と飛躍の経路」の図でいえば，資源・能力・関係の従来の事業領域（セル）を越え，質的変化に注目する。研究開発型 GNT は，特注品のサプライヤーから出発する場合が多いが，ものづくり能力でみると貸与図方式から承認図方式そして市販品（自社製品・標準品）へ進化する。取引関係も一対一の特注品，下請け賃加

工（貸与図方式）からメーカーとの共同開発（承認図方式）に進化する。

さらにその企業しか作れない独自の加工方法をもてば，取引関係は特注品の複数取引（マスカスタム化）に進むことも可能である。また多数の特注品取引から独自の標準品を開発すれば自社ブランド，自社製品により安定した多数取引を実現することができる。

研究開発型 GNT のイノベーションを分析する際に，新たな知財の開発・収益化を生みだす戦略ベクトル（製品開発・市場開発・多角化）とその構成要因だけでなく，その戦略を生みだすための内外資源の連携関係や組織化に注目することが有効である。特に新たな知財の開発・収益化の際には，企業の境界領域における内外資源・能力の新たな連携，結合が行われ，企業内でも部門をまたがる連携が行われ，組織化されることから持続可能な競争優位が生まれることになる。

イノベーション特性の分析においては，技術・知財の生成プロセスに注目し，能力構築の段階，知財開発の段階，知財収益化の段階，新たな競争優位の段階の4つに分けて整理してみた。それぞれの段階は相互依存の関係があり厳密に分けることは難しいが，それぞれの段階で重要となるコア要因，危機突破の成長戦略，内外資源の連携戦略の関係を整理すると以下のようにまとめられる（図表8-8）。

1 能力構築の段階

能力構築段階における経営は，創業間もない時期であり創業者の人格抜きには語れない。今回の GNT 研究では，創業者の特異な才能と経験が出発点である場合が多く，創業者の「企業家能力」が随所に発揮され，新製品開発に結びついている。顧客との取引関係の中から研究開発型の事業が構想されるが，顧客と共に関係的技能が蓄積され，顧客と共に進化する経営がとられる。この顧客と共に開発し，顧客と共に磨き上げる「共創の精神」は，研究開発型の出発点であり，その精神の維持は2代目，3代目になっても存続しDNA（遺伝子）として継承される。

能力構築では，顧客との取引関係をもとに「関係的技能」が構築され，顧

図表 8-8 研究開発型 GNT のイノベーション特性（事例研究のまとめ）

	コアとなる要因	危機突破の新成長戦略	資源連携戦略 （内外・内々）
能力構築	・企業家能力 ・関係的技能（資源の共特化[1]） ・新たな経営構想	・未利用資源，危機の認知 ・危機突破の成長戦略 ・リスク受容の投資（コア技術内製，アライアンス）	・自社製品・ブランド開発 ・創業者経営の持続 ・研究開発型の組織改革
知財の開発	・顧客志向開発 ・リード・ユーザー対応 ・オープン・イノベーション（顧客・調達先）	・顧客との共創 ・顧客リード・ユーザー開発 ・コア技術の開発及び内製化（外部技術の導入，多製品・ブランド化）	・3つの内外連携（顧客・部材・大学） ・投資・買収後の組織統合 ・知財開発とデファクト標準獲得
知財の収益化	・成長戦略ベクトル（製品開発・用途開発・グローバル化） ・GNT の製品開発	・マスカスタム化 ・新用途開発・多角化 ・ソリューション・ビジネス開発（新ビジネス・モデル）	・社内技術の共有・融合 ・コア技術と部門横串連携 ・収益化持続の知財戦略（占有可能性）
新たな競争優位 （持続的成長）	・研究開発型経営 ・先行開発・差別化の持続 ・知財収益化の工夫	・Make/Buy の構想 ・中小：ファブレス型（OBM）[2] ・大規模：垂直統合型[3]の志向	・垂直連携型（内外・内々の連携戦略） ・連携から統合への PDCA サイクル

注：①共特化～顧客・取引先関係から生まれる協業の知財，②ファブレス型（OBM）～自社ブランド開発・組立調整・販売，③垂直統合型～開発・部品生産・組立・販売の一貫活動
出所：筆者作成

客と共に磨き上げられていく。一方で中小の研究開発型サプライヤーでは，自社ブランド・自社製品化の意識が高く，早い時期から下請け賃加工や OEM 生産からの脱皮が図られ，販売チャネルの開拓にも自力で挑戦する志向をもつ。その脱皮，飛躍を主導するのも経営者であり，とりわけ未利用資源の存在，赤字の拡大などを背景に「感知・捕捉・変革」の意思決定が行われ，新たな飛躍が実現することになる（ティース（2013））。

持続的な成長を生みだすにはリスクを賭した投資，製品技術・コア技術の開発，外部資源の結合，連携などが行われる。前掲図表 8-3 で示したように，プラザ合意後の円高不況，バブル崩壊後の長期低迷，米国 IT 不況，リーマンショック後の世界同時不況など環境激動の局面で意思決定が行われ，新製品技術・主力事業や新たなビジネス・モデルが開発される傾向がみ

られる。

2 知財開発の段階

　研究開発型 GNT の知財開発は顧客志向の開発が基本であり「顧客をリード・ユーザー」に顧客共創の開発が進められている。顧客を先導役とするオープン・イノベーションがとられているとみることもできる。それに加えて部材調達に関連したオープン・イノベーションにも注目すべきである。材料，デバイスを規模の小さな段階から内製化することは難しく，大企業からの調達に頼る場合が多い。その際には材料，デバイスの擦り合わせ，共同開発が行われており，大企業の開発力を連結したオープン・イノベーションが展開されていることを示す（土屋他（2011））。
　コアとなる部材は，企業の成長戦略にとっても中核技術の1つであり，成長発展の段階で内製化投資が決断される場合がある。大規模 GNT では，コア部品を内製化した「垂直統合型」ビジネス・モデルが一般的であるが，製品開発とコア技術の両面から顧客志向の開発が試行され新たな競争優位に結びつく事例が出ている（日本電子，セーレン，前川製作所など）。
　知財戦略の考え方は，先行開発とデファクト標準の獲得が追求される。国内外での特許の取得とコア技術の秘匿により専有可能性を高める戦略が追求され，新規事業の中で収益獲得が図られるのが一般的である。

3 知財収益化の段階

　初期の新製品開発は，創業者時代に行われる場合が多いが，単品開発だけでは持続的な収益化に結びつかない。新製品の初期モデルは，顧客の不満，要望，期待などの中で磨き上げられ多種製品開発・ブランド化を通じて「主力製品」が確定し，主力事業として持続的収益化に成功する。研究開発型 GNT の成長戦略ベクトルは，この製品開発を基本とするが，国内とほぼ同時期にグローバル化が追求される場合もみられる。海外売上比率が97％の竹内製作所は早い時期からグローバル化に経営資源を集中し成長してきた

が，GNT9社の多くは海外売上高が半分近くを占めている。

　研究開発型GNTではカスタム戦略の徹底追求が基本戦略となるが，その一環として複数顧客にそれぞれ差別化した製品を効率良く提供する「マスカスタム化」が追求される。マスカスタム化は，効率の良い多数特注化戦略として，収益の拡大，安定化にも寄与することになる。このマスカスタム化は，特定企業依存の経営から脱皮し，「マス取引による収益拡大」，飛躍の条件にもなる。

　大規模GNTでは，先導顧客と共に蓄積してきたコア技術を最大限活用し，部門横断の横串戦略で新領域の顧客を求め，新用途開発を推進する事例がみられる。また顧客に対するソリューション志向を強め，製品開発から部品・サービス・メンテナンスを加えた新たなビジネス・モデルを開発する事例も多い。新用途開発や新ビジネス・モデルの開発は，比較的大規模のGNTに共通にみられる特徴である。

4　新たな競争優位の段階―資源連携戦略との関係

　知財の収益化段階を確かなものにするためには，新たな競争優位の獲得を目指し企業の資源・能力，取引関係を再編成し，新たなビジネス・モデルのもとで収益を安定・持続することが重要である。経営者は，環境変動の中で起こる未利用資源を監視し，新製品開発，グローバル化，新用途開発などの成長戦略を常時推進すると共に，常に新たな競争優位の獲得に向けて企業内外の資源を編成，組織化し，効率の良いイノベーション体制を持続する必要がある。

　たとえば大規模な設備投資，コア技術への先行投資が実施されても，それらの先行投資を有効活用するには，企業内に蓄積された要素技術を共有し，企業内で有効利用（内々結合）する必要がある。また開発・製造・販売の部門横串連携，合併・被合併の異文化組織の統合などが必要であるが，M&Aをしてもその後の統合過程を怠ると，失敗するリスクが高まる。

　「内外連携を活かす内々連携」の持続的融合，統合が必要であり，それらの活動が新たな競争優位を構築する要因にもなる。一般に環境激動期には内

外資源や内々資源の連携，結合がダイナミックに変動する局面であるが，「内外連携を活かす内々連携」を通じて企業内をダイナミックに変革していくことが課題となる（大規模GNTの事例を参照）。この内外連携の変動に対応し，内々連携のPDCA循環により持続的な改善，進化を常時追求することも重要であり，内部組織化が持続的な競争優位構築の条件でもある。

◇参考文献

Ansoff, H. I. (1965) *Corporate Strategy*, New York, McGraw-Hill（アンゾフ, H. I. (広田寿亮訳) (1969)『企業戦略論』産業能率大学出版部.）

Teece, D. J. (2009) *Dynamic Capabilities and Strategic Management*, New York, Oxford University Press.（ティース, D. J. (谷口和弘他訳) (2013)『ダイナミック・ケイパビリティ戦略』ダイヤモンド社.）

Utterback, J. M. (1994) *Mastering the Dynamics of Innovation*, Boston, Harvard Business School Press.（アッターバック, J.M. (大津正和・小川進監訳) (1998)『イノベーション・ダイナミックス』有斐閣.）

赤羽淳・土屋勉男・井上隆一郎 (2018)『アジアローカル企業のイノベーション能力：日本・タイ・中国ローカル2次サプライヤーの比較分析』同友館.

シュンペーター, J. A. (塩野谷祐一・中山伊知郎・東畑精一訳) (1977)『経済発展の理論（上）（下）』岩波書店.

セーレン株式会社編 (2015)『セーレン経営史—希望の共有を目指して』

土屋勉男・原頼利・竹村正明 (2011)『現代日本のものづくり戦略—革新的企業のイノベーション』白桃書房.

土屋勉男・金山権・原田節雄・高橋義郎 (2017)『事例でみる中堅企業の成長戦略—ダイナミック・ケイパビリティで突破する成長の壁』同文舘出版.

（土屋勉男）

効率の良いイノベーション戦略
─新事業開発に向けての提言

終章では「効率の良いイノベーション」の概念をまとめ，非効率なイノベーションを対比することにより対応策を明らかにする。「効率の良いイノベーション」は，内外資源の連結，内々資源の連携による2つの経済性を有効活用しており，実行に向けての成功の要因としては危機突破の成長戦略，内外資源の連携，組織化の面から8つの要因を提案している。またそれらの要因を反映したビジネス・モデル（垂直連携型）を構想するとともに，本研究で残された課題を明らかにしている。

1.「効率の良いイノベーション」の概念

　ここでは本書全体のまとめとして第2部の大企業の成功・失敗分析，第3部の研究開発型 GNT の事例研究から明らかになった「効率の良いイノベーション」特性を総括し，それを規定する特性や成功の要因をまとめてみよう。「効率の良いイノベーション」特性は，主として研究開発型 GNT の開発方法の中にみられる。また大企業の成功，失敗の事例分析からは，研究開発型 GNT の開発方法に共通する多くの教訓も得られている。一方で効率の悪いイノベーションは大企業から得られた教訓を少し誇張し対峙させたものである。8つの成功の要因としてまとめてあり，企業で新事業開発に携わる

多くの方々への参考になればと考えている（図表終-1）。

まず「効率の良いイノベーション」とは何か。第8章でまとめたように，研究開発型 GNT を中心としたイノベーションには，共通するイノベーション特性が存在する。つぎの2., 3.でイノベーション戦略やそれを実行するための組織化・統合のための成功の要因を8つにまとめている。「効率の良いイノベーション」は，主としてそれらのイノベーション特性から生まれたものであり，戦略を実行し，組織化・統合する際の2つの「経済性の原理」を反映したものと考えられる。

①社外資源・能力の連携・連結（連結の経済性）
②企業内の組織間の連携・統合（範囲の経済性）

まず第1に「効率の良いイノベーション」は，危機突破の成長戦略を遂行する過程で外部資源の有効活用が図られ，内外資源を連携・結合することから生まれる「連結の経済性」を反映したものである。研究開発型 GNT は「既存の」社内の資源・能力，社外の資源・能力を連携・結合し，顧客の求める「新たな」価値の創造が遂行される。その点で「効率の良いイノベーション」は，社内外にある既存の資源を連結した「あるもの探し」の探索が行われていることを示す。また顧客志向，顧客共創の開発が行われており，目標と連携の関係が直結しており，開発目標も明確である。一方で大企業の失敗分析でみてきたように効率の悪いイノベーションは，社内の開発部門を中心に，世の中にない新たな製品技術の目標，設定が行われる傾向がみられる。また供給サイドからの開発目標は顧客価値の関係が曖昧で，目標自体のハードルが高くなる傾向もあり，「ないものねだり」の危険に陥りやすい。更にいえば，知財の開発・収益化の成果が出るまでには時間がかかるという問題も指摘できる。

第2に「効率の良いイノベーション」においては，経営者（幹部）が中心になり企業内の部門間，組織間の連携，一体化が重視されている。このことは多様化する部門，組織を連携・統合し，シナジー効果（「範囲の経済性」）が生まれやすいことを意味している。研究開発型 GNT は，主力事業を中心に技術志向のタコつぼ型運営に陥りやすい危険もある。その危険を回避し蓄積された知財，技術ノウハウを共有し，新たな用途開発にのぞめば効率の良

い開発・事業化が可能となる。またグローバル化の際には，社外連携（合弁やM&A）後，異文化組織の融和・統合が行われて初めて，連携・結合の効果を引き出すことができる。内外連携に対応した内々連携の融和・統合は，「効率の良いイノベーション」を引き出すための条件なのである。

最後になるが，「効率の良いイノベーション」は，環境激動期，経営危機の局面で発動される傾向をみてきた。通常の研究開発は，顧客と共に現有の製品技術の先行開発を行う「深化」型の開発が中心である。一方で中小・中堅ゆえに環境激動期には経営危機に陥りやすく，その際にはトップダウンで全社を挙げて危機突破の「新成長戦略」が断行される。そこではトップ主導の「DC戦略」がトライされている状況を示し，それを持続可能な成長に結びつけるのが内外資源，内々資源の連携・結合による「組織化の戦略」と考

図表 終-1 「効率の良いイノベーション」特性（全体のまとめ）

	効率の良い（あるもの探しの）イノベーション	効率の悪い（ないものねだりの）イノベーション
危機突破の対応	・リストラ（未利用資源の再編成） ・危機突破の成長戦略	・リストラ（未利用資源の再編成） ・コーポレート・ガバナンスの強化
状況変動への対応	・状況変化への適応 ・鋭い感知能力	・鈍い環境認知 ・専門分化の縦割り対応
経営・事業の構想	・広いステークホルダー探索 ・グローバルニッチ志向 ・「垂直連携型」BM	・技術青天井要請（画期的開発） ・ターゲットの不明確性（No.1狙い） ・「垂直統合型」BM
知財/能力の構築・進化	・危機を背景としたDC戦略 ・顧客志向の関係的技能の構築 ・導入技術/独自化の意欲	・漸進的改良・進化 ・基礎研究の重視（大学連携） ・内向き志向
知財の開発	・顧客共創の開発（OI） ・多製品開発/ブランド化 ・顧客リード・ユーザーの突破	・研究部門主導の開発（CI） ・顧客価値との関連性の弱さ
知財の収益化	・特注品差別化志向 ・マスカスタム化/新用途開発 ・ソリューション型BM開発	・規模志向/No.1追求 ・標準化/知財戦略の欠如
資源連携の戦略	・経営者主導/社内統合 ・部門横串連携 ・内外資源の融合/統合	・担当部門任せ ・社内開発志向

注：DC～ダイナミック・ケイパビリティ（状況変化への適応変革の能力）OI～オープン・イノベーション，CI～クローズド・ノベーション，BM～ビジネス・モデル
出所：筆者作成

えればよい。

　新成長戦略の目標は，現有製品とは異なる「探索」型の開発が志向される傾向があるが，社外資源・能力を有効活用し，全社を挙げて資源の横串連携や総動員が行われ，俊敏な意思決定が可能となる。その結果として新たな競争優位の獲得と持続的な成長に結びつく確率が高まることを示している。

　なお本書のタイトルとして「あるもの探しのイノベーション戦略」とつけたが，これは我々が本研究で分析した「効率の良いイノベーション」を直感的に表現したものである。そこでは「既存」の経営資源，外部資源の連携・結合，組み合わせから新たな顧客価値の探索と創造の活動が展開されている。顧客や，市場の声に耳を傾け，足元の，ばらばらだと価値を生まないようにみえる資源・能力を有効活用し，新たな顧客価値の探索と実現を優先する経営活動から「効率の良いイノベーション」は生まれていることを示す。

2.「効率の良いイノベーション」特性と成功の要因

　実証研究から明らかになった研究開発型 GNT を中心とした「効率の良いイノベーション」特性をまとめるとともに，新製品，新事業の開発を効率良く推進するための 8 つの「成功の要因」を以下にまとめ，解説する。

要因 1　環境変化の感知，適応の能力を磨く

　イノベーションの出発点は，ビジネスを取り巻く環境脅威や顧客ニーズの変化，経営危機に対する適応の問題ととらえればよい。環境脅威や危機の際には，未利用の資源や能力が一時的に急増し，時間とともに大きくなる状況が考えられる。それが無視できないほど大きくなれば倒産の脅威に直面し，危機突破の成長戦略が求められる。

　「効率の良いイノベーション」は，低収益，赤字などの問題を先行的に感知し，その影響を瞬時に判断し，早期に是正することが大事である。事例研究では環境の激動期に新製品，新事業開発，大型投資等が行われ，イノベーションに結びつく傾向がみられた。それらの環境変動期では危機突破の成長戦略や大規模投資がトライされ，新たな競争優位の獲得に結びつくイノベー

ションの生起確率が高まることになる。

　他方で経営の構造改革が必要な局面で，新成長戦略を考慮せずガバナンスのみに集中する，開発は技術部門マター・現場任せで社内中心の技術志向の開発を続ける，などにより決定的な危機を迎える場合がある。現有製品技術の「深化」中心の開発から危機突破の「探索」型開発への転換が必要な局面もあり，その見極めが持続的成長を分けることになる。

要因2　新たな成長機会はステークホルダーの中から生まれる

　イノベーションは資源の新結合を伴うが，企業を取り巻く多くのステークホルダーの関係にも注目すべきである。ステークホルダーは，株主，顧客，調達先，社員（経営者・従業員），大学，地域社会など多様である。経営者・従業員はイノベーションの主体であり，顧客，調達先，大学などは「効率の良いイノベーション」を遂行する連携先，パートナーである。

　中でも顧客との関係は最も重要であり，開発の基本は「顧客志向」，「顧客共創」の開発が中心となる。開発目標が顧客価値の創成とすれば，顧客と共に開発する意義は大きい。顧客共創の開発は「効率の良いイノベーション」の中核概念であるが，顧客と共に顧客の求める価値を探索できることから，効率の良い開発が可能となる。一方で材料やデバイスの調達先はコア部品の性能を左右する重要技術の1つであり，製品技術の差別化のために内製化投資を行い，技術基盤の底上げを図る企業も出てくるほどである。

　非効率なイノベーション戦略においては，顧客の求める価値より社内優先研究所中心，技術志向の開発が重視される傾向をもつ。したがって仮に開発が成功しても顧客の求める価値から遊離し，収益化に結びつかない危険がある。

要因3　知財の開発はリード・ユーザー活用のオープン・イノベーションで突破する

　研究開発型GNTの知財開発では，顧客，調達先，大学との共同開発が利用され，オープン・イノベーションが活用される傾向がみられる。知財の先行開発は，顧客志向の開発が効率的であり，顧客をリード・ユーザーに新たな製品開発がトライされる。一方で優れた製品開発も1品で持続的な収益化

を生むことは少なく，多製品開発が行われその中で自社ブランド化，自社製品化が追求される。

知財の開発では顧客や調達先などの連携による効率の良いオープン・イノベーション体制が構築される。一方で開発した知財の戦略では，先行開発した知財のデファクト標準を獲得し，製品特許の取得や製法の秘匿などオープン・クローズド戦略が追求される傾向がみられる。海外市場をターゲットにグローバル成長を図る場合には，適切な知財戦略がとられないと持続的な成長は実現しない。

研究開発におけるオープン化は，最近では企業規模や製品アーキテクチャーの違いを越えて普及段階に入っているが，企業の持続的成長を支える「主力事業」の開発における効果的な適用の如何が問われているのである。

要因4　知財の収益化は内外・内々連携で探索する

企業の成長戦略にとって，知財の開発以上に重要なのは知財の収益化である。知財の収益化のためには資源の動員，集中の意思決定が重要となり，リスクを伴う戦略的な意思決定の領域の問題である。

製品技術開発，事業開発においては，どんなに優れた開発でも1品で持続的な収益化を生むことは少なく，顧客のニーズをふまえた多製品開発が行われ，自社ブランド・自社製品化が追求される。また知財の収益化は徹底したカスタマイズ戦略が基本であるが，効率の良いマスカスタム化の努力も求められる。さらに規模が大きくなると，コア技術を内製・共有し新たな用途開発を推進する，高付加価値のソリューション型事業を開発する，部品・サービス事業を加えビジネス・モデルを拡張する，など多様な製品・事業群のミックスが必要となる。「効率の良いイノベーション」は事業の収益化の局面でも発揮され，内外連携を活かす開発・製造・販売の部門間連携が求められる。

一方で販売は営業部門マターのような部門主義が強い会社では，優れた知財の収益化への移行において失敗する事例も出ている。特に危機突破の製品開発，事業開発では，担当部門任せでは難しく，トップ主導かつ全員参加，部門横串連携による全社一体の活動が新たな競争優位を生みだす条件となる。

3. イノベーションの遂行と資源連携の戦略

要因5　環境脅威・危機突破の新成長戦略は連携戦略を活用する

　成長の壁の突破や新成長戦略の実現のためには，内外資源や内々資源の連携，結合，再編を効果的に使い分けることが必要である。研究開発型の新成長戦略は，「製品開発」による突破が基本ベクトルであるが，それを効率よく推進するためには社外資源の連携・結合が必要である。

　知財開発の局面では，3つのオープン・イノベーションを紹介したが，顧客，部材調達先の連携はイノベーションを促進させる直接的効果をもつ。中小・中堅GNTの製品開発は，顧客志向型の開発がもっとも一般的な方法であり，顧客ニーズをリード・ユーザーとし，それを超える品質機能を提案し，独自の新製品として飛躍に成功する例もみられる。

　また研究開発型GNTでは，コア部品にかかわる材料，デバイスの調達で市販品として購入する事例は少ない。むしろ特注品として調達先と連携した

図表 終-2　イノベーションと資源連携の戦略（事例研究から得られた諸形態）

	内外連携				内々連携	
イノベーションの形態	顧客志向OI	取引先連携型OI	内部組織化（合弁・合併）	産学連携OI	組織革新	新用途開発/BM革新
連携の強度	・緩い連携	・緩い連携	・固い連携	・緩い連携	・固い連携	・緩い連携
連携の経済性	・連結の経済性	・連結の経済性	・連結/範囲の経済性	・連結の経済性	・連結/範囲の経済性	・連結/範囲の経済性
連携活動の成果	・新製品技術開発 ・リード・ユーザーの活用	・差別化した部材調達 ・ファブレス経営	・コア技術の内製化投資 ・グローバル化/社外結合	・情報収集 ・共同開発 ・用途開発	・独法制（独立小集団） ・開発型組織化	・部門横串連携（CFT） ・全体最適化
主な導入事例	・GNTに共通	・中小/中堅GNT	・大規模GNT共通 ・昭和真空 ・内山工業	・GNTに共通	・大規模GNT（前川製作所，日本電子，セーレン他）	・大規模GNT（セーレン，日本電子，前川製作所他）

注：OI～オープン・イノベーション，BM～ビジネス・モデル，CFT～クロスファンクション・チーム，GNT～グローバルニッチトップ
出所：筆者作成

共同開発,擦り合わせが行われている。コア部品にかかわる材料やデバイスは,最終製品の品質や機能を左右することが多く,差別化製品の開発では重要な役割を担うこともある。そのため機能性の高い部材では大規模な先行投資を行い,開発・製造を内製化する企業も出てくる。

中小,中堅 GNT の場合,規模が小さい時にはコア部品を外部から調達しファブレス経営からスタートする場合も多い。一方でコア部品の開発や製造を内製化するためにリスクを賭した投資が行われ,成長の壁の突破や新たな成長を呼び込んだ事例もみてきた。最終製品の開発,製造だけでなくコア部品を内製する経営は「垂直統合型」ビジネス・モデルと呼ぶことができよう。垂直統合型は,差別化製品の開発や事業規模の拡大,高付加価値の創造にとって必要なステップであり,とりわけ大規模 GNT では標準的な経営様式になっている。それらの企業では,コア部品を内製化し,部品の外販やメンテナンス・サービス事業を加え,安定収益型のビジネス・モデルを構築しているのである(図表終-2)。

要因6 イノベーションの源泉──連結の経済性に注目する

「効率の良いイノベーション」の方法は,どのように生まれてくるものなのであろうか。すでに分析してきたように最終財と中間財の供給企業の場合は多少の違いがあるが,いずれも顧客である取引先のニーズを先導役にした開発が行われており,顧客と自社間の取引関係から形成される「関係的技能」の蓄積が出発点であり,その持続的進化の中から技術ノウハウの習得が進んでいく。

関係的技能は,取引関係の中から生まれた暗黙知の知財である。取引先のニーズの先取り,共同開発・擦り合わせ,VA/VE 提案など種々の活動から生まれ,顧客価値の創造を実現するための技術ノウハウの類である。市場取引の難しい暗黙知の知財であり,その技術ノウハウを社内で共有すれば,イノベーションを促進する効果が出てくるのである。

それらの知財が生みだす効果は,宮澤(1988)が定義した「連結の経済性」と同じものであり,とりわけ研究開発型 GNT は,企業の内外資源の連携や結合によりイノベーション促進型の知財を生みだす能力にたけた企業と

図表 終-3　連結の経済性の特徴と比較

	規模の経済性	範囲の経済性	連結の経済性
活動の主体	生産工場	企業活動 (開発，製造，販売等)	企業活動 (開発，製造，販売等)
主な活動	・工場の新増設 ・生産量の増加	・企業規模の拡大 ・多角化／グローバル化の進展	・企業の持続的成長 ・イノベーション能力の構築／進化／飛躍
経済性創出の要因	・生産規模の拡大 ・経験曲線効果の追求	・組織改革（事業部制の導入） ・技術ノウハウの共有（効率化，コスト削減）	・外部資源・能力の結合／連携 ・資源統合の経済性（共特化）
経済性の成果	・単位固定費の減少（開発費／販管費） ・共同調達／コスト削減	・開発／製造／販売のシナジー効果 ・技術ノウハウの共有／コスト削減	・研究開発のOI（構想／知財開発／収益化） ・部材調達のOI 他
主な出所	・新古典派経済学 ・ヘンダーソン（1981）	・チャンドラー（1967） ・同上（1993）	・シュンペーター（1977） ・ウイリアムソン（1980） ・宮澤健一（1988） ・ティース（2013）

注：OI～オープン・イノベーション
出所：筆者作成

いえよう。ティース（2013）は，状況の変化を感知し自社の資源・能力をダイナミックに変革する企業像を描き，ダイナミック・ケイパビリティ戦略フレームワーク（DCF）を構築した。DCFでは，企業の境界領域における資源の連携関係の中で「共特化」の知財が生まれ，内外資源連携による資源再編，結合のDC戦略が行われているとする。「共特化」の概念も，連結の経済性を引き出すための知財であり，「効率の良いイノベーション」の要因である（図表終-3）。

要因7　企業内の変革にも注目―内々連携により範囲の経済性を活かす

　連結の経済性が，内外資源の連携による効果を想定しているとすれば，社内の組織間，部門間，あるいは合弁・買収後の企業間の統合によるシナジー効果は「範囲の経済性」で分析，評価することができよう。

　危機の突破，成長の壁の突破，そしてそれと並行して行われる新成長戦略は，構想の実現に向けて未利用資源の再編，資源の動員，追加投入，新編成

などが必要である。事例研究のキーワードでいえば，開発・販売の部門間連携，開発・製造・販売の部門横串連携，技術部門内の要素技術の共有，合併後の組織間融合・統合，研究開発型の組織改革などの事例をみてきた。成長戦略を効果的に遂行するためには，組織の壁の突破，融合による「内々連携」の戦略が有効であり，内外戦略と連動して行えば，「効率の良いイノベーション」の仕組みが生まれてくる。

　これらの組織の内々連携は，内外連携で取り込んだイノベーションの効果（「連結の経済性」）を企業内の諸活動に結びつけ，組織化し，持続させる方法でもある。またそこから差別化された組織イノベーションが生まれることも明らかになっている。たとえば顧客共創の組織改革（前川製作所），部門横串連携による新用途開発（日本電子，セーレン他）などは，内外連携を活かす内々連携が探索され，新たなイノベーションが生まれている。そこでの経済性の原理は，通常「範囲の経済性」と呼ばれており，企業でいえば多角化や合併・再編の進んだ企業が直面する組織の非効率問題から生まれた概念（チャンドラー（1993））であろう。製品多角化，地域多角化，あるいは合弁・合併の企業では，事業部門間，国内・海外地域間，異種組織間の融合，統合が課題となるが，それらの融合，統合が進まないと新たな未利用資源や危機につながりやすい。

　研究開発型 GNT では，企業の境界領域におけるステークホルダーとの間で効率の良い連携の仕組みを作ってきたが，その成果を効率よく活かすためにも内々連携の戦略は重要である。「効率の良いイノベーション」とは，危機突破の経営改革，新成長戦略と連動して追求されるが，それと並行して進められる効果的な企業内，組織間の連携戦略も成功要因の1つであろう。つまり「内外連携を活かす内々連携」の戦略ミックスが「効率の良いイノベーション」の仕組みを作りだすこととなる。

要因8　内外連携から内々連携への好循環―垂直連携型のビジネス・モデルを構想する

　危機突破の新成長戦略を成功させる要因としては，内外資源，内々資源の連携戦略が有効であることを解説した。成長戦略を遂行するための組織化の

戦略は，主として「連結の経済性」，「範囲の経済性」を求めたものといえよう。企業の成長戦略の構想は，主としてステークホルダーの関係の中から生まれ，顧客や部材の調達先はアイディアの源泉である。研究開発型GNTのビジネスは，規模が大きくなると垂直統合型に進化する場合がみられるが，コア技術や設備技術を内製化していれば事業開発の幅が広がる。

一方で事業開発においては社内外の資源や能力を有効活用した「垂直統合＋(社内外)資源連携」，すなわち「垂直連携型」のビジネス・モデルがとられている。社外資源を有効活用し成功体験を積み上げれば，イノベーション促進型の知財開発が進む（関係的技能，共特化資産などが含まれる）。また社内知財の共有や異部門の知財を連携，結合させることにより，効率の良い知財の開発や収益化が可能となる（図表終-4）。

図表終-4において，バリュー・チェーンの上流工程ではステークホルダーの関係を活用し開発構想が生まれ，新製品技術の開発が行われる。たとえば

図表 終-4　研究開発型GNTのビジネス構想―垂直連携型ビジネス・モデル―

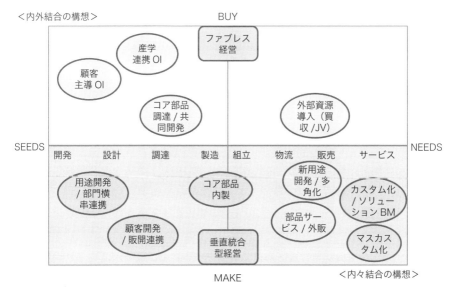

注：「垂直連携型」は垂直統合型を基本に資源の「内外・内々」連携を有効活用したモデル。
　　JV（合弁），BM（ビジネス・モデル），OI（オープン・イノベーション）。
出所：前掲図表8-6をもとに加筆修正

顧客や調達先と連携したオープン・イノベーションの活用である。一方で内外資源連携のメリットを活かすためには企業内部で部門の壁を越えて連携する必要があり，部門連携，部門間横串連携が成長戦略の成功のカギを握る場合がある。内外連携を活かす内々連携による部門間，組織間の融和，統合が重要なのである。

中流工程では，GNT の規模が拡大するとともにコア技術や部材の内製化投資が図られる事例が多く，そのことがまたイノベーションの潜在能力を高めることにつながる。中小，中堅，大規模 GNT の比較分析からは，コア技術への先行投資が新たな競争優位を生む 1 つのきっかけとなっていることがわかる。特に大規模 GNT では部品，製造組立，販売を内製化した垂直統合型を基本に，社外資源・能力・関係を連携・結合した効率の良い製品・事業開発が進められている。

下流工程は，開発した新製品技術をもとに顧客開拓に結びつけ収益化するプロセスである。顧客開発は，開発した新製品を主力製品，主力事業に育てる過程でもあるが，その一環として特注品ビジネスを効率良く横に広げていく「マスカスタム化」のビジネス開発が注目される。また顧客と共に「ソリューション型」ビジネスを開発すれば，高付加価値と安定性を備えたビジネス・モデルの創成につながる。さらに自社のコア技術の強みを活かした新用途開発は，新たな成長を生む原動力となる。

以上みてきたように研究開発型 GNT は，危機突破の経営革新や新成長力の追求を通じて顧客提案型の多様なビジネス・モデルを開発してきた。その成功体験が「垂直連携型」に代表される独自のビジネス・モデル構想に投影され，「効率の良いイノベーション」の仕組みとなってきたと思われる。

「効率の良いイノベーション」の成功の要因をまとめれば，状況変化に適応する DC 戦略を活用した深化と探索の開発が常時持続的に行われることであろう。また環境変動の適応過程で危機をバネに DC 戦略が発動され，新たな競争優位を生みだす能力構築が進んだことも挙げられよう。大事なことは危機の感知能力を先鋭化するとともに，常に危機突破の成長戦略に挑戦し，内外資源の連携，結合を通じて効率が良くスピーディーな事業創成への挑戦

を続けることが「効率の良いイノベーション」の成功の要因と思われる。

4. 残された研究課題

　本書は大企業（2社）の成功・失敗分析，研究開発型 GNT（9社）の事例研究をもとに，「効率の良いイノベーション」の特性分析を試みたものである。研究開発型 GNT では，規模の差異を考慮し，大規模（日本電子，セーレン，前川製作所，日本パーカライジング），中堅（竹内製作所，内山工業），中小（昭和真空，安田工業，諸岡）の3類型に分けて比較分析を行った。特に研究開発型 GNT の事例研究では，資源・能力のダイナミックな再編成・結合に視点を置いた PT（ペンローズ／ティース）モデルをもとに，環境脅威と危機突破のイノベーション特性，資源連携の戦略を分析し，「効率の良いイノベーション」や成功要因を分析してきた。

　終章では，「効率の良いイノベーション」の概念は外部資源の連携，組織化における「連結の経済性，範囲の経済性」の有効活用にあるとし，また事例研究をもとに「効率の良いイノベーション」を規定する8つの成功の要因を提示し，実証分析から浮かび上がった含意を多角的にまとめてみた。ただし本来は研究開発型 GNT と一般企業を識別比較し，経営業績（収益性，成長性），研究開発効率（新製品数，研究者数），イノベーション特性，内外資源の連携戦略などから「効率の良い・効率の悪い」の明示的な比較統計分析を行う必要もある。少なくとも上場している GNT（本研究の対象のうち5社）に関しては，財務データおよび質的データをミックスして統計解析することは可能である。その点で本研究は有意抽出した少数の事例の実態把握から事例研究を深掘りした定性分析の領域にあり，仮説の域にとどまっているとの見方も成り立つ。定量分析を含む本格的な比較検証分析は，別の機会に検討する必要があろう。

　大企業のトヨタの新興国向け製品開発の分析では，「両利き経営」による「深化と探索」の視点で製品開発の成功・失敗の分析，評価を行った。この「両利き経営」の考えは，近年イノベーションのジレンマを克服する方法論としても注目されているが，本研究では研究開発型 GNT の危機突破のイノ

ベーションと類似の特性があることが明らかになってきた。たとえば GNT の開発は，顧客主導で展開される能力構築と進化（「深化」）を基本とするが，環境脅威・危機の局面では経営者（リーダー）主導でリスクを賭した投資や M&A 等が行われ，またコア技術をもとに部門横串の新用途開発（探索）がなされ，新たな競争優位の獲得に成功している。

　すなわち GNT の経営は，定常局面では顧客志向の「深化」を基本に，環境変動局面では全社を挙げた「探索」，製品事業開発が展開され，「深化と探索」による持続的な成長が追求されてきたことを示している。研究開発型 GNT の研究は「両利き経営」による概念を明示的に取り込んだわけではないが，そこでは類似の特性や成功要因が導かれている。「両利き経営」では，経営者（リーダー）の明示，状況変動下における DC 戦略の重視など，ある程度共有の要因があることもその原因と思われる。今後の研究課題としてそれらの関係をさらに吟味する必要があると考えている。

　筆者の 1 人は，今まで中小規模の GNT を中心に事例研究を積み上げてきた。たとえば中小の研究開発型 GNT（革新的中小企業と呼んでいる）は，2009・11・12・15 年の著書を累計すると 34 社の事例を分析してきた（一部中堅・大規模 GNT を含む）。また土屋他（2017）においては，革新的中小企業の「成長の壁」を突破した中堅 GNT8 社，大規模 GNT2 社の研究も行っており，事例数はものづくり企業においては相当数のデータベースが出来上がっている。ただし本研究のイノベーションの特性分析は，ものづくり産業に限定しており，主力製品の属性としては，生産財，BtoB が中心である。消費財や材料，医薬品なども一部含まれているとはいえ，製品属性によって能力構築，イノベーション特性，資源連携の差異を体系的に比較分析する必要も出ている。またドイツの中堅企業（ミッテルシュタント）も日本の研究開発型 GNT と経営特性が似ており，事例研究を通じてイノベーション特性を比較検証することも課題となろう（土屋他（2015））。

　さらにいえばイノベーション特性としては，知財の開発や収益化における資源，能力の再編成，新結合などに焦点をあててきたが，市場の取引が難しい知財（関係的技能，共特化資産など）の実態と活用策，レントを生みだすメカニズムなどは，それ自身を対象にさらに詳しく分析する必要もある。今

後の残された課題として，別の機会に研究することが必要と考えられる。

◇参考文献

Chandler, Jr. A. D. (1962) *Strategy & Structure: Chapters in the History of the Industrial Enterprise*, Cambridge, Mass., M.I.T. Press. (チャンドラー, A. D. (三菱経済研究所訳) (1967)『経済戦略と組織―米国企業の事業部制成立史』実業之日本社.)

Chandler, Jr. A. D. (1994) *Scape & Scope: The Dynamics of Industrial Capitalism*, Harvard University Press. (チャンドラー, A. D. (安部悦生他訳) (1993)『スケールアンドスコープ―経営力発展の国際比較』有斐閣.)

Henderson, B. D. (1979) *Henderson on Corporate Strategy*, Boston Consulting Group, Inc. (ヘンダーソン, B. D. (土岐坤訳) (1981)『経営戦略の革新』ダイヤモンド社.)

O'Reilly, C. A. & Tushman, M. L. (2016) *Lead and Disrupt : How to Solve the Innovator's Dilemma*, The Board of Trustees of the Leland Stanford Junior University. (オライリー, C. A. & タッシュマン, M. L. (渡部典子訳) (2019)『両利きの経営』東洋経済新報社.)

Schumpeter, J. A. (1934) *The Theory of Economic Development*, Cambridge, MA., Harvard University Press. (シュンペーター, J. A. (塩野谷祐一・中山伊知郎・東畑精一訳) (1977)『経済発展の理論（上）（下）』岩波書店.)

Teece, D. J. (2009) *Dynamic Capabilities and Strategic Management*, New York, Oxford University Press. (ティース, D. J. (谷口和弘他訳) (2013)『ダイナミック・ケイパビリティ戦略』ダイヤモンド社.)

Von Hippel, E. (2005) *Democratizing Innovation*, Cambridge, Mass., The MIT Press. (ヒッペル, E. (サイコム・インターナショナル監訳) (2006)『民主化するイノベーションの時代』ファーストプレス.)

Williamson, O. E. (1975) *Markets and Hierarchies: Analysis and Antitrust Implications ― A Study in the Economics of Internal Organization*, New York, Free Press. (ウイリアムソン, O. E. (浅沼萬里・岩崎晃訳) (1980)『市場と企業組織』日本評論社.)

赤羽淳・土屋勉男・井上隆一郎（2018）『アジアローカル企業のイノベーション能力：日本・タイ・中国ローカル2次サプライヤーの比較分析』同友館.

土屋勉男・原頼利・竹村正明（2011）『現代日本のものづくり戦略―革新的企業のイノベーション』白桃書房.

土屋勉男・金山権・原田節雄・高橋義郎（2015）『革新的中小企業のグローバル経営―差別化と標準化の成長戦略』同文舘出版.

土屋勉男・金山権・原田節雄・高橋義郎（2017）『事例でみる中堅企業の成長戦略―ダイナミック・ケイパビリティで突破する成長の壁』同文舘出版.

宮澤健一（1988）『情報と制度の経済学』有斐閣.

（土屋勉男）

補論

イノベーションと資源結合
──イノベーション関連の先行研究

> 補論はイノベーション関連の「先行研究」に対応する。まず1.では，イノベーションの定義を最初にこの語を用いたシュンペーターに立ち返って確認するとともに，ドラッカーの企業経営の意義，顧客価値の創造との関連性を確認する。またイノベーションを持続的成長に結びつけるには，「深化と探索」の「両利き経営」を有効に使い分ける必要性が示される。
>
> 2.では経営者（幹部）を主体に，状況変化に資源能力を変革，結合する動態モデル（ペンローズ／ティース（PT）モデル）が紹介され，研究開発型GNTにおけるイノベーション特性や成長の壁の突破への適応可能性を紹介する。

1. イノベーションと能力構築・進化の特性

1 企業のイノベーション──新結合と顧客価値の創造

(i) 技術革新という言葉

イノベーション（innovation）が「技術革新」と日本語訳されたのは，1956年度版の経済白書であったという（一橋大学イノベーション研究センター（2017））。この訳語とともに，広く日本の社会でイノベーション，技術革新が意識され始めた。技術的ブレークスルー（飛躍）による企業成長，そして経済成長をもたらす要因として意識されたのである。今までにない先進

的技術の開発に裏打ちされた新産業，新事業の創造として，多くの人々がイノベーションをイメージするようになった。

当時の日本経済は，戦後の復興経済から立ち直り，欧米の先進的技術を導入して飛躍的な経済成長を始める時期であり，「技術革新」による成長は時代にマッチした言葉であった。また事実，戦後の日本経済を牽引した重化学工業，電気・電子産業，機械工業等の基幹産業は，この技術革新によって大きく成長した。

このような経済の成長発展におけるイノベーションの役割が日本社会で広く意識され，注目されるきっかけとなった点でこの経済白書の意義は大きい。

(ⅱ) シュンペーターの定義

イノベーションという言葉の生みの親である Schumpeter (1934) は，当初はイノベーションという語ではなく，ノイエ・コンビナチオン，「新結合」という語を用いていた。そして彼はそれを「新規の，もしくは既存の知識，資源，設備などの新しい結合」と定義し，生産物や生産方法，その他の経済資源，物理的資源，社会的資源の新たな組み合わせ，すなわち新結合が経済発展の主要な動因と考えたのである。

そして，新結合（後のイノベーション）の具体的な在り方として5つの類型を提示した。すなわち①まだ消費者に知られていない新しい商品や，商品の新しい品質の開発，②未知の生産方法の開発（科学的発見にもとづいていなくてもいいし，商品の新しい取り扱い方も含む），③従来参加していなかった市場の開拓，④原料あるいは半製品の新しい供給源の獲得，⑤新しい組織の実現，この5類型である。イノベーションの実行者は，企業家（アントレプレナー：Entrepreneur）であり，経済的要素を新しい方法で組み合わせ，新結合し，新たな経済的価値の創造を実現することが，イノベーションであり，これこそが経済発展の動因であるとした。

イノベーションは，本来，技術的な事象に限定するものではなく，科学技術的な新発見も要素の1つとはするものの，それに限定していない。その意味で，技術革新という訳語は誤解を生む温床となったといってもよい。ま

た，要素が既存のものだけであっても，これまでになかった結合によって，新製品，新製法，新市場，新資源，新組織が創出されることに注目する考え方である。

　現実の企業経営の世界に目を向けると，企業成長やそれによる経済社会の成長は，シュンペーターの当初の定義によるイノベーションにより実現されていることが理解できる。

　技術を，科学技術という表現にみるように，自然科学と結びつけがちな日本で，イノベーションを「技術革新」と訳したことは，これを自然科学的な発明発見による革新に偏って認識する傾向を生んだ。しかし，シュンペーターの本来の定義に立ち返った時，科学技術革新に限定するものではない点に留意すべきである[1]。

（ⅲ）顧客価値創造としてのイノベーション

　Drucker（2001）は，つぎにみるようにイノベーションを，マーケティングと並ぶ企業の基本機能ととらえ，その2つによって「顧客を創造」することが企業の目的だと唱えた。

　彼は，現実社会における企業の目的は，ミクロ経済学における一般的定義とは異なり，営利組織として「利益を上げる」ことではないと断言し，つぎのように述べている。すなわち，「顧客を創造する」ことこそが企業の使命であり目的であり，利益はその達成に対する基準に過ぎない。また事業とは，「顧客が財やサービスを購入することにより満足させようとする欲求」により定義すべきとする。そして企業は事業を通じて顧客の求める欲求や，新たな満足を創造することが，顧客の創造の具体的な内容である，と述べている。

　そして，さらにこの顧客の創造は，イノベーションとマーケティングという企業のもつ2つの機能により実現するのだと述べている。イノベーションにあたっては，資源の結合だけでなく，企業の取引や組織，人の関係を新た

---

[1] 経済学および経営学における「技術」の定義は，そもそも科学技術に限定するものではない。何らかの経済レントを生みだす仕組みを技術と定義している。したがって，この技術の本来の意味に立ち返れば，技術革新という翻訳が間違っているわけではない。

な視点で結合することが価値を生みだすことの重要性を指摘したのである。様々な方法を駆使して，社会に有用な顧客の求める価値の創造に挑戦し，成功することこそがイノベーションである。そのためには，利用可能な社内外の資源や取引関係，人間関係などを有機的に結合して，今までにない製品やサービス，価値創造のための仕組み（ビジネス・システム）を考案し，新たな顧客価値の創造，顧客の創造こそがイノベーションの本質であるといってよかろう。

また，Drucker (1985) は，イノベーションや企業家精神（Entrepreneurship）とは，偶然の着想，偶々備わった才能や天才によってもたらされるものではないと主張した。それらは，組織化が可能な意図的な業務であり，また体系的な業務である。したがってイノベーションと起業は経営者の業務の一部であり，イノベーションは企業家に特有の道具であるとも述べている。つまり，イノベーションは，新たな事業を起こし，企業を成長させる原動力に他ならないのである。

2 イノベーションとアンゾフの成長マトリックス

イノベーションと企業成長の関係を考察する時，アンゾフの成長マトリックス，あるいは成長ベクトルは基本的な枠組みであるが大変示唆的である。

Ansoff (1957) は，多角化を考察するにあたって，製品（技術）軸と市場（顧客）軸の2軸による成長マトリックスを提示した（図表 補-1）。これを紹介する近年の文献では，いずれの軸も単純化して「既存と新規」に2分して，4つのセルで表現されたものが多いが，オリジナルなマトリックスでは，それぞれの軸が既存の領域からの多段階の距離をもつものと定義されている。

このマトリックスは市場開発，製品開発の水準により，大きく4つの成長の選択肢を示している。従来の製品と市場の領域，新たな市場へ展開する市場開発の領域，新たな製品へ展開する製品開発の領域，そして製品も市場も新しい多角化の領域である。従来市場と製品では単に市場浸透を図るしか成長の余地はないが，市場開発，製品開発は企業成長を飛躍させる可能性がある。新たな市場の開発，新たな製品の開発のいずれも，シュンペーターの定

義したイノベーションの5類型のうちの2つである。

　従来市場，換言すれば従来顧客から，新規市場や新規顧客へと質的距離あるいは地理的距離が離れるにつれ，当然リスクも生じるものの成長の余地は広がる。また同様に，従来の製品からの質的距離あるいは物理的距離が遠ざかるにつれ，不確実性やリスクを伴うものの成長の可能性は拡大する。この製品開発を従来技術からの飛躍と解釈する技術開発といい換えることもできる。

　アンゾフは，イノベーションと成長の関係として論じたのではなく，あくまで多角化の構造を分析する枠組みとして成長マトリックスを提示したのである。しかし，このように新たな市場の開発というイノベーション，新たな製品の開発，さらには新たな技術の開発というイノベーションとして，捉えなおせば，イノベーションの3つの方向性と企業成長を考える枠組みとしてとらえることができる。

図表 補-1　企業成長の戦略的選択肢

MARKETS \ PRODUCT LINE	μ_0	μ_1	μ_2	......	μ_m
π_0	MARKET Penetration	MARKET DEVELOPMENT			
π_1	PRODUCT DEVELOPMENT				
π_2		DIVERSIFICATION			
......					
π_n					

出所：Ansoff（1957）

3 経営組織の革新が持続的成長を生む―チャンドラー命題

　Penrose（1959）は，永続的に成長する企業を念頭に置き会社成長の理論

を作り上げた。「企業は管理機構の中で組織的に利用される資源のプール」であり,「企業の成長とは未利用な生産資源を利用しようとする企業の行動によって引き起こされる動的なプロセスである」と論じた。また Chandler (1962) は,米国の産業企業の分析から,永続的な成長を可能にする成長戦略と,組織面の経営革新の関係を明らかにした[2]。

　大企業は,製品多角化やグローバル化などを通じて企業の成長を追求してきた結果,複雑な組織体として構築される。大企業経営者は,その複雑に構成された企業を効率よく管理し経営することができないという問題に直面する。経営者の管理能力は,急激な規模の拡大や速すぎる成長に追随できず,成長そのものが非効率を招き,その非経済性が大企業の持続的な成長,発展を阻害する状況が生じる。このような状況に直面し,チャンドラーは,20世紀中葉の米国産業,企業の研究を通じて,複数の有力な産業企業はその問題を乗り越え,巨大企業化を可能にした要因を分析し,多くの命題を導きだした。

　これによれば,デュポン,GM,スタンダード石油,シアーズ・ローバックなどでは,製品多角化,地域分散,垂直統合などの戦略を使って,急速な成長,発展を追求していることが示されている。同時に,これらの企業がとる多様かつ急速な成長戦略の結果,複雑な管理組織体が構築され,それらを効率よく運営することが極めて困難であるという課題,脅威に直面する。そのような課題や脅威に対応するため,これらの企業では複数事業部制による分散型の管理組織が開発され,大企業の持続的な成長が可能となった。

　つまり戦略を効率良く運営する構造(Structure)が開発されたことが,大企業の持続的成長,発展の要因であるとし,「組織は戦略に従う」という命題が導きだされたのである。大企業の持続的な成長には,戦略を実現するための管理組織面での「経営革新(イノベーション)」が伴うこと,またこれが伴わなければ成長は実現できないことが示されたのである。

---

[2] 「革新的中小企業」においては,目標としての成長の概念が,大企業の場合と異なっている点に注意する必要があろう。革新的中小企業の多くは,決して身の丈を超える成長を目指していない。むしろ一時的な急成長は,経営の危機であると考える経営者もおり,一時的な急成長より持続可能な成長の方を重視している。

4 両利き経営

 ここで，イノベーション研究の古典的な系譜に加えて，「両利き経営」について触れておこう。March（1991）はつぎのように述べている。すなわち，多くの優良大企業は既存の技術の改善改良による事業化や製品化，すなわち，Exploitation（深化）に邁進しがちである。しかし，その結果，Exploration（探索）への資源配分が不足してしまい，革新，イノベーションが生まれなくなる。それは避けるべきことであって，深化と探索の両方を巧みにこなす，「両利き経営」を追求すべきである。彼の論点については，入山（2016）など，多くの解説を試みた書籍がある。オライリー・タッシュマン（2019）もその1つである。これは，単なる解説を超え，多くの事例研究による実証を追究した優れた研究である。

 彼らは，両利きの要件として，①両利きについての明確な戦略的意図，②探索への経営陣の強い関与と監督，③探索組織の独立性と成熟部門の資源を活用できるインターフェース，④探索，進化の両ユニットに共通のアイデン

図表 補-2　両利き経営組織の条件

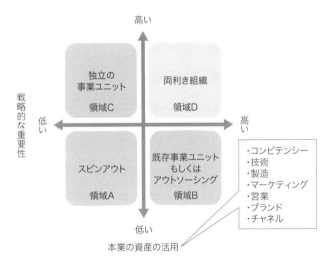

出所：オライリー・タッシュマン（2019）

ティティを与えるビジョン，価値観，文化の存在，を挙げている（図表 補-2）。

戦略的意図については，本業資産の活用と戦略的重要性の水準により組織を評価し，どちらの水準も高い領域を「両利き組織」とすべきであると述べている。

「両利き経営」の遂行において，要となるのが「経営リーダー」である。経営リーダー，その人こそが，変革が必要な困難な状況，あるいは危機を認識して，あえて内外の困難な状況を回避せず，探索と深化の両方の面で組織を牽引するのである。

すでに検討した各事例においても，成長を勝ち取っている企業は深化を進めながら，大きな環境変化に適応できるよう，経営トップの強い指導のもとに探索を行っていることが観察できる。

(井上隆一郎)

2. 状況の変動に応じた資源・能力の連携とその狙い

1 企業の変革と経営者の役割

（ⅰ）内在的企業成長の理論

経済の成長発展要因として，企業家（Entrepreneur）のイノベーションに注目したのはシュンペーター（1977）である。シュンペーターは，企業家による各種資源の新結合が新たな経済成長を起こす要因であると考え，企業家による新結合の5つの形態を提示し，経済発展の理論を構築する。またペンローズ（1962）は，経営資源や管理組織をもった現実に近い企業像を描き，会社成長の理論を作る。それまで経済理論の中に描かれてきた企業は，市場のみえざる手に導かれ，資源の合理的利用を瞬時に実現する生産者である。そこには企業が活動するための経営資源や組織がなく，抽象的な企業が描かれているに過ぎない。ペンローズは，高度に抽象化された企業を現実の存在に近づけるために，多大な貢献を果たした。ペンローズの理論は，内部資源理論学派の経済，経営学者に大きな影響を与えることになる。

ペンローズ理論によれば，企業は経営者を中心に持続的な成長発展を追求

する組織ととらえている。企業は，経営資源の集合体であるとともに，管理組織体である。この多面的な企業像から，企業が自ら成長のダイナミズムを生みだすのである。企業の経営者（リーダー）の役割は，遂行すべき機能，役割などを考慮して「企業家」と「経営管理者」の2つに分けられる。

(ⅱ) 企業家能力とその役割

　まず「企業家」であるが，企業家は環境変動や脅威の中で，経営資源の集合体としての潜在能力を見極め，また企業の内部に存在する「未利用な資源や能力」をみつけ，それを活用することから新たな成長を追求する役割を担う。企業家は，新たな成長に向けて計画を作成し，その計画が実行に移されると，企業家としての「機能（役割）の解放（リリース）」が起こり，新たな成長に向けての誘因が生まれることになる。企業家にとっては，現在直面している成長計画がひとたび実行に移されると，時間や能力の面で余裕が出て，つぎの成長戦略を策定する時間が生まれることを意味している。

　一方で「経営管理者」は，開発した事業を効率良く遂行する役割を担う。企業成長の関連でいえば，企業家は未利用の資源や能力をみつけ，新たな事業を創造して成長するが，新規開発した事業が長期にわたり効率よく運営できるかどうか不明である。多くの企業では，事業の多角化が進むと，管理面での非効率が生じるのが一般的である。事業の多角化が急速に進むと，経営者（リーダー）は効率よく管理する能力の構築が，事業の拡大に追いつかない状況に直面する。また新たな「経営管理者」を探して外部から調達するとしても，短時間のうちに社内と同等の能力を学習することが難しく，成長そのものに制約が出てくる。

　この経営管理者が備えるべき能力の面での学習効果の遅れは，速すぎる成長に対する成長制約となる。企業成長に対する経営管理者としての能力の制約は，「ペンローズ効果」[3]と呼ばれ，速すぎる成長にも制約があること，その制約は経営者及び経営者チームの学習能力に規定されることを示す。

　中小・中堅の会社では，「経営者」，「リーダー」が重要な役割を担う。多

---

[3] マリスは，「ペンローズ効果」と呼んで，経営者の追加的な供給には成長制約が出るとする（マリス(1971)）。

くの場合は，会社の創業者であり，会社の経営を実質的にリードしている会長，社長などを指して使う。また時としては主力事業の開発のリーダーを指す場合もある。「経営者」は経営構想，事業構想を描きイノベーションを先導し，事業の立ち上げや市場の開発，浸透を実質的にリードする役割が期待されるが，主として「企業家」としての能力が注目されていることを意味する。

2 取引関係と DC（ダイナミック・ケイパビリティ）戦略

（i）内部組織の経済学

　企業にとって取引の「内部化」とは，外部の市場取引に代えて，企業内組織の活動と管理を優先する経営判断を指す。内部化理論は，企業が製品開発，生産，販売などの諸活動において，外部の市場取引でなく，企業内組織で管理された活動を選択することを意味する。企業の境界を越えて活動を内部組織化し，企業内の活動にゆだねる戦略は，コース（1992）が指摘するように市場の取引には多くの「取引費用」がかかることが原因である。

　コースの流れを受けて，カリフォルニア大学バークレー校の経営管理学教授のウイリアムソンは，経済学の領域から現実に近い企業理論を構築してきた。企業が市場取引に変えて内部組織化する誘因は，情報の不確実性が原因であり取引情報の収集のために多大な費用がかかることが原因である。取引先の探索，取引先との交渉，取引の管理など初めての取引では多くの費用がかかる。またウイリアムソン理論では活動の主体は，「限定合理的」な能力しかもち合わせておらず，短期的な市場の取引において確実な情報を瞬時に集め判断することはできない。もしそれを短期間のうちに正確に行おうとすれば取引費用は幾何級数的に増大してしまうのである。

（ii）境界領域の確定

　ウイリアムソン（1980）は，経営者の主要な目的を「企業と外部エージェントの間で最善の境界を選択することにより，生産費用と取引費用の和を最

小化する」ことであると考え，内部組織化の有効性を考えた。情報を収集し，適切な取引相手を探索する費用，技術ノウハウの流出リスクなどにかかる取引費用は，決して小さくない。したがって生産費用が最小の組織と取引費用も考慮した組織との間には，境界選択上の差異が生じ，企業の境界が広がっていくことになる。

　企業の境界は国内だけでなく，国境を越えて取引が拡大する場合に取引費用の存在が重要になり，内部組織化のメリットは増す。海外工場や海外販社を作り国境を越えて展開する理由は，国内以上に取引活動に付随する費用が増大し，内部組織化するメリットが高まるからである。内部組織化の効果は，時間軸を考慮すると一層顕著になる。短期的な取引コストはその都度決まるが，海外の活動を内部組織化し，時間をかけて習熟効果を追求すれば，取引費用は時間と共に低減し習熟曲線に沿って優位性を磨き上げることができる。

(ⅲ) 能力構築の動態理論

　ティース (2013) は，カリフォルニア大学の先輩の経営経済学者ウイリアムソンの内部取引の経済理論から影響を受けている。しかし現実の企業を追究する中で，ウイリアムソンの「企業」理論がダイナミックに成長発展する企業とは異なる点に気づき，軌道を修正していく。その軌道修正の方向はミクロ経済学に基礎を置く企業理論から離れ，経営戦略論の中の「内部資源論 RBV (Resource Based View)」の領域に踏み込んでいる。

　我々は，革新的中小企業が成長の壁を突破し，中堅 GNT として新たな競争優位を獲得し成功するプロセスを事例研究を中心に分析した（土屋他 (2015)，土屋他 (2017))。その際にペンローズ (1962) の企業成長理論とティース (2013) の DC 戦略の考えを融合して，状況変動に適応し資源・能力の結合，再編成により内在的成長を実現するフレームワーク (PT (ペンローズ/ティース) モデル) を構築し，事例研究の仮説検証に援用した。ティースの DC 戦略理論には，意思決定の主体が明示的に存在しないことをカバーするための措置がある。

(iv) PT モデルによる成長戦略フレームワーク

PT モデルは，企業の目標を新たな競争優位の獲得にもとづく「持続的成長」の追求と考える。企業は状況変動から生まれる資源や能力の不適合，未利用の資源や能力の不適合が累積すると，経営の危機は顕在化してくる。環境脅威や危機を引き金にそれを突破するための自己変革能力の必要性が認識され経営構造の変革の活動が遂行される（図表補-3）。

中小・中堅企業の場合は，規模や能力の蓄積が小さいため，短期間のうちに環境脅威や経営の危機に直面する事例が出てくる。つまり状況変動が頻繁に起こり，状況変化に対する資源や能力の不適合が生じ，危機を感知した経営者は自己変革に着手する必要性が生まれてくる。

一方で環境脅威は経営構造の変革のチャンスでもある。研究開発型 GNT は，それらの脅威や危機を乗り越える際に，思い切った意思決定が行われてきた。新製品開発，コア技術への投資，外部資源の導入などの決断により，知財の開発，収益化に成功し，新たな競争優位の獲得が実現する。つまり研究開発型 GNT の場合，経営者や主力事業のリーダーは，環境変動，危機を

図表 補-3 成長の壁を突破する DC 戦略―ペンローズ / ティース（PT）モデル―

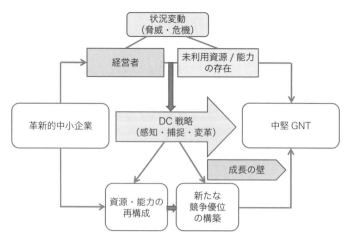

出所：DC 戦略フレームワークはペンローズ（1962），ティース（2013）をもとに筆者が作成（土屋他（2017）『事例でみる中堅企業の成長戦略―ダイナミック・ケイパビリティで突破する成長の壁』同文舘出版, p.19）

バネに資源・能力の再編成を行い，経営構造の変革（リストラ）にとどまらず新たな知財開発や収益化の探索が行われ，競争優位の構築に成功する企業像が描ける。

我々の研究では，新製品技術開発，コア技術開発，ビジネス・モデルの変革などは厳しい景気後退，顧客環境の変動，世界同時不況などの局面で行われる傾向がみられ，それが知財の収益化や新たな成長を呼び込んでいる事例を多数観察してきた。

3 中小・中堅企業のものづくり能力構築と飛躍

（i）関係的技能の蓄積とものづくり能力の構築

中小，中堅のものづくり企業は，復興経済から高度成長経済に向かう過程で自動車やエレクトロニクス・メーカーとの取引関係をもとに関係的技能を蓄積し，自立発展するための「ものづくり能力」の基盤を構築してきた。それらの自動車，エレクトロニクスのサプライヤーのものづくり能力の構築メカニズムを理論・実証的に分析した日本の学者として，浅沼萬里（浅沼（1997））の研究が有名である。

浅沼は前述のウイリアムソンの内部組織化の理論をもとに，日本における「中間取引」の経済性の意義を理論・実証面で解明した学者としても知られている。自動車やエレクトロニクス・メーカーは，サプライヤーとの間で長期の信頼関係にもとづき資本関係に依存しない「やわらかな」取引関係を構築している。「トヨタ系列」は，「中間取引」の代表的な形態であり，トヨタとサプライヤーによるコラボレート型のオープン・イノベーションが展開され（ブラキシル＆エッカート（2010）），効率の良いリーン生産システムが実現しているのである。

サプライヤー側からみれば，メーカーとの信頼関係にもとづく長期取引から「関係的技能」を蓄積し，生産技術面や開発設計面で段階的に能力構築を進め，進化，飛躍している実態が明らかになっている。

(ii) サプライヤーの能力構築と飛躍―貸与図方式から承認図方式

サプライヤーの能力構築は，大別すれば「貸与図方式から承認図方式」への6段階で進化する（図表 補-4）。最初はメーカーから図面（貸与図）を渡され，もっぱら工程面でのQCD（品質・コスト・デリバリー）の効率化を目指した能力構築（Ⅰ・Ⅱ・Ⅲ）が進められる。その後は，製品開発・設計面での能力構築が進み，メーカーとの共同開発や図面を自ら提案できる承認図方式（Ⅳ・Ⅴ・Ⅵ）に進化，飛躍を遂げることになる。

浅沼が注目した「関係的技能」とは，メーカーの仕様に応じて開発や改善する能力，図面にもとづき工程開発やVE活動する能力，QCDの基本能力，原価低減・改善の能力などを指している。サプライヤーはメーカーとの継続的取引関係を通じて技能の蓄積を図り，段階的に能力構築を実現しており，特に貸与図方式から承認図方式への移行ではものづくり能力，取引関係などの面で質的変化を伴う飛躍が行われている。

一方で能力構築により原価低減効果（レント）が生まれるが，双方の工夫のもとで年々創出されていく性格である。トヨタの系列関係のように，生みだされたレントは，メーカー・サプライヤーの双方で分配し，持続的なレントを生みだすことが重要となろう。日本のものづくり企業では，メーカーとサプライヤーは，長期の取引関係を通じて「ものづくり能力」の基本要素で

図表 補-4 ものづくり能力の構築とその飛躍―貸与図から承認図へ

カテゴリー	買い手が提示する仕様に応じて作られる部品（カスタム部品）						市販品タイプの部品
	貸与図の部品			承認図の部品			
	Ⅰ	Ⅱ	Ⅲ	Ⅳ	Ⅴ	Ⅵ	Ⅶ
分類基準	買手企業が工程についても詳細に指示	供給側が貸与図を基礎に工程を決める	買手企業は概略図面を渡し，その完成を供給側に委託する	買手企業は工程について相当な知識をもつ	ⅣとⅥの中間領域	買手企業は工程について限られた知識しかもたない	買手企業は売手の提供するカタログの中から選んで購入する
例	サブアセンブリ	小物プレス部品	内装用プラスチック部品	座席	ブレーキ，ベアリング，タイヤ	ラジオ，燃料噴射装置，バッテリー	

出所：浅沼（1997）p.215.

ある製品設計能力，工程設計能力を時間をかけて構築し，進化を継続させる強みをもつ。

4 革新的中小企業（中小GNT）のイノベーション—従来研究の紹介

（ⅰ）特注品サプライヤーのイノベーション特性

革新的中小企業（中小GNT）のイノベーション特性を，特注品サプライヤーの能力構築と飛躍（イノベーション）の経路分析からみておこう。

我々の分析では，日本サプライヤーのものづくり能力の進化経路は，図表補-5のものづくり能力（工程設計能力・製品設計能力），ドメイン設計能力の2次元図表で読み取りとることができる（土屋他（2017），赤羽他（2018））。図表の4つのセルは，自動車やエレクトロニクスのサプライヤーの能力構築上のポジションを表しており，縦軸はものづくり能力の水準（貸与図方式・承認図方式），横軸はドメイン設計能力の水準（特注品・標準品）で4つの領域（$\alpha \beta \gamma \delta$）に分けられる。

自動車・家電品メーカーと取引するサプライヤーは，最初は貸与図方式・特注品の取引（α）からスタートするが，能力構築の進化に伴いαからβ，そしてγへの進化の経路をとる事例が一般的である（土屋他（2011），土屋他（2015），土屋他（2017））。

たとえば中小・中堅サプライヤーは，最初α領域に位置し，自動車・家電品メーカーの貸与図をもとに，下請け賃加工ビジネスを展開している。一方で工程設計面での能力構築が進めば，VA/VEなどの提案活動を通じて，製品設計面での能力構築も段階的に進んでいく。ものづくり能力が浅沼（1997）のⅢ段階に入ると，承認図方式へ移行する能力構築が進み，メーカーと連携して開発，設計の擦り合わせの機会も生じる（β領域）。このαからβへの能力構築は，工程設計面の連続的な進化ではなく，工程設計面以外に開発や設計図面をサプライヤー側が作成し，擦り合わせる「承認図方式」の移行を意味している。また承認図取引ではメーカーとの直接取引（T1への移行）を意味し，セル間の移行においては資源および能力・関係の不連続な飛躍「イ

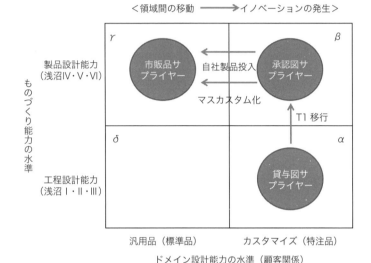

図表 補-5 サプライヤーの能力構築と飛躍の経路

出所：土屋他（2011），土屋他（2017）をもとに筆者作成

ノベーション」が発生する[4]。

図表 補-5 の 4 つのセル（$\alpha \cdot \beta \cdot \gamma \cdot \delta$）の境界間の移行は，能力・関係の不連続な進化，飛躍であり，イノベーション（飛躍）と定義する。たとえば β 領域では承認図面の作成提案，メーカーとは共同開発の関係，γ 領域ではメーカーの 1 対 1 から 1 対多のマスカスタム取引関係への移行など，資源や能力の新結合，新たな取引関係が生まれており，イノベーション（飛躍）が生まれたとする。本論の中の「イノベーション」は同じ定義で使われている。

（ⅱ）ドメイン設計能力とサプライヤーの成長戦略

つぎに図表の横軸のドメイン設計能力もみておこう。ドメイン設計能力は，サプライヤーが目指す成長戦略を反映したものである（赤羽他（2018））。

---

[4] 自動車業界では T1，T2 の階層関係が明確で，二輪車，建機，産業車両など類似製品取引の中で T1 に昇格する例の方が一般的である（赤羽他（2018）第 3 章）。

自動車・家電品メーカーとの取引は，1対1の特注品（カスタマイズ）取引が基本である。注文生産方式をとる自動車産業では，この関係が，長期継続取引が行われ，系列関係が構築されている場合もある。ただこの関係を続ける限り，サプライヤーは下請け賃加工として弱い立場に立たされる。また日本のエクセレントサプライヤーの研究をみると，工程設計能力や設備技術面で取引先（メーカー）を大きく上回る技術力をもち，相手先から積極的な提案を求められる場合も出てくる。

　日本の自動車産業のサプライチェーンは，ピラミッド型の取引連鎖をもつが，近年メーカーを頂点にするピラミッド構造が崩壊し，T2，T3の段階で特定のエクセレントサプライヤーに取引が集中する「ダイヤモンド型」への移行がみられる[5]。通常工程設計能力が低い賃加工企業は，複数顧客を開拓し，賃加工収入を積み上げる方法をとる。一方でエクセレントサプライヤーは，製品設計能力も身に着け，自社の強みを活かして系列を越えて「マスカスタム化」（特注品のマス化）する傾向をもつ。図表 補-5でみればβからγにステップアップし，系列を越えて複数の顧客に効率の良いマスカスタム化戦略を展開することを示す。その際には売上規模の単なる積み上げではなく，高度なものづくり能力，ブランド力が評価され，メーカー系列を越えて効率の良い知財収益化の「飛躍」が生まれたとみることができる。

　もちろんマスカスタム化するためには，高い工程設計能力，高度な設備技術，複数顧客に適応できる効率の良い生産方法など差別化した強みが必要とされる（パイン（1994））。またセル間の移行は，ものづくり能力やドメイン設計能力の面で，不連続な質的変化が生じていることを示す。特にドメイン設計能力は，成長戦略と関連しており，特注品取引からステップアップし，「マスカスタム化」，標準品開発，自社製品開発などが進めば，自立経営，持続的成長のチャンスも広がり，経営面の安定性も増すことになる。

---

[5] 自動車業界では，トヨタ系列に代表されるピラミッド型の長期継続取引の関係を思い浮かべる。一方で近年は，競争の激化，複数取引，国内市場の成熟化などを背景に，T2・T3の中でも競争，淘汰が起こり，少数の優良サプライヤーに集中する傾向が進んでいる（赤羽他（2018）p.66）。

5 顧客志向のイノベーション理論

（i）顧客志向の開発構想

　企業の技術開発におけるイノベーション構想は，どこから生まれてくるのであろうか。我々が実施した革新的中小企業や中堅 GNT の研究によれば，顧客や取引先との関係の中から，顧客主導型でイノベーションが行われる事例が多いことが明らかになっている（土屋他（2011），土屋他（2015），土屋他（2017））。中小・中堅 GNT は，有力取引先との継続取引のもとで開発や製品設計面での関係的技能を蓄積し，多様な取引先の高度な技術，難題などに対応する中で技術の高度化，飛躍が行われる場合が多い。特に大企業や研究所など有力顧客との長期的な取引関係や信頼関係が重要である。長期の信頼関係は，取引における単なる元請・下請けの関係を越えて，共同研究のパートナーとしての関係が構築され，共同研究における多くの技術課題を解決していく中で，画期的な新製品技術のアイディアが生まれている。

　単に有力顧客のニーズにきめ細かく対応し，技術開発力を漸進的に進化させていくだけでなく，多様な顧客の異なる仕事を数多く経験することも重要である。数多くの顧客の異なるニーズを経験することは，自社のコア技術の強み・弱みが明確なると共に，顧客の一歩先を行く技術や他社に差別化した技術の開発構想づくりに役立つ。

（ii）リード・ユーザーの活用

　ヒッペル（2006）は，『民主化するイノベーションの時代』の中で，イノベーションの方法が「メーカー主導」から「ユーザー主導」に変化してきていることを明らかにした。製造企業でいえば，本業の革新では持続的な改善，改良を中心とするメーカーの役割は大きいが，本業と異なる新製品・用途，あるいは新しいビジネス・システムの開発においては，顧客のニーズの方が重要な場合も出てくる。したがって自社の強みがイノベーションに結びつくためには，「リード・ユーザー」（先導顧客）となる有力顧客や取引先の存在が重要であり，それらの出会いや共同開発の経験を通じて，新たな製品技術や差別化した製法が開発されることが多くなっている。つまりイノベー

ションの方法が「メーカー主導から顧客主導」へと移行し，顧客と共に開発する効率性が高まってきていることを示す（ヒッペルのいう「リード・ユーザー理論」）。

　我々の研究では，リード・ユーザーの方向としては，自社が追求するターゲット分野の1歩，2歩先を行く「ターゲット市場の最先端」や自社の技術を「先端類似市場」に展開する2つの戦略ベクトルが抽出されている（土屋他（2011））。ターゲット市場の最先端で成功した事例としては，電子線描画装置の開発で線幅30ナノの壁を大きく飛び越え，実際は5ナノ精度のナノマシンを開発したエリオニクスの事例がある。また先端類似市場の展開では，天体望遠鏡の特注品ビジネスの技術を横展開し，自社で開発した脳外科手術用顕微鏡をライカ社との共同ブランドで世界に販売している三鷹光器の事例などがある（土屋（2016））。

（土屋勉男）

◇参考文献

Ansoff, H. I.（1957）"Strategies for Diversification," *Harvard Business Review*, 35（5），pp. 113-124.

Blaxill, M. & Eckarde, R.（2009）*The Invisible Edge: Taking Your Strategy to the Next Level Using Intellectual Property*, U.S.A, Portfolio, A Member of Penguin Group（USA）Inc.（ブラキシル，M. & エッカート，R.（村井章子訳）（2010）『インビジブル・エッジ』文芸春秋.）

Chandler, Jr. A. D.（1962）*Strategy and Structure*, Cambridge MA., The MIT Press.

Coase, R. H.（1988）*The Firm, The Market, And The Law*, Illinois, The University of Chicago.（コース，R. H.（宮沢健一他訳）（1992）『企業・市場・法』東洋経済新報社.）

Drucker, P. F.（1985）*Innovation and Entrepreneurship*, New York NY., Harper Collins Publisher Inc.

Drucker, P. F.（2001）*The Essential Drucker*, New York NY., Harper Collins Publisher Inc.

March, J. G.（1991）"Exploration and Exploitation in Organizational Learning," *Organization Science*, 2（1），pp.71-87.

Marris, R.（1964）*The Economic Theory of Managerial Capitalism*, New York, Free Press.（マリス，R.（大川勉他訳）（1971）『経営者資本主義の経済理論』東洋経済新報社.）

Penrose, E. T.（1959）*The Theory of the Growth of the Firms*, Oxford, Oxford University Press.（ペンローズ，E. T.（1962）（末松玄六訳）『会社成長の理論』ダイヤモンド社.）

Pine, B. J.（1993）*Mass Customization*, Boston, Harvard Business School Press.（パイン，B. J.（江夏健一・坂野友昭監訳）（1994）『マス・カスタマイゼーション革命』日本能率協会マネジメントセンター.）

Schumpeter, J. A.（1934）*The Theory of Economic Development*, Cambridge, MA., Harvard University Press.（シュンペーター，J. A.（塩野谷祐一・中山伊知郎・東畑精一訳）（1977）『経済発展の理論（上）（下）』岩波書店.）

Teece, D. J.（2009）*Dynamic Capabilities and Strategic Management*, New York, Oxford University Press.（ティース，D. J.（谷口和弘他訳）（2013）『ダイナミック・ケイパビリティ戦略』ダイヤモンド社.）

Von Hippel, E.（2005）*Democratizing Innovation*, Cambridge, Mass., The MIT Press.（ヒッペル，E.（サイコム・インターナショナル監訳）（2006）『民主化するイノベーションの時代』ファーストプレス.）

Williamson, O. E.（1975）*Markets and Hierarchies*, New York, The Free Press.（ウイリアムソン，O. E.（浅沼萬里・岩崎晃訳）（1980）『市場と企業組織』日本評論社.）

赤羽淳・土屋勉男・井上隆一郎（2018）『アジアローカル企業のイノベーション能力：日本・タイ・中国ローカル2次サプライヤーの比較分析』同友館.

浅沼萬里（1997）『日本の企業組織：革新的適応のメカニズム』東洋経済新報社.

入山章栄（2016）『ビジネススクールで学べない世界最先端の経営学』日経BP社.

オライリー，C. A.・タッシュマン，M. L.（渡辺典子訳）（2019）『両利きの経営』東洋経済新報社.

土屋勉男（2006）『日本ものづくり優良企業の実力（新しいコーポレート・ガバナンスの論理）』東洋経済新報社.

土屋勉男・原頼利・竹村正明（2011）『現代日本のものづくり戦略—革新的企業のイノベーション』白桃書房.

土屋勉男・金山権・原田節雄・高橋義郎（2015）『革新的中小企業のグローバル経営—差別化と標準化の成長戦略』同文舘出版.

土屋勉男（2016）「革新的中小企業の事例研究に見る知財の創造と収益化」『一橋ビジネスレビュー』Vol.63, No.4, pp.37-43.

土屋勉男・金山権・原田節雄・高橋義郎（2017）『事例でみる中堅企業の成長戦略—ダイナミック・ケイパビリティで突破する成長の壁』同文舘出版.

一橋大学イノベーション研究センター編（2017）『イノベーション・マネジメント入門・第2版』日本経済新聞出版社.

藤本隆宏（2004）『日本のものづくり哲学』日本経済新聞社.

索　引

あ

IMV（Innovative International Multipurpose Vehicle）　73, 75, 76, 78, 89, 96
IMV の開発　78
浅沼萬里　103, 269
新たな競争優位　237, 239
新たな成長機会　245
新たな用途開発　155
あるもの探し　28, 29, 242-244
暗黙知の知財　248
アンゾフ, H. I.（Ansoff, H. I.）　260

い

委託賃加工ビジネス　162
一社化　201, 202
イノベーション（innovation）　19, 20, 39, 183, 191, 235, 257, 258, 272
イノベーション（経営改革）の特性　218
イノベーション戦略　218, 235
イノベーション（の）特性　89, 97, 101, 136, 137, 142, 144, 146, 184, 221, 237, 271
イノベーション分析　25
イノベーション理論　274

う

ウイリアムソン, O. E.（Williamson, O. E.）　266
失われた 10 年, 15 年　3
失われた 10 年間　213
失われた 15 年間　213
内山工業　33, 101, 109, 125

え

液晶パネル　52, 215
Exploitation →深化
Exploration →探索
エティオス　75, 77, 89, 96
エティオスの開発　84
エレクトロニクス　8
エレクトロニクス産業　5
Entry Family Car（EFC）　74

お

欧米市場開拓　135
OEM（事業，生産）　135, 189, 225
オープン・イノベーション　22, 129, 222, 245
オンリーワン　58
オンリーワン経営　130, 179

か

海外市場開拓　189
開発特性　45, 49, 50, 69, 94
革新的中小企業（中小 GNT）　254, 271
カスタマイズ（戦略）　119, 121, 171, 200
ガバナンス改革　12
環境脅威　162, 219
関係的技能（の蓄積）　103, 123, 269, 274
関係的技能の横展開　104
感知，適応の能力　244

き

危機　135, 182
危機（の）突破　26, 219, 220
危機突破の新成長戦略　220, 237, 247
危機突破の成長戦略　39, 40
企業家（entrepreneur）　258, 264
企業家能力　27, 28, 265
キジャン　78
技術青天井　23
技術革新　19, 257
技術の導入・革新・横展開　119
技術の標準化（コモディティ化）　7
機能会議　9
旧シマプ　52, 54, 57
共創の精神　196, 200
競争優位　90
共特化　39, 249

く

クローズド・イノベーション　21
グローバルアライアンス　46
グローバル化　4, 172, 224
グローバル経営　187
グローバルニッチトップ（GNT）の戦略　184

け

経営改革	162, 163
経営管理者	265
経営危機	52, 59
経営構想	11
経営者（リーダー）	38, 39, 254
経営戦略	61
経営戦略の壁	37
元気なモノづくり中小企業 300 社	179
研究開発型経営	203
研究開発型 GNT	26, 33, 34, 99, 177, 218, 221, 235, 237
研究開発型 GNT（9 社）の事例研究	36, 253
原価低減効果（レント）	270
現代経営	15

こ

コア技術	150, 155, 234
コア技術の投資，内製化	227
コア技術の内製化	183
コア部品投資	219
構造改革	3
高品質と低価格	86
効率の良いイノベーション	24, 30, 211, 214, 230, 242, 248, 250, 252
効率の良いイノベーション戦略	28, 30, 241
効率の良いイノベーション特性	213, 243, 244
効率の良いイノベーションの概念	24, 241
効率の悪いイノベーション	243
コーポレート・ガバナンス	12
コーポレート・ガバナンス経営	214
顧客価値（の）創造	257, 259
顧客価値の新創造	20
顧客関係	231
顧客共創の開発	245
顧客共創	195
顧客志向	181, 245, 274
顧客志向型	171
顧客主導型の製品開発	193
顧客多様化	172
顧客ニーズ志向型	221
顧客ニーズ対応型の製品開発	194
顧客ニーズ適応型	184
個別注文生産（BTO）	165, 193
コラボレート型のオープン・イノベーション	269

さ

材料開発	114
サプライヤー	103, 270
産業革新機構	67

し

GNT 企業 100 選	150, 151
事業基盤の強化	102
事業セグメント	117
資源結合	257
資源結合特性	94, 97
資源集中	164, 189
資源動員・集中	25
資源動員の正当化	24
資源，能力の再構成・新結合	39
資源連携（の）戦略	28, 168, 237, 239, 247
資源連携戦略の特性	125, 147, 169, 170, 205, 206, 207
自社製品開発	273
自社ブランド・自社製品化	246
持続可能な開発	37
失敗要因	95
自動車サプライヤー	101
自動車産業	3, 4
自前主義志向	51, 59
シャープ	6, 33, 47, 214
シャープ・鴻海連合	66
社員一体化	195
社外資源の連携	230
JASDAQ 市場への上場	185
シュンペーター, J. A.（Schumpeter, J. A.）	20, 258
承認図方式	270
情報フィードバック体制	231
昭和真空	33, 177, 179, 204
事例研究	32, 36, 99
深化（exploitation）	94, 263
深化と探索	217, 253
新旧シャープ	45
新結合	20, 73, 258
新生シャープ	49, 61, 64
新成長戦略	27, 220
新製品開発	219
新製品・新用途（の）開発	132, 135, 136, 140, 142, 197
新用途開発	157, 166, 174, 224, 234
新用途開発戦略	173

す

垂直統合型のビジネスモデル	111, 226
垂直統合（型）モデル	48, 167
垂直統合＋（社内外）資源（の）連携	228, 251
垂直連携型	228, 229, 250, 251
ステークホルダー	27, 245
ステークホルダーとの連携	29
スマイルカーブ	108

せ

成功・失敗要因分析	89
成功と失敗（の）分析	73, 214, 216, 217
成功（の）要因	95, 244, 253
成長しない経営	37
成長戦略	26
成長戦略ベクトル	223, 224
成長の壁	15, 36, 37
成長の壁の突破	38
成長（の）マトリックス	106, 260
制度の壁	37
製品開発	192, 223
製品技術開発	171
セーレン	33, 149, 160, 169
世代間連携	235
先行開発	223
先行研究	18, 257
先行投資	164
全体構成	17
全体最適経営	9
選択と集中	45
選択と集中の経営	8
先端類似市場	275
専有可能性	170, 171
戦略構想能力	11

そ

創業者	136
創業者経営	178
総合一体化	233
組織改革	201, 232
ソリューション・ビジネス	159, 169

た

ターゲット市場	140
ターゲット市場の最先端	275
大企業・事業開発	33
大企業（2社）の成功・失敗分析	214, 216, 217, 253
大規模GNT	35, 149, 168, 196, 209
対象企業	32
ダイヤモンド型	273
貸与図方式	270
竹内製作所	33, 177, 187 205
多種製品・ブランド化	223
多製品開発	246
探索（exploration）	50, 94, 263

ち

知財（の）収益化	31, 149, 157, 168, 223, 224, 237, 238, 246
知財収益化の飛躍	273
知財（の）開発	221, 237, 238, 245
知財の開発・収益化	159
チャンドラー, Jr. A. D.（Chandler, Jr. A. D.）	262
チャンドラー命題	261
中央研究所	23
中核技術	132
中間取引	269
中堅GNT	35, 208
中小GNT	35, 207
中小・中堅・大規模GNT	177, 220

て

提携・合併	232
DC（ダイナミック・ケイパビリティ）戦略	13, 14, 38, 218, 254, 267, 268
ティース, D. J.（Teece, D. J.）	249, 267

と

統一プラットフォーム	83
統合型企業のジレンマ	47
統合型ものづくり組織能力	8
統合過程	232
東芝	8
特注品サプライヤー	271
独法制	201, 202, 233
トップダウン経営	10
トップマネジメント	11
ドミナントデザイン	223
ドメイン設計能力	272
トヨタ	9, 10, 33, 73, 216
トヨタの新興国製品戦略	73
トヨタの新興国の製品開発	216
ドラッカー, P. F.（Drucker, P. F.）	20, 259
取引の内部化	266
取引費用	266

な

内外結合 26, 203, 231
内外結合から内々結合 30
内外結合と内々結合 31
内外・内々連携 246
内外連携 106, 115, 122, 230, 247
内外連携から内々連携への好循環 250
内外連携の活用 159
内外連携を活かす内々連携 232, 239, 250
内在的企業成長の理論 264
内々結合 26, 203, 231
内々連携 106, 115, 122, 233, 247, 249
内部資源論 RBV（Resource Based View） 267
内部組織化 267
内部組織の経済学 266
ないものねだり 23, 218, 242
ないものねだりのイノベーション 243

に

日産リバイバル・プラン 4
日本型経営 14
日本企業の強み 8
日本電子 33, 149, 151, 168
日本の弱み 10
日本パーカライジング 33, 101, 115, 126

の

能力構築 103, 236, 237
能力構築と飛躍 270, 272
能力構築の動態理論 267
能力の罠 94
残された研究課題 253

は

買収 62, 167, 184, 232
ハイラックス 79
パッケージ化 115
バリュー・チェーン 64, 107, 108, 124, 228
範囲の経済性 242, 249

ひ

PLC（プロダクトライフサイクル）曲線 36
BtoB 30, 67, 106
PPM 50
PPM 経営 7
非衣料・非繊維化 164
比較分析 45, 177
比較優位 5

非効率なイノベーション 21
ビジネス特性 154
ビジネス・モデル 225, 228, 250
ビスコテックス（Viscotecs：Visual Communication Technology System） 161, 165, 228
非繊維・非衣料化 166
標準品開発 273
表面処理技術 119

ふ

ファブレス経営 183, 222, 226
2つの経済性の原理 242
部品相互補完 89
部門間の緊密連携 233
部門最適化の弊害 31
部門横串（の新用途開発） 174, 234
ブラックボックス化 58
プラットフォーム統合 79
ブレークスルー型 94
プリウス 10, 213
プロダクトアウト型 48, 123

へ

変革経営 16
ベンチマーク 211, 214
ペンローズ, E. T.（Penrose, E. T.） 261, 264
ペンローズ／ティース（PT）モデル 38, 268

ほ

補完性 64, 66
ボディ・オン・フレーム（BOD） 80
本業規模拡大志向 59
鴻海グループ 46

ま

前川製作所 33, 177, 206
マスカスタマイズ戦略 173
マスカスタマイゼーション 105
マスカスタム化 225, 239, 273
町工場ベンチャー型 29

み

未利用資源 26, 39
未利用な生産資源 262

も

ものづくり組織能力 11
ものづくり能力 270, 272

ものづくり能力の構築	269	流通のダイレクト化	164
諸岡	33, 129, 130, 147	両利き（の）経営（ambidexterity）	
			94, 214, 217, 253, 254, 263

や

安田工業	33, 129, 139, 147

よ

YOKOGUSHI 戦略	157-159
横展開	105, 107, 123

り

リーダー	51
リード・ユーザー（論）	103, 120, 144, 245, 274
リストラ	156

る

類型1（中小 GNT）	35, 207
類型2（中堅 GNT）	35, 208
類型3（大規模 GNT）	35, 209

れ

連携	31, 185, 192, 234
連携戦略	30, 45, 49, 50, 69
連結の経済性	242, 248

■著者略歴

土屋　勉男（つちや　やすお）

執筆担当：序章，第1章，第6章，第7章，第8章，終章，補論2

東京工業大学工学部経営工学科卒業，大学院理工学研究科修士課程修了，経営工学修士
株式会社三菱総合研究所取締役上席研究理事，明治大学政治経済学部客員教授，
桜美林大学大学院経営学研究科教授等を歴任
現在　日本シンクタンク・アカデミー副理事長

主要業績
土屋勉男（2006）『日本ものづくり優良企業の実力―新しいコーポレート・ガバナンスの論理』東洋経済新報社．
土屋勉男他（2011）『現代日本のものづくり戦略―革新的企業のイノベーション』白桃書房．
土屋勉男他（2017）『事例でみる中堅企業の成長戦略―ダイナミック・ケイパビリティで突破する成長の壁』同文舘出版．　ほか多数

井上　隆一郎（いのうえ　りゅういちろう）

執筆担当：第3章，第5章，補論1

東京大学経済学部経済学科卒業，埼玉大学大学院経済科学研究科博士後期課程修了，博士（経済学）
株式会社三菱総合研究所参与政策経済研究センター長，青森公立大学大学院経営経済学研究科教授，東京都市大学大学院環境情報学研究科教授，桜美林大学ビジネスマネジメント学群・同大学院経営学研究科教授等を歴任
現在　多摩大学総合研究所客員教授

主要業績
井上隆一郎（2018）「アジア現地企業へのTPS普及状況―台湾企業の事例研究」『桜美林経営研究』第8号，pp.33-46．
井上隆一郎（2017）「台湾GIANT社の競争優位構造」『桜美林経営研究』第7号，pp.1-19．
井上隆一郎（2017）「コミュニティビジネスにおける草の根イノベーション」『桜美林論考ビジネスマネジメントレビュー』第8号，pp.1-11．　ほか多数

赤羽　淳（あかばね　じゅん）

執筆担当：第2章，第4章

東京大学経済学部経済学科卒業，東京大学大学院経済学研究科博士後期課程修了，博士（経済学）
株式会社三菱総合研究所主任コンサルタント，横浜市立大学国際総合科学群准教授等を経て
現在　中央大学経済学部・同大学院経済学研究科教授

主要業績
Akabane, J. et al.（2017）"From Product Design to Product, Process and Domain Design Capabilities of Local Tier 2 Suppliers: Lessons from Case Studies in Japan, Thailand and China," *International Journal of Automotive Technology and Management*, 17(4), pp.385-408.
Akabane, J.（2017）"Capability Building and Evolutionary Path of Second Tier Suppliers," *Transactions of the Academic Association for Organizational Science*, 6(1), pp.120-125.
赤羽淳・土屋勉男・井上隆一郎（2018）『アジアローカル企業のイノベーション能力―日本・タイ・中国ローカル2次サプライヤーの比較分析』同友館．　ほか多数

■ あるもの探しのイノベーション戦略
　―効率的な経営資源の組み合わせで成長する―

■ 発行日──2019年10月16日　　初版発行　　〈検印省略〉
　　　　　　2021年 4月16日　　第2刷発行

■ 著　者──土屋勉男・井上隆一郎・赤羽　淳

■ 発行者──大矢栄一郎

■ 発行所──株式会社 白桃書房
　　　　　　〒101-0021　東京都千代田区外神田5-1-15
　　　　　　☎ 03-3836-4781　FAX 03-3836-9370　振替 00100-4-20192
　　　　　　http://www.hakutou.co.jp/

■ 印刷・製本──三和印刷

Ⓒ Yasuo Tsuchiya, Ryuichiro Inoue, Jun Akabane 2019　Printed in Japan
ISBN978-4-561-26736-2　C3034

本書のコピー，スキャン，デジタル化等の無断複製は著作権法上での例外を除き禁じられています。
本書を代行業者等の第三者に依頼してスキャンやデジタル化することは，たとえ個人や家庭内の利用であっても著作権法上認められておりません。

JCOPY ＜出版者著作権管理機構 委託出版物＞

本書の無断複写は著作権法上での例外を除き禁じられています。複写される場合は，そのつど事前に，出版者著作権管理機構（電話 03-5244-5088, FAX03-5244-5089, e-mail: info@jcopy.or.jp）の許諾を得てください。

落丁本・乱丁本はおとりかえいたします。

好 評 書

平成 24 年度中小企業研究奨励賞準賞受賞！
土屋勉男・原　頼利・竹村正明【著】
現代日本のものづくり戦略
　―革新的企業のイノベーション
本体 2,800 円

倉重光宏・平野　真【監修】長内　厚・榊原清則【編著】
アフターマーケット戦略
　―コモディティ化を防ぐコマツのソリューション・ビジネス
本体 1,895 円

安達瑛二【著】
ドキュメント
トヨタの製品開発
　―トヨタ主査制度の戦略，開発，制覇の記録
本体 1,852 円

玄場公規【編著】
ファミリービジネスのイノベーション
本体 2,315 円

磯辺剛彦【著】
世のため人のため，ひいては自分のための経営論
　―ミッションコア企業のイノベーション
本体 2,315 円

樋口晴彦【著】
ベンチャーの経営変革の障害
　―「優れた起業家」が「百年企業の経営者」となるためには……
本体 2,500 円

三尾幸吉郎【著】
3 つの切り口からつかむ
図解中国経済
本体 2,315 円

水野由香里【著】
レジリエンスと経営戦略
　―レジリエンス研究の系譜と経営学的意義
本体 3,200 円

東京　白桃書房　神田

本広告の価格は本体価格です。別途消費税が加算されます。